ヴラジーミル・プーチン

KGBが生んだ怪物の黒い履歴書 ㊤

ガリア・アッケルマン／
Galia Ackerman
ステファヌ・クルトワ 編
Stéphane Courtois
太田佐絵子 訳
Saeko Ota

LE LIVRE NOIR DE
VLADIMIR POUTINE

原書房

ヴラジーミル・プーチン——ＫＧＢが生んだ怪物の黒い履歴書・上◆目次

はじめに

ガリア・アッケルマン、ステファヌ・クルトワ

ヴラジーミル・プーチンの名は世界のすみずみにまで知れわたっている。しかし現在のロシアは、ソヴィエト連邦よりも小さく、そしてはるかに弱い。ソヴィエト連邦は、のちに独立することになる一五の共和国で構成されていた。そして一九一九年以来、共産主義インターナショナル（コミンテルン）のなかにすべての共産主義政党を統合する、巨大な国際共産主義体制の母体であり原動力となっていた。一九四五年からは、政権を奪取していわゆる「社会主義陣営」に集結した共産主義政党を、中央ヨーロッパや東ヨーロッパだけでなく、ベトナム、キューバ、そして長らく中国でも、厳しく統制していた。そしてソ連は、「非同盟国」を宣言していた多くの発展途上国や、世界中の数え切れないほどのシンパから多大な支持を得ていた。あらゆる大陸に存在する九〇の共産党にくわえて、平和運動のネットワーク、世界労働組合連盟、とりわけ反植民地運動など、大きな影響力をおよぼすチャ

ンネルをもっていたのである。こうした要因と、もちろん一九四五年のナチス・ドイツに対する勝利、そして一九四九年の水素爆弾保有によって、ソ連はアメリカに次ぐ世界第二位の超大国になった。

今日ではそうしたものすべてが消え去っている。二〇二二年の予測GDPでロシアはインド、ブラジルに次ぐ一一番目の世界大国になるとされているが、ウクライナ侵攻後の西側の経済制裁によって、この順位を維持することすらできなくなるだろう。世界にロシアの友好国はほとんどなく、その多くは、バッシャール・アル=アサドのシリア、ニコラス・マドゥロのベネズエラ、金正恩の北朝鮮、アーヤトッラーたちのイラン、そして習近平の中国など、国際社会から疎外されているパーリア国家だ。国際的な影響力という点では、かつての共産主義思想のような世界を引きつけることが可能な思想を示すことはなく、あるのはただ反西洋主義、とりわけ反アメリカ主義だけだ。それが途上国である程度の人気を博しているのは事実だが、そうした国々が現実的な利益を優先して西側諸国と取引するのを妨げるものではない。そして、かつて「ソ連の勢力圏」に属していた国々が、断固としてそこに戻るまいと決意しているのは確かだ。

それではなぜヴラジーミル・プーチンは、三期目に入ってから十年ものあいだ国際社会の表舞台に立ち続けているのだろうか。それはおそらく彼の政権が不品行な策略をもちいているからであり、それに対して民主主義諸国はときに無力だからだ。いわゆる「ポスト共産主義」のロシアは、プーチンの指導のもとにあった二二年間で有害な大国に変貌し、ロシアが輸出するのは恐怖だけになっている。ロシアは核攻撃をちらつかせてわれわれを脅すことで、西側からウクライナへの大規模な援助を阻止し、帝国主義的戦争に勝利しようとしている。食料やエネルギーの不足でわれわれを脅すことで、われわれを屈服させ、ロシアの経済を落ち込ませている経済制裁を解除させようとしている。世界中で、そしてとくに西側諸国でプロパガンダと偽情報のネットワークを展開することによって、西側の団結を内部から切り崩し、そこに内戦の種までまこうとしている。

この有害な政策は、ヴラジーミル・プーチンのアルマ・マーテル（母校）であり、大学であり、まさに彼の理論と実践をはぐくんだ場であるKGBの中で編み出されたものだ。ロシア人は、かつての秘密警察組織チェーカーの構成員であるチェキストは存在しないと言うが、プーチンについては、「かつてのチェキストであり、今もなおチェキストである」と断言できる。おそらくここで次のようなシンプルな疑問が生じるだろう。一九九一年八月二〇日――ミハイル・ゴルバチョフに対するクーデターが失敗したときであり、このとき彼の師で、サンクトペテルブルク市長だったアナトリー・サプチャークは、クーデターを起こした保守派グループを非難した――におりよくKGBを辞任した人物が、それから数年後の一九九八年に、どうしてKGB（ソ連国家保安委員会）から呼称変更したFSB（ロシア連邦保安庁）の長官に任命されたのか。重大な時期にKGBを「見捨てた」人物、将官でもなく中佐に過ぎなかった人物が、「現役の予備要員」、つまり一九九一年のソ連崩壊の結果、国家機関で潜入工作をおこなうFSB協力者となったKGBの元メンバーでもないかぎり、この組織のトップに立てるとは考えられない。一九九九年一二月のチェキストの日に開かれたFSB会合でのプーチンの有名な「ジョーク」は、そう考えれば理解できる。「政府への潜入工作任務に派遣されたFSB工作員グループが、最初のステップを順調に遂行したことを報告したいと思います」。プーチンはすでに首相だったので、次のステップは大統領であった。彼は二〇〇〇年にその地位に就き、それ以来、ドミトリー・メドヴェージェフ大統領による短い幕間はあったが、二二年間それを維持してきた。

われわれがここで探求しようとするプーチンの軌跡は、ホモ・ソヴィエティクス【ソヴィエト的教育を受けたソヴィエト人】という自身のルーツと、KGBで形成された世界観への揺るぎない忠誠だけでなく、知られざる真のメンター（指導者）への個人的な忠誠も維持しながら、皇帝になった秘密エージェントの軌跡である。反体制派のヴラジーミル・ブコフスキーが好んでくりかえしたように、「プーチンは大佐だが、彼の上には将軍たちがいる」【マーシャ・ゲッセンの著作によれば、プーチンは中佐として現役を離れたのち、予備役にいたあいだに大佐に昇進したとされる】。

フランス内外の最もすぐれたロシア専門家――旧ソ連出身者も何人かふくまれている――および共産主義専門家が集結した本書の中で、われわれはプーチンの流儀と策略がKGBの価値観から生み出されたものであるというテーゼを立ててプーチンの軌跡をたどり、その統治ヴィジョンを示そうとした。これはわれわれにとってもユニークなアプローチである。われわれは前の段落で「いわゆるポスト共産主義のロシア」について言及した。しかしこのポスト共産主義という考えには異議を申し立てたい。共産主義はたしかにイデオロギーではあるが、きわめて順応性が高く、とくにスターリンがナチ政権と友好関係を結ぶことも可能だったことを苦い思いで見てきたからだ。レーニンが示したように、実際の共産主義は何よりも、プロの革命家グループによる権力掌握のテクニックだった。彼は共産党の利益となる形式的な不平等を生み出す「階級」思想――それが社会的な疑似集団であろうと民族的な疑似集団であろうと問題ではない――によって共産主義を正当化し、党は大多数の人々を服従させた。そして、見せかけのイデオロギーによって権力を存続させることをめざす、あらゆる措置を考え出した。そこでは抑圧と恐怖の組織であるチェーカー――「懲罰の剣」――が、経済の統制をふくめ、中心的かつ決定的な役割を果たした。この全体主義体制のモデルは、世界中のあらゆる共産党政権を支配してきたのであり、今もなお支配している。

プーチンはさらに先を行っていた。たしかに共産主義思想はすてられ、共産党は権力を失った。しかしプーチンは共産主義の統治システムを温存した。その最も重要な特性は、FSBをはじめとする秘密情報機関、特権的社会階層の存在、経済の統制によって保証された権力の垂直性と非交替性である。したがって、「共産主義思想のないソヴィエト主義」といえる。このシステムの斬新さは、政権がマフィアグループと融合していることであり、したがって、とくに高位の権力において残忍な慣行や慢性的な汚職が存在する。それが全世界に問題の種をまき散らしている政権なのであり、その帝国主義的野心はウクライナよりももっと先にあるのだ。

一九九七年に、ロベール・ラフォン社、および故シャルル・ロンサックは、『共産主義黒書〈ソ連篇〉』［外川継男訳。恵雅堂出版。二〇〇一年。ちくま学芸文庫。二〇一六年］を出版し、モスクワの記録文書公開のおかげで得られた資料をもとに、レーニンによって築かれ、スターリンによって体系化された体制の犯罪の規模と本質的性質を明らかにしたのである。この本が二五か国以上で出版されたことが、ソ連の道徳的威信の崩壊につながったように思われる。大多数のオブザーバーにとって、一九九一年のソ連八月クーデターとミハイル・ゴルバチョフソ連共産党書記長の辞任は、共産主義の終わりと時代の変化を象徴するものだった。しかしわれわれは、KGB＝FSBとその創造物であるヴラジーミル・プーチンによる「再征服」への道のりを、プーチンが権力をにぎってからウクライナ戦争にいたるまで、示していきたい。その道のりはまだ続いており、終わりは見えない。支配され、思考能力を奪われたロシアの人々や、プーチン政権が独裁的な統治者を支援したり、戦争や経済の破壊を起こさせたりすることによって正常な発展を妨げている、その他の国の人々――ウクライナ、チェチェン、ジョージア、モルドヴァ、シリア、ベネズエラなどの人々――に対するプーチンの犯罪のすべてをしるしていく。プーチンを世界に知らしめたのは、政治原則としての害悪である。彼がたどってきた道のりとその行動を徹底的に分析することは、きわめて重要な作業である。

第1部　予言された独裁の年代記

第*1*章　ヴラジーミル・プーチン、ホモ・ソヴィエティクス

ガリア・アッケルマン、ステファヌ・クルトワ

歴史の舞台にヴラジーミル・プーチンが登場したことは、おそらくこの三〇年間で最も非常識なできごとのひとつだろう。さまざまな風聞では、このカリスマ性のない小柄な男があっというまに出世したのは、共産主義の名門の系譜によるものだとされている。プーチンはスターリンの料理人[1]の孫であり、ＮＫＶＤ（内務人民委員部）メンバーである勇敢な将校の息子である[2]という説もあれば、彼はヴェラ・プーチナという名のロシア系ジョージア人の婚外関係によって生まれ、彼が一〇歳になったときに公式の両親に養子縁組されたという説もある。[3]

真実ははるかにシンプルだ。ヴラジーミル・プーチンは一九五二年にレニングラード（現サンクトペテルブルク）の貧しい家に生まれた。ドイツ軍による八七二日間のレニングラード包囲戦（一九四一―一九四四年）の影響は大きく、父親は前線で負傷し、母親は飢死しそうになっていた。虚弱な子ど

もで、仲間たちからいじめられていた彼は、落ち着きがなくけんかっ早い青年になり、レニングラード大学に入学して、アナトリー・サプチャーク教授の指導の下で法律――「人民の敵」に強制収容所への拘束や死刑を宣告することが可能な「社会主義的」合法性――を学んだ。KGB（ソ連国家保安委員会）の力に魅了された彼は、採用されるためにあらゆることをした。序列の一番下から階級を一段ずつ上っていき、レニングラード地域の反体制派との戦いを担当する将校になった。その活動によって昇進し、KGB赤旗大学で一年間の研修を受けた。どちらかといえばマイナスの評価だったが[4]、その後外国情報局に移り、一九八五年にドイツ民主共和国（東ドイツ）のドレスデンに派遣された。東ドイツとソ連の友好責任者として外交をよそおっていたが、実際には別のおおやけにできない活動のためだった。

プーチンのおもな活動のひとつは、二年に一度開催され、共産主義陣営の「ショーケース」の役割を果たしていたライプツィヒの大規模な産業博覧会で展開されていた。そこには利益になりそうな契約を結ぼうとする何十人もの西側のビジネスマンが来ていたので、プーチンはその中から先端技術という観点で興味を引くターゲットを探していた。そして最も古典的な方法で彼らを「仕留める」ことに努めていた。つまり善良な経営者たちを楽しませる大勢の美女たちを用意していたのである。その結果、何枚かの写真によって、「アシンメトリックな」話し合い、一般には「性的脅迫」と呼ばれる話し合いをはじめることができた。KGBの言葉でコンプロマット（中傷情報）と呼ばれるこうしたプーチンのやり口は昔からのものだ[5]。実際、彼はまず、東ドイツの医学教授をわいせつな証拠資料で恐喝して、痕跡を残さない猛毒についての情報を提供するよう強制したらしい。

一九八九年一一月、プーチンは、ベルリンの壁がデモ参加者に破壊されるのをまのあたりにして驚愕する。それから数週間のうちに、東ドイツ、ポーランド、チェコスロヴァキア、ルーマニア、ブルガリアという5つの「人民民主主義」の共産主義政権が「ドミノ倒し」のように崩壊した。[6]プーチンは、シュタージ（東ドイツ国家保安省）の文書が反体制派の手にわたらないように燃やすことにかかりきりになっていたが、そのとき、世論の力や大規模な平和的デモが独裁政権にとって危険なものであるということを認識した。彼は民衆への恐怖と民主主義への憎悪の念をいだき、それはますます強くなっていった。東ドイツが強力な民主主義運動に染まったまさにそのときにゴルバチョフのソ連に復帰せざるを得なかった彼は、一九九一年夏、モスクワで制度改革に反対する幹部たちの軍事クーデターが失敗し、人民代表会議で選ばれたソ連の最初にして最後の大統領であるゴルバチョフと、普通選挙で選ばれたロシア連邦大統領ボリス・エリツィンとの間の破壊的対立が起こったとき、さらに大きなショックを受けた。この対立は数か月のうちにソ連の崩壊をもたらした。一九九一年八月には、エストニア、ラトヴィア、リトアニアが独立を宣言した。そして八月二四日、ウクライナの最高議会がソヴィエト連邦からの独立を宣言し、一九九一年一二月に国民投票で承認された。ドンバス地域やクリミア地域をふくむ有権者の九〇パーセント近くが、独立に賛成したのである。

一九九一年一二月八日、エリツィン・ロシア連邦大統領、ウクライナ大統領、ベラルーシ最高会議議長は独立国家共同体を創立した。これによりソ連は実体を失い、ロシア、ウクライナ、ベラルーシ、モルドヴァ、アルメニア、ジョージア、アゼルバイジャン、ウズベキスタン、カザフスタン、タジキスタン、キルギス、トルクメニスタンという一二の独立国家が誕生した。一九九一年一二月二五日一九時、ゴルバチョフは、一九一七年一一月にレーニンによって創設された史上初の全体主義体制の終焉を正式に示す辞任令に署名した。その一時間後、クレムリンのドーム型の屋根の上にひるがえる鎌と槌の赤旗が、ロシアの白青赤の旗に替えられ、ついにロシアは民主主義の時代を迎えたのだと世界中が思った。

だが現実は大きく異なっていた。一九四五年、ナチス・ドイツは軍事的に敗北し、無条件降伏を余儀なくされ、勝者たちによっていくつかの地域に分割された。ドイツのエリートたちは、戦争中に姿を消すか、死刑や禁錮刑を宣告されるか、あるいは公民権を剥奪されるかしていた。しかし何よりもニュルンベルク裁判は、ナチ政権の人種差別的イデオロギー、その指導者や犯罪を公然と非難していた。アメリカ、イギリス、フランスは、その占領地域で当局に民主主義的統治の規範を採用するよう強制し、一九四八年にはベルリン封鎖をおこなったソ連と真っ向から対立した。三か国はベルリンの駐留部隊や市民に食糧や物資を供給するため毎日空輸をおこない、一年後、スターリンは譲歩せざるを得なくなった。

ソ連崩壊後のロシアではドイツのようなことは起こらなかった。ソ連は、共産主義のいわゆる「管理された」経済が破綻をきたし、指導層の指名制度が「停滞」や老人支配をもたらしたことでみずから崩壊したのである。多かれ少なかれ厳しい恐怖政治によって七四年間維持されていたソ連に、ゴルバチョフ——それが彼の功績である——が終止符を打ったのだ。実際には、エリツィンが実質的な非ソヴィエト化にとりかかることはなく、ソ連時代の精神構造が魔法のように消え失せたわけでもなかった。新しい国歌は、スターリン時代に採用された曲の歌詞を変えただけだった。ゴルバチョフやエリツィンは、だれもが自己を表現することを可能にしたが、民主制や法治国家を打ち立てるすべは知らなかった。多くの機関は名称を変更しただけであり、エリツィン大統領は旧ソ連共産党政治局の秘密主義的で不透明な運営方法をすぐに取り入れた。とくに、KGB（ソ連国家保安委員会）がFSB（ロシア連邦保安庁）とSVR（ロシア対外情報庁）に変わったとしても、旧全体主義体制の人員はもとの地位にとどまっていた。[7]

　共産主義イデオロギーの崩壊によって私的所有権が突然に復活し、個人がかぎりなく豊かになる可能性がもたらされた。コムソモール（共産党の青年組織）やソ連共産党に属していた者のうちの一握りが国家の富をこぞって略奪し、まさに「ゴールドラッシュ」の様相を呈していた。こうして野蛮な「資本主義」が出現し、元官僚はその地位を利用してえりすぐりの品を奪取し、押さえのきかない強盗行為は無秩序な風土を生み、「規律ある泥棒《ヴォール・ヴ・ザコーネ》」——もちろん泥棒たちの「規律」である——の文化が強化された。実際、犯罪組織の首領である「規律ある泥棒」の排他的組織は、レーニンが「准軍事的規律」と呼んだ「民主的集中制（民主主義的中央集権制）」と「硬直的な政治的宣伝文句」に従順なボリシェヴィキやプロ革命家である彼らの政党とは対立的な立場をとり、仲間内での符丁や、仲間たちから選ばれたパハーン（ゴッドファーザー）によって支配される独自の階層、裏切りを死で制裁する信義の掟に象徴される規律をずっと維持してきた。

　レーニンが模範としたセルゲイ・ネチャーエフは、すでに一八六九年に、その著書『革命家の教理問答書』の中で、「われわれは、ロシアで唯一の本物の革命家である悪党たちの豪胆な世界とひとつにならなければならない」と述べ、こうつけくわえている。

革命家はあらかじめ失われた人間である。彼は、特別な興味も、私的問題も、感情も、個人的なつながりも、財産も、名前さえももっていない。彼のすべては、他のあらゆるものを排除するというただひとつの関心、ただひとつの思想、ただひとつの情熱、すなわち革命に捧げられている。存在の奥底から、言葉だけでなく行動においても、公共の秩序や洗練された社会全体とも、この世界のあらゆる法律、礼儀作法、社会慣習、道徳規範ともまったく関係を絶っている。革命家はこの世界の容赦ない敵であり、この世界をより確実に破壊するためだけにそこで生活しつづけている。

同様に、ソ連の泥棒仲間のエリートである「規律ある泥棒」は、外部の世界にとって自分たちは「死者」であると宣言することによって、自分たちのコミュニティへの絶対的忠誠を誓っていた。[8] どのコミュニティにおいても、力、暴力、残忍さ、策略だけが尊重された。そして、一九一七年に、ボリシェヴィキ政権の実戦部隊で、のちにGPU（内務人民委員部附属国家政治局）、NKVD（内務人民委員部）となり、その後KGB（国家保安委員会）となるチェーカー（反革命・サボタージュ取締全ロシア非常委員会）を創設した。その議長となったフェリックス・ジェルジンスキーは、一九一八年五月三一日、この恐怖の組織の基本原則について副官にこう書きしるしている。「人を黙らせるには一発ぶっぱなすのがいちばん有効だ」[9]（『共産主義黒書〈ソ連篇〉』、外川継男訳、筑摩書房）。

権力の両極に共通するこうした文化は、しばしば「慣習法」がソ連の秩序を守らせる役割を果たしていた強制収容所内ではすでにめだっていたが、ついに社会全体の犯罪化へといたったのである。そしてソ連では一九六〇年から一九九一年までの間に、三五〇〇万人に禁錮刑が宣告され、四人にひとりが拘留を経験した。泥棒集団の精神や言語が社会に浸透し、アレクサンドル・ソルジェニーツィンはその著書『収容所群島』の中で、「チェキストとごろつきのどちらが、もう一方を教育したのだろう」という疑問を投げかけている。

ボリシェヴィキ政権に反抗的なコサックを弾圧する「脱コサック化」のような秘密テロ作戦では、何百万人もの無実の人々が惨殺されており、一九一九年にはとくにウクライナで約三〇万人が殺害されている。一九二九年から一九三三年にかけてのクラーク（富農）撲滅運動では、一九三二年から一九三三年までスターリンが計画的に引き起こしたホロドモールと呼ばれる大飢饉で、四〇〇万人のウクライナ農民（男性、女性、子ども）が死亡した。一九三七年から一九三八年にかけての大粛清では、七〇万人が銃殺され、七〇万人が強制収容所に送られた。その後、一九三九年から一九四〇年にかけては、征服した国々――東ポーランド、バルト諸国、ルーマニア領ベッサラビア――で大規模な虐殺や強制移送がおこなわれた。ソ連のいくつかの民族――ヴォルガ・ドイツ人、チェチェン人やその他の北カフカスの民族――は、戦時中に「対独協力」したと非難されて強制追放された。一九四四年から一九五三年までは、「人民民主主義」という反語で呼ばれた中央ヨーロッパ、東ヨーロッパのすべての国で、粛清、死刑執行、監禁がおこなわれた。絶対的な専制、犯罪に対するまったくの不処罰、残虐とサディズムが紙一重の暴力が浸透したこのような社会で、幼いヴラジーミル・プーチンは育ち、すぐにその「価値観」や規範を自分のものとしたのである。同時に、一九四一年六月から一九四五年五月までの間に、ヒトラーがソ連とその国民に対しておこなった総力戦で、一二〇〇万人の兵士と一五〇〇万人の民間人が死亡し、フランスのオラドゥール＝シュル＝グラヌなど何千もの村々で、村民全員の虐殺がおこなわれた。そして社会全体に恐怖と残忍さの刻印を残したのである。

しかし、ソ連の崩壊は、いかなる非共産主義化ももたらさなかった。共産党も、ＫＧＢも、ニュルンベルク裁判にかけられることはなかった。もし裁判にかけられていれば、数え切れないほどの人類に対する罪とジェノサイドに対して、公然と有罪判決がくだされていただろう。法治国家を確立しようとした元「反体制派」を中心に組織された少数派の民主主義者を除いて、ソ連崩壊後の新たなエリートたちのメンタリティーは、かつての共産主義の特権者階級や共産主義の実戦部隊であるＫＧＢ、さらには、ごろつきたちのメンタリティー、つまり、反道徳的性、人民や合法性の完全な軽視、クレムリンへのこびへつらい、ライバルどうしの死闘、敗者や弱者に対する情け容赦ない制圧、富へのあくなき探求などが、よく似ていたのである。

中央ヨーロッパと東ヨーロッパの社会は、以前の全体主義政権に最もかかわりのあった人々を公的職業から排除する「浄化」のプロセスを経験したが、モスクワでの共産主義の犯罪の裁判は、一九九二年にロシア連邦共産党が合法化されたことで終止符が打たれた。旧ソ連共産党中央委員会の指導者とソ連の国家指導者がスターリン主義の重罪を犯したことは認められたが、この犯罪に加担しなかった共産党の基盤組織や初期の組織、一九九〇年に創設されたロシア連邦共産党は適用外だった。共産主義の犯罪を裁くためにニュルンベルクのような法廷を組織するという希望はすべて葬り去られた。[10] 旧ソ連の治安組織は、再編成されたにもかかわらず旧態依然であり、幹部が同じということもしばしばだった。治安体制には通常警察（民警）、特殊任務部隊（スペツナズ）、ＫＧＢの流れをくむ機関――防諜、国境監視、テロリズム、組織犯罪、汚職との闘いをになうFSBと、諜報活動や外国情報収集をになうSVR――、ロシア連邦軍およびその参謀本部情報総局（GRU）、検事局がふくまれていた。

政権の実戦部隊であるこの集団はやがてシロヴィキと呼ばれるようになった。つまりつねにクレムリンの命令に従って動く武闘派たちである。しかしソ連時代とは異なり、国家から略奪するために、彼らはかつて戦う相手だった強盗たちと手を組んだ。ボリシェヴィキの党だけでなく、どのマフィアもそうであるように、彼らの活動の決定的基準は最高指導者への絶対的な忠誠であり、その最高のあかしはつねに、血の契約の基盤である象徴的あるいは現実的な殺人への加担である。[11]

この変化する状況の中で、エリツィン大統領と、新しい議会を支配していた最高会議の共産主義者との派閥争いが激化した。潜在的な内戦状態の中で、こうしたすべての共産主義者と旧共産主義者とが権力のために戦っていた。一九九三年九月二一日、エリツィンは、ロシア連邦の人民代議員大会および最高会議の解体をもたらす憲法改正を提案した。その結果、議会の一部が武装蜂起したが、一〇月四日に砲撃によって鎮圧された。一四六人が死亡し、負傷者は数え切れないほどだった。[12]

その翌年、エリツィンは権力を強固なものとするため、一九九四年一二月一一日にチェチェン共和国に対する戦争を引き起こす。チェチェン共和国は一九九一年にソヴィエト連邦からの独立を宣言し、ロシア連邦に属することを拒否していたのだった。分離独立派は「狂犬のようにしずめなければならない狂犬」であると述べたエリツィンの言葉は、一九三〇年代にスターリンが「トロツキストの狂犬ども」と非難したことに由来する。エリツィンは、首都グロズヌイが落下傘部隊によって二時間以内に占領されるだろうと考えていたが、これは二〇二二年のウクライナ侵攻への不吉な前兆であった。しかしチェチェンの抵抗は激しく、一九九六年八月三一日にはロシアが停戦に署名し、チェチェンの自治権を認めざるをえなくなった。とはいえ民間人および兵士の死者数は、双方あわせて一〇万人近くにのぼったのである。[13]

こうした惨憺たる状況のなかで東ドイツから帰国したヴラジーミル・プーチンは、超大国ソ連とその「輝かしい未来」という考えに支配された世界観が崩壊するのをまのあたりにして打ちのめされ、みずからの方向性を見いださなければならなかった。そしてふたたび、KGBが彼の道標となる。中佐だったプーチンは、レニングラードのKGB指導部にくわわり、レニングラード市地方会議議長だった元教授、アナトリー・サプチャークの国際問題顧問となった。一九九一年、サプチャークはレニングラードからもとの名称にもどったサンクトペテルブルク市の市長に選出され、彼の忠実な顧問であるプーチンを、市役所の外交関係委員会の委員長に抜擢した。

プーチンは誠実で慎重であると同時に、何事にも対応できるところを示した。日和見主義的なやり方でKGBを辞任し、共産党もやめた。混乱の中で自分が必要不可欠な人間になるすべを知っていた彼は、自分を第一副市長に任命したサプチャークの黒幕となった。当時、サンクトペテルブルク市は、一九三〇年代のシカゴのような組織犯罪の中心地となっていて、サプチャークはきわめて腐敗した人物だった。法律家として、また元KGBメンバーとして彼を保護する任務を帯びていたプーチンは、バルト海の港を支配していた地元のマフィア、国家機関——とくに、KGBの後継機関であるFSB——、ドイツのパートナーともつながりをもっていた。そのつながりを利用して、彼はソ連共産党の資金の一部が預けられていたロシア銀行を支配し[14]、麻薬密売、売春、密貿易などの犯罪行為でえた「汚れた」資金の洗浄や、ゆすりによって勢いを増大させた組織的な汚職モデルを生み出した。そして共謀者たちをひとつにまとめ、権力に興味をもちはじめる。一九九二年に撮影された、彼を賛美する「権力」というタイトルの映画がそれを示している。それはめだたないが絶大で、しかも…実入りのいい権力だった。彼はまだ三九歳だった[15]。

一九九六年、出世の階段がとつぜん崩れおちた。サンクトペテルブルクの財政運営があまりにもずさんだったので、サプチャークは再選されず、プーチンもその転落のあとを追った。彼は一挙にすべてを失ったが、権力を民主的な選挙に左右されるままにしておくのはよくないことだという重大な教訓を心に深く刻みつけた。とはいえ、彼にとっては災いも福となった。というのも、新興財閥と彼らが支配するメディア、旧エリート政治局員の同盟に支えられたボリス・エリツィンが、一九九六年七月三日にロシア大統領に再選されたからだ。この選挙はのちに「オリガルヒ」と呼ばれることになる者たちの勝利を意味していた。彼らは、エリツィンが再選されなかった場合、不正に手に入れた産業と金融の帝国を失うことになることを恐れ、ポリテクノロギ（世論操作者）とシロヴィキが率いる彼の選挙運動に資金を提供したのだった。その直後、プーチンは、クレムリンの資金管理者であり、汚職で知られたパーヴェル・ボロジンから、エリツィンの大統領府にくわわるよう勧められる。そのころエリツィンの病状はすでに悪化していた。プーチンはきわめて勤勉で大統領に忠実だったので、エリツィンは一九九八年に彼を全ロシアのＦＳＢ長官に任命した。若い将校にとっては驚異的な昇進である。就任にあたり彼は、「わたしにとって、治安機関で働くことは、自分の生家にもどるようなものです」と述べている。おそらくこのスピード出世は、エリツィンがFSBや他の治安機関の上層部と結んだ協定と無関係ではないだろう。しかも、プーチンの昇進について反体制派のヴラジーミル・ブコフスキーに質問されたとき、エリツィンはからかうようにこう答えている。「なんだって？　中佐の上には将軍たちがいることを知らないのか！」

一九九八年夏、混乱状態にあったロシアで経済危機が発生する。銀行の半数は倒産し、ルーブルの価値は七五パーセント低下した。何百万人もの市民が貯金を失い、多くの会社が廃業し、失業者があふれた。窮地に陥ったエリツィンは、内閣の交替を余儀なくされ、旧ソ連のエリート政治局員だったエフゲニー・プリマコフを首相に任命した。プリマコフは一九九一年にKGBの第一副議長となり、その後、SVR（ロシア対外情報庁）長官（一九九一年から一九九六年まで）、そして外務大臣（一九九六年から一九九八年まで）をつとめた人物である。このことは、ベルリンの壁崩壊から一〇年たっても、ロシアが非ソヴィエト化も脱KGB化もされていなかったことの証明である。とはいえ、この保守派の人物はすぐに経済を安定化させた。しかし財政的欲求を脅かされたエリツィン・グループからは遠ざけられていた。

このころプーチンは、その地位を決定的に高めることになる。一九九七年、ロシアの検事総長ユーリ・スクラトフは、ロシア大統領府、ベールイ・ドーム（ロシア最高会議ビル）その他の公共建築物の改修工事で有利な契約をえるため、とくにエリツィンの近親者に多額の賄賂をおくったという疑惑のあるスイスの建設会社、マベテックス社にかんする汚職について捜査を開始していた。大統領とそのふたりの娘、それに娘婿アレクセイ（レオニード）・ディアチェンコが捜査の対象となり、議会では解任手続きが開始されていた。解任となれば、エリツィンとその家族は裁判にかけられることになるだろう。ところが一九九九年三月一八日、とんでもないどんでんがえしが起こる。あるテレビ局が、「ベッドの三人」というビデオを放映したのだ。服を脱いでいる男をうしろから撮影したもので、そのあと男が裸の若い女性ふたりとはしゃぐところが映っていた。この男はスクラトフであるとされていた。スクラトフは抗議したが、プーチンがFSB長官としてただちに介入してビデオの信憑性を証明し、ふたりの売春婦といっしょにいるのはまさしくスクラトフ検事総長であると宣言した。検事総長は停職処分を受け、四月に罷免された[16]。

同じころ、エリツィン一家のお気に入りであるオリガルヒ、ボリス・ベレゾフスキーは、何度か心臓発作を起こしていた大統領の後継者について検討しはじめていた。二〇〇〇年の選挙に向けて、自分が影響力をもつことができ、プリマコフの勝利を妨げることができる男を世に出そうと考えたベレゾフスキーは、プーチンに白羽の矢を立てた。プーチンはそれまできわめて忠実であり、スクラトフ事件では見事な手腕を発揮していたからだ。作戦の第一段階は一九九九年八月九日に実施された。エリツィンはプリマコフ首相の解任を発表して国民を驚かせ、その三か月後には、幕間をつないだセルゲイ・ステパーシンの後任として、まだほとんど無名だったプーチンを首相に任命した。夏に開始された第二段階は、チェチェンのイスラーム主義の反乱勢力が隣国ダゲスタン共和国に侵攻するようしむけることだった。戦争を引き起こし、世論を操作して、強い男、つまりプーチンの出現をうながすための古典的な扇動作戦である。

それからしばらくあとの八月三一日から九月一六日にかけて、決定的な第三段階が開始された。シロヴィキの中核グループはさらに強力な手段をとることを決め、モスクワの二棟をふくむ四棟の高層アパートで爆発テロを発生させて三〇〇人以上の死者を出した。[17] 国民の怒りは大きく、プーチン新首相はテレビ局に駆けつけ、乱暴で下品なスピーチをする。「やつらをけものとよぶことさえできない。あれがけものなら狂犬病だ。(…) われわれはやつらを便所の中まで殺しにいくだろう」。この挑発的な言葉には二重の意味があった。この言葉は、ナチが反対者に対する「合法的」テロを開始するために利用した、一九三三年二月二七日のドイツ国会議事堂の火事を思い起こさせた。そしてツァーリの時代からロシア帝国の圧力に抵抗したという理由で野蛮人とみなされていたチェチェン人を、ロシアの敵として示していた。フランスでは言うことを聞かない子どもに鞭打ちじいさんが来るよと言うが、ロシアの母親たちはチェチェン人が来るよといってこわがらせていたのである。このような汚名は、一九四四年二月にスターリンがチェチェンとイングーシの人々を五日間ですべてカザフスタンとキルギスに強制移送したという事実をまったく考慮に入れていない。移送された人の数は約六〇万人にのぼり、生存者がまた住む場所を見つけることができたのは一九七〇年代になってからであり、しかもそれはたんにロシア人入植者がいなかった場所だった。それは、こうした民族文化を破壊する行為に呵責の念を覚えたり、ロシア「民族の敵」に同情したりしてはならないということを意識下で伝えるやり方である。

そしてプーチンは一〇月一日、ロシアをふたたびチェチェンに対する恐ろしい戦争へと駆り立て、首都グロズヌイに激しい空爆をおこなうという戦術をとった。二〇二二年にウクライナのいくつもの都市、とくにマリウポリに対しておこなったようにだ。軍事力がはるかに上まわるロシア軍は、二〇〇〇年三月にチェチェン全土を占領し、人道に反する数々の犯罪をおかした。人口約一四〇万人のうち数万人を殺害したその行為は、チェチェン人に対するジェノサイドに近いものであった[18]。これを機に、大虐殺を正当化するプロパガンダのレトリックが広まり、二〇二二年には独立国家ウクライナに対してもそれがもちいられることになる。そしてなによりも、マフィアの暴力崇拝、ＫＧＢの裏工作や極秘活動、指導者やその側近たちが国家の資金を横領して私腹をこやそうとする熱意が混ざりあった、前代未聞の文化が幅をきかせるようになったのである。

同じころ、議会選挙の直前に、ベレゾフスキーは親政府政党「統一」を新たに結成し、一九九九年一二月一九日の選挙で勝利した[19]。これを受けてエリツィンは一二月三一日に辞任を表明し、プーチンを大統領代行に指名した。その見返りとしてプーチンは、エリツィンとその家族に司法的特権を保障する大統領令にただちに署名した。そして検事総長のスクラトフに代えてヴラジーミル・ウスチノフという人物を任命したが、ウスチノフが最初に決定したのは、マベテックス問題の捜査を終了するということだった。プーチンはエリツィンとの約束を守ったのだが、スクラトフはこの点について、ウスチノフは「法律を守らなければならないということを忘れた、大統領と行政府にとって信頼できる武器」であると明言した。

スクラトフ事件は、ロシア語でコンプロマットと呼ばれるものの典型例であり、この慣行は一九一七年一二月にレーニンの命令でチェーカーが創設されて以来、ＫＧＢ工作員が何十年にもわたっておこなってきたものだ。コンプロマットとは、権力の邪魔になる可能性のある人物を危険にさらすような情報を広めることであり、現実であるか捏造であるかにかかわらず、その人物を恐喝されるような状況におく、「積極的な作戦」をあらかじめ企てておくこともそのなかにふくまれる。その目的は、敵対者、たんなる邪魔者、あるいはあまり従順ではない協力者を「穏やかに」排除することにある。物理的に相手を消すのではなく――それはレーニンやスターリンの時代のやり方だ――、中傷によって、あるいは共犯関係にある司法制度の助けを借りて、恐喝したり世間の評判を失墜させたりするのである。最新の技術によって、本人の知らないうちに撮影された写真や動画、盗まれたり改ざんされた音声録音や自筆文書を使用したり、ねらった標的のコンピューターにあやしいコンテンツを不正に入力することも可能になった。ほとんどの場合、コンプロマットはターゲットの私生活、とくにのぞき魔がつねに好むような性的行為に関心をもっている。それは相手を笑いものにするだけでなく、敵対者につねに脅威を感じさせることによって「道徳」的にふるまわせることができるのである。

スクラトフ事件について徹底的な調査をおこなったドイツのメディア「コレクティヴ」は、このスキャンダルがプーチンの命令を受けたFSB職員によって一から十まででっち上げられたものとみなしている。[20] というのも、罠がしかけられていなかったのなら、ふたりの女性といっしょにどこかの部屋にいたスクラトフが、どうして撮影されているのか。仮にビデオに映っているのが本人だとしての話だ！　いずれにせよプーチンは二重の恐喝の成果をえていた。一方でエリツィンを「支配」してスクラトフの更迭とひきかえに自分を権力のトップにすえさせ、他方でスクラトフと、彼を通じて司法機関全体を「支配」したのである。小柄な中佐がおこなったとは思えないみごとな一手だ。KGBの将軍たちが陰であやつっていたのはまちがいない。だがあやつられた男は、性的なコンプロマットの効力を記憶にとどめたまま、さっさと彼らから逃げ出したのである。

恐喝や暴力だけに甘んじるわけにはいかず、真の民主化という考えはすべて放棄していたクレムリンの新政権は、ずっと前に信用を失墜した共産主義イデオロギーに代わるものを必要としていた。一部の世論を団結させられるような物語が必要だった。共産主義のソ連に「輝かしい未来」があるというレーニンやスターリンの物語の破綻に直面し、世界中の人々の目にその残骸がさらされているなかで、新政権はロシアの歴史に新たな「大いなる物語」を創造しなければならなかった。当初、エリツィンは継続への回帰を選択した。一九九一年九月六日の政令でいくつかの都市がロシア帝政時代の名称にもどされた。レニングラードはサンクトペテルブルクに、ボリシェヴィキの幹部の名に由来するスヴェルドロフクスは、エカテリンブルクに改称されたのである。まさにこのエカテリンブルクで、一九一八年七月一七日未明、レーニンの個人的な秘密の命令によってニコライ二世の一家全員が殺害されたのであり、その遺体は行方がわからなくなっていた。一九七六年には、当時ウラル大工業地域の共産党指導者であったエリツィンが、殺害がおこなわれた「イパチェフ館」をKGBの命令で取り壊している。しかし、ロシア大統領になったエリツィンは、一九九〇年から一九九一年にかけて、スターリン主義のテロの犠牲者を追悼する最初の記念碑を建立し、その後、皇帝一家の遺体を探すよう命じた。記録文書が公開されたおかげで、遺体は森の共同墓穴で発見された。発掘されたあと、DNAによって身元が特定された遺体は、殺害から八〇年後の一九九八年七月一六日、サンクトペテルブルクの首座使徒ペトル・パウェル大聖堂におごそかに埋葬されたが、葬儀への参加をこばんだロシア正教会の総主教アレクシイ二世は不在だった。

一九九五年一月、エリツィン政権は、栄光あるツァーリの帝国の過去に未来をしっかりと結びつけるため、スターリンが一九三一年にダイナマイトで爆破し、プールに建て替えられていた救世主ハリストス大聖堂をモスクワに再建した。そのときからすでに政権は、ロシアが超大国でありつづけるという考えを主張していた。ゴルバチョフの失脚に部分的に関与していた民主主義や法治国家の価値観が排斥されて、ツァーリとボリシェヴィキの骨董品のようなイデオロギーが支持され、かつての帝国の広大な領土と全体主義の絶対権力が優勢となったのである。一九九四年二月には、エリツィンのスポークスマンであるヴャチェスラフ・コスティコフが次のように述べている。「イデオロギーの対立は、地政学の領域では勢力圏をめぐる戦いに取って代わられる」

ソ連の崩壊と、私有財産の廃止を唱えるマルクス主義の教義の完全な破綻によって引き起こされた集団的な屈辱は、それ以降、古い概念を当世風によみがえらせた「ユーラシア主義」を支柱とする、領土拡張主義、反西洋の攻撃的ナショナリズムによって埋め合わされた。一九九八年に思想家のアレクサンドル・ドゥーギンがその著書『地政学の基礎 Fondements de la géopolitique』で表明したユーラシア連合は、ロシア、ウクライナ、ベラルーシ、カザフスタン、タジキスタン、ウズベキスタン、キルギスをひとつにしたものとされ、そこにセルビア、ギリシア、イラン、インド、イラク、シリア、リビアがくわわる可能性もあるとされる。まったくの妄想だが、一〇年後にプーチンがそこから着想をえることになる。[21]

二〇〇〇年三月二六日におこなわれることになった大統領選挙で、プーチンは本命と目されていた。初めての出馬であり、つながりのあったエリツィン政権はそのころすっかり信用を失っていたにもかかわらずである。とはいえ、汚職をテーマに選挙運動をおこなうと約束したスクラトフが、二月二一日に立候補を届け出るのをクレムリンは阻止できなかった。プーチンは、メディアを支配して大々的な世論操作をおこなった結果、第一回投票で当選を決めた。地方の選出議員で構成されるロシア連邦院（上院）の議員たちは、それまで検察総長の解任を求めるエリツィンの要求を三回拒否していたが、二〇〇〇年四月一九日、逆転劇により圧倒的多数で解任が認められたのである。この投票にクレムリンとの取引があったことは明白だ。地方の幹部は、地域への資金の割りあてや、個人の特権をふくむさまざまな特権の獲得にかんして、中央政府に依存しているからだ。スクラトフ検事総長は、自分に対してくりひろげられた政治、司法、メディアによる攻撃に疲れ果て、この決定を受け入れたが、一方で「大統領のとりまきのなかに存在しつづける犯罪者グループ」に対する非難をくりかえした。ヴラジーミル・プーチンをトップとするこのグループは、二二年たったあともロシアで絶対的な権力を保持していた。

第2章　KGBがふたたび権力の座につく

ガリア・アッケルマン、ステファヌ・クルトワ

一九九九年一二月、チェキストの日（原文のまま！）に、FSB上級将校の会合で、プーチンは次のような象徴的な言葉を述べた。「政権内に潜入するという任務をあたえられたFSB将校グループが、第一段階を完遂したことをお知らせしたいと思います」[1]。実際、選出されたばかりのクレムリンの新当主は、彼のサンクトペテルブルク時代の仲間であるKGB出身者たちをすべて呼びよせた[2]。社会学者のオリガ・クリシュタノフスカヤが指摘したように、二〇〇三年頃には国家の最高位の八〇パーセントがシロヴィキによって占められており、その多くは秘密情報機関出身者だった。彼女によると、国家のトップとプーチンの側近は、ほとんど諜報機関と防諜機関の出身者のみで占められていた。さらに興味深いことに、シロヴィキは国営や民営の大企業の取締役になっていた[3]。

プーチンはすぐに大統領府の再編にとりかかった。この機関は憲法には明記されていなかったが、

権力の真の中枢を形成していた。政党的な側面をもつ政治局、国家的側面をもつ政府、疑似民主主義的側面をもつ最高会議の背後に隠れて、ソ連共産党書記局が真の権力の場となっていたソ連時代とまったく同じである。書記局は数名で構成されていたが、一九三一年から一九五三年まではスターリンのみだった。この再編は、ヴラジスラフ・スルコフによって推進された。プーチン体制の傑出した人物で、一九八三年から一九八五年までGRU（ロシア連邦参謀本部情報総局）の特殊部隊、スペツナズで兵役をつとめたあと、宣伝広報部門に配属されてミハイル・ホドルコフスキーやミハイル・フリードマンのようなオリガルヒのもとで働き、次々に成功を重ねた。すぐにクレムリンに注目され、一九九九年八月、大統領府副長官に任命された。

再編は、生まれたばかりの民主主義と法治国家を取り除いた政治体制を確立することを目的としていた。公式だが秘密の文書によれば、それは「大統領府を、政党や政治活動、その指導者や地方議員、主要な政治的ポストの候補者（中略）、ジャーナリスト（中略）、選挙管理委員会およびその職員に、影響や圧力をおよぼす強力な機関にする」ことによって、大統領が「ロシアに〝不可欠な〟政治的状況を予測し生み出すだけでなく、ロシア連邦および近隣諸国での政治的、社会的プロセスを実際に支配」できるようにすることだった。その後二〇年間におよぶプーチンのすべての計画はすでにそこにあり、KGB文化の影響が特徴的だった。つまりロシアがあらゆる方面から脅威にさらされているというパラノイア的なヴィジョン、国内外の状況を権威主義的に統制することへの強迫観念であり、それには国家の絶対的団結と、内部にあって敵方に味方する「第五列」[4]の反体制派の排斥が前提となっていた。

その結果、二〇〇〇年五月一三日から、ロシア連邦の八九の連邦構成主体は、旧ソ連の軍管区に一致する七つの連邦管区に分けられ、クレムリンが任命する七人の全権代表によって統治された。選挙による民主主義のリスクと、ほとんどが「武力組織」出身のこれらの実力者たちは、報道の自由、良識ある世論、独立した司法によってもたらされる脅威からただちに解放され、腐敗と自由裁量による無制限の支配を開始した。[5] もちろん、税収の八〇パーセントを徴収して連邦管区から利益を吸い上げはじめたクレムリンの一派に服従することが条件であった。

プーチンは、世論の順応性を確保するために、二〇〇〇年九月に治安にかんする教義を公布し、二〇〇一年三月にはクレムリンに属する情報部を創設した。さらには、強力なオリガルヒであるボリス・ベレゾフスキーとヴラジーミル・グシンスキーから、最も重要なテレビメディア(ORTとNTV)の支配権を剥奪し、ゴルバチョフによって創始され、マスコミが多くのスキャンダルを暴くことを可能にしていたグラスノスチ(情報公開政策)を大幅に縮小した。その結果、政権は世論からきわめて見えにくいものになった。やがて、一般のロシア市民は独立系の情報を得るために、ラジオと新聞のわずかな情報源しかもてなくなり、一方で、完全に監視下にあるテレビは、国民の大半がアクセスできるメディアでありつづけた。[6]

権力機構を完成させるため、プーチンは二〇〇一年五月の法律により、各党に国家への資金提供と、偏った「司法」による管理を課すことを決定した。さらには、FSBに各党へ潜入するよう命じることも忘れなかった。敵対者の中で「分子」を育てるのは、レーニンによって公認されていたボリシェヴィキの慣行であり、一九二〇年には彼の命令で、誕生したばかりの共産主義インターナショナルでもおこなわれていた。その後、プーチンはスルコフに、彼のイニシアティブで設立された党「統一」を、エフゲニー・プリマコフとモスクワ市長ユーリ・ルシコフの党「祖国・全ロシア」と強制的に合併させ、二〇〇一年一二月に「統一ロシア」を結成させた。のちに政権の骨格となる統一ロシアによって、プーチンは議会の支配を確固たるものとしたのである。議会は、有権者の利益を代表する代わりに、多額の報酬を受け取って、クレムリンの命令を引き継ぎ、うわべだけの国民の一体性を確立するだけのものになった。

政権の権威主義的な逸脱は、思いがけないできごとによってさらに加速された。二〇〇二年一〇月二三日、ロシア軍がチェチェンでおこなった人民への権力乱用に対して、チェチェンのイスラーム主義ゲリラがモスクワのドゥブロフカ劇場の観客と従業員九〇〇人を人質にとり、ロシア軍の撤退を要求したのだ。二〇〇一年九月一一日のアメリカ同時多発テロ以降、世界的な懸案となっていたイスラーム主義テロリズムとの戦いを名目に、プーチン大統領は交渉を拒否し、一〇月二六日に未知の化学物質をもちいての強行突入を命じた。一三〇人の人質が死亡し、四一人のテロリストが射殺された。[7] 二〇〇一年、欧州人権裁判所は、突入の準備が十分に慎重なものであったとはいえないとして、元人質や犠牲者の親族である六四人の原告に、一二五万四〇〇〇ユーロを支払うよう宣告した。[8] しかし、その後の経過が示すように、クレムリンの原理が、人質を取ったテロリストと交渉することではなく、人質を犠牲にしてでもテロリストを抹殺することにあったのは明らかだ。

プーチンは、みずからの権力強化に専念するあいだ、エリツィン政権で財務大臣をつとめていたミハイル・カシヤノフ首相に、日常業務をまかせていた。カシヤノフは、民間企業の存続に有利に働く一連の税制・法制改革に着手し、石油価格が上昇しつづけていたこともあって、石油の輸出に大きく依存していた経済を四年間で立ちなおらせた。二〇〇一年一二月には、あらゆる社会的要求に不利な新しい労働法が追加され、独立した労働組合の衰弱につながった。しかし、今や独立企業のリーダーや会社の所有者というより、「国家のためではなく、彼らが私腹を肥やすことを認めているクレムリンの占有者たちのために、収益性の高い経済部門の管理を担当する国家の代理人[9]」とみなされているオリガルヒたちを大統領が見過ごすことはなかった。二〇〇〇年一〇月、プーチンはその意図を明らかにし、オリガルヒについて次のように述べた。「国家は最後の手段として警棒を使うことができる。頭を打つのだ。（中略）だれもわれわれの国家を彼らの法に服従させることはないだろう。そして必要とあれば、われわれは（オリガルヒの）恐喝を可能にしている手段を破壊するだろう[10]」

「警棒」がふりおろされた最も象徴的な例が、二〇〇三年一〇月二五日、ロシアで最も裕福な実業家ミハイル・ホドルコフスキーの突然の逮捕だった。彼は世界最大の民間石油会社のひとつで、ロシアの石油の二〇パーセント、世界生産量の二パーセントを生産するユコスの社長だった。逮捕の理由は？　ホドルコフスキーが、プーチンやとりまきたちの前であえて政権や実業界の上層部の腐敗について話したり、アメリカの石油会社エクソンモービルやシェブロンテキサコとの共同プロジェクトを進めていたりという、「侮辱的な」行動をとったからだった。彼は二〇〇五年五月三一日に脱税の罪で禁錮九年を宣告され、その後二〇一〇年にはさらに六年が追加された。モスクワから六五〇〇キロメートル離れたシベリアの刑務所に収監され、家族は年に四回しか面会が認められなかったのである[11]。この判決は、政治的裁判であり、政治に口を出そうとするだけでなく、クレムリンに服従しないすべてのロシアの経営者に対する無言の警告だった。[12]

ホドルコフスキーの逮捕は、だれもが驚いたことに、二〇〇四年二月二四日のカシヤノフ政権全体の解任の前兆となった。カシヤノフ首相はすぐに汚職により訴追されたが、実際には、彼はガスプロムの決定に反対していたのだった。一九九三年に設立された国営の株式会社であるガスプロムは、ロシアの石油・ガス産業の大部分を支配し、二〇〇五年には株式の時価総額でロシア第一位、世界で第五位の会社となった。国家予算の収入の二〇パーセント、ＧＤＰの八パーセントを保証し、四〇万人を雇用していた。つまり、ホドルコフスキーを投獄することによって、巨大部門が大統領のものになったということであり、オリガルヒの実質的な影響力はこれみよがしにすべて奪われたのである。

それに続く二〇〇四年三月一四日の大統領選挙は、政権の独裁的な変化を告げていた。プーチンは、五人の泡沫候補を相手に、第一回投票で七一パーセントの票を獲得した。有効投票の九六パーセント以上の得票率だった。世論に強い印象をあたえ、敵対者を恐怖におとしいれるために、完璧に統括された陰険な手口、彼の典型的なＫＧＢの技術には感服するしかない。そしてまた、経済的捕食、他人の財産の略奪、原材料のレント経済という、ボリシェヴィズムの後遺症も見られる。ようするに、契約の遵守を保証する法治国家と、司法の独立と報道の自由の存在を前提とする、真の市場経済を創造するのは根本的に不可能であるということだ。こうして、クレムリンの支配下にあるオリガルヒたちによる、ガス、石油、銅、アルミニウム、兵器の「帝国」ができあがり、国民の大多数を権力に依存させる再国営化がじわじわと進行していった。ロシアの人口一億四六〇〇万人のうち、家族をふくめた一億人が、国家から賃金を受け取っているのである。[13]

たやすく再選を果たしたことで自信を深めて傲慢になり、自分を新たなツァーリだと思いはじめたヴラジーミル・プーチンは、まずチェチェン問題を「最終的に」解決しようと考えた。彼は、すべての独立派武装組織を鎮圧し、多くの民間人を殺害したあと、二〇〇三年、独立派から親ロシア派に転向したアフマド・カディロフ一族を権力の座にすえた。カディロフは、プーチンの再選から二か月もたたない二〇〇四年五月九日にテロにより暗殺され、その後、息子ラムザンが権力の座についた。チェチェン首相セルゲイ・アブラモフが、二〇〇五年一一月にモスクワでの自動車事故で重傷を負ったあとのことだ。[14]

それ以来、モスクワから多額の資金提供を受けているカディロフ一族とカディロフツィ（一種の私兵）は過激な暴力によって幅をきかせ、プーチンは最高の栄誉であるロシア連邦英雄勲章をラムザンに授与した。チェチェンと北カフカス全域は、ユーラシア教義の一環として、完全にKGBの従属下にあるロシア正教会との同盟関係のもとで再イスラーム化された。一九四三年にスターリンが教会の助けを求めたとロシア連邦教育大臣が賞賛したスターリン時代のようでもある。欧米と完全に対立するこの再イスラーム化は、その後きわめて象徴的な行為につながっていく。二〇一五年一月にはカディロフが、パリで殺害されたシャルリ・エブド紙の風刺画家を非難する大規模なデモをグロズヌイで組織した。二〇二一年一〇月には、シャルリ・エブド紙の風刺画を生徒に見せた中学教師サミュエル・パティを殺害した男の父親が、「息子はすべてのチェチェン人と世界のすべてのイスラーム教徒の名誉を守るために旅立ったのだ」と語ったのである。

モスクワの陰謀に反発して、チェチェンとイングーシ――一九四四年二月に中央アジアに強制移住させられたふたつの民族――の活動家たちは、たびたびテロを起こした。ロシア国内線の飛行機が二度爆破され、八月三一日にはモスクワ地下鉄の自爆テロで一〇人が死亡し、五〇人が負傷した。二〇〇四年九月一日には、北オセチア共和国ベスラン市の新学期が始まったばかりの学校で、ゲリラたちが一一〇〇人以上を人質にした。三日後、特殊部隊がロケット弾、戦車、火炎放射器などを使い、混乱状態の中で突撃した。公式記録によれば、子ども一八六人、犯人グループ三一人をふくむ三八二人の死者を出すという惨事となった[15]。

この危機は、ＫＧＢの後継者たちがロシアの外交政策を支配し、「彼らの〝積極的な手段〟、パラノイア、陰謀、そして現実を客観的に思いえがく基本的能力の欠如[16]」をもちいるのに有利に働いた。二〇〇〇年から二〇〇三年にかけて、プーチンはヨーロッパに魅惑の攻勢をかけていた。まずドイツと、天然ガス輸出の四〇パーセント、石油輸出の三〇パーセントを占める莫大なエネルギーのパートナーシップを結んだが、これはとてつもない脅しの手段となるだろう。続いて、シルヴィオ・ベルルスコーニが率いるイタリアとの接触をくりかえした。イギリス人およびトニー・ブレアまで魅惑し――女王からも招かれた――、フランス人およびジャック・シラクともイラク問題で同意した。ロシア人は、プーチンを「ピョートル大帝のように[17]」アカデミー・フランセーズに迎え入れるよう求めたほどだった。

しかし、二〇〇五年二月、ヴラジーミル・プーチンがブラチスラヴァでアメリカのジョージ・Ｗ・ブッシュと会見したとき、そのトーンが変化する。ロシアの民主主義の変化についてアメリカ大統領が表明した懸念に対して、ロシア大統領はきわめてあいまいな言い方で応じた。「わたしの見方では、あちこちで民主主義が後退しているというのは正しくない。（中略）われわれは独自の民主主義を築こうとしているわけではなく、民主主義の基本的原則を採用している。しかしその原則をロシアの伝統に適応させせなければならないのです」。そして、ジョージ・W・ブッシュが世界貿易機関へのロシアの加盟を支持すると約束したのに対して、プーチンは二〇〇六年から公然と反米政策をとるようになった。とくに二〇〇五年五月にフランスが欧州憲法にかんする国民投票を拒否したあと、欧州連合とワシントンを引き離すための働きかけをおこなうようにもなった。彼はきわめて無礼な威嚇や挑発を重ね、二〇〇七年には、犬恐怖症であることが知られているドイツ首相アンゲラ・メルケルをクレムリンに招いた際に、大型犬のラブラドールレトリーバーを部屋に入れたりしている。

このようなプーチンの政策は、ふたつの根本的に誤った考えに立脚していた。ひとつは、ソ連が一九九一年に大音響を立てて崩れ去ったにもかかわらず、超大国としてのソ連神話を継続させることに執着していたことだ。もうひとつは、国家の力が領土の大きさに左右されるという、とりわけ二一世紀においては非常識な思想にある。それは、ひととき有効だった共産主義の革命思想のダイナミズムにとってかわる、最も時代遅れの地政学だった。そのため、ロシアの外交政策は、復讐への渇望や、近隣諸国や欧米諸国の人々を侮辱しても罰せられないという全能感の表明によって動かされるようになった。レーニンが積極的に世界的なプロレタリア大革命の実現をめざしていたら、国際主義的なやり方で、その権力を世界規模に拡大し、新たなタイプの体制である全体主義を世界に押しつけていたかもしれない。プーチンはその思想を再構成したが、それは一九三九年に同盟を結んだヒトラーとスターリンが実践していたような、勢力圏という一九世紀の典型的な地政学的ロジックによってであった。「第三のローマ」であるロシアを世界の枢軸にしようとする汎スラヴ主義的、超国家主義的思想を復活させたプーチンは、まずソフトパワー、指導者層やメディアのエリートたちのコンプロマット[18]による買収あるいは支配、選挙の操作などの浸透手段をもちい、機会を見て「ワグネル・グループ」[19]や「リトル・グリーンメン」[20]のような「混成」の軍隊を介入させる。そして、チェチェン、ジョージア、二〇二二年のウクライナでおこなわれたような大規模な軍事作戦を開始するのである。

このような姿勢は、ソヴィエトの最悪の時代を思わせるような激しいプロパガンダや見えすいた国家の嘘をますます加速させることになる。スターリンは、一九四二年にクレムリンでポーランド亡命政府の首相であるシコルスキ将軍と接見したとき、一五〇〇〇人のポーランド将校たちがどこに行ったか知らないと主張したが、じつは一九四〇年三月五日に彼らの殺害を命じていたのである。[21]アレクサンドル・ソルジェニーツィンは、一九七〇年にノーベル文学賞を受賞したときの「叫び」と題された論文で、次のように書いている。「暴力は単独で生きているのではない、単独では生きられないということを忘れないようにしよう。ごく近い自然な関係性で、嘘と密接に結びついているのだ。暴力は唯一の避難所を嘘のなかに見いだし、嘘は唯一のよりどころを暴力のなかに見いだす。暴力を手段として選択した者は、嘘を規範として選択せざるをえなくなる[22]」

このような方向性は、権力の懐古的で偏執狂的な傾向に拍車をかけた。プーチンは、ベスラン学校占拠事件の悲劇のあと、国民に向けて次のように表明した。「今日われわれは広大な大国が崩壊したあとに生きている。（中略）しかし、いかなる困難にもかかわらず、われわれはソヴィエト連邦だった大国の中核を維持することができた。（中略）とはいえ（中略）、わが国はかつての西と東の強力な国境の防衛手段を失った。（中略）われわれは弱者であることが示された。弱者は打ち負かされる。ある者たちはわれわれから〝うまみのある〟断片をもぎとろうとし、またある者たちはその手助けをする。それはロシアがまだ脅威であると考えているからであり、ロシアが世界最大の核大国のひとつであり、とりのぞくべき脅威であるからだ[23]」。それは、二〇二二年にウクライナに侵攻したときの演説を予示していた。

ほどなくして、当時大統領府副長官だったスルコフが、それよりはるかに過激なスピーチをおこなった。それは一九一八年から一九二一年にかけてボリシェヴィキが先導した内戦の激しさや、一九三〇年代から一九五〇年代までのスターリンのパラノイアを思わせた。「（外国の）介入の主要な目的は、ロシア国家を消滅させることにある。（中略）われわれはみな、敵がすぐそばにいることを意識しなければならない。最前線は各都市、各通り、各家を横切っている（中略）。攻囲されたわが国の中で、急進的な右派や左派の第五列が形成された」。そしてこう結論づける。「この脅威を前にして、大統領は、行政権の統一という憲法上の原則を完全に実現することのみを義務づけられている[24]」。それはレーニン主義の二大原則への純然たる回帰であった。権力の上層部の「意思統一」と指導者間の意見の相違を公表することの禁止は、あらゆる全体主義体制の基本だった[25]。引き続いて大統領府は、国家の統制を大幅に強化するふたつの決定をおこなった。二〇〇四年九月一三日、それまで普通選挙で選ばれていた地方知事を中央政府による任命制とし、その後地方議会が任命を承認すること、そして選挙区によって選出されていた議員を、それ以後、国家レベルで作成されたリストにもとづいて比例制で選出することを発表した。

この決定は、ベスラン学校占拠事件の危機にくわえ、ジョージアでの政変による影響も大きく受けていた。独立国家ジョージア（グルジア）は、一九九二年以降、ゴルバチョフ政権の外務大臣だったエドゥアルド・シェワルナゼによって治められていた。二〇〇三年一一月の議会選挙で大規模な不正がめだったことから、腐敗した政権に対して、ミヘイル・サアカシュヴィリの先導による大規模な平和的デモがおこなわれた。一一月二二日、抗議者たちは手にバラの花をもって議会を占拠したため、シェワルナゼは軍の出動を要請した。しかし軍は介入を拒否し、二〇〇四年一月四日、新たにおこなわれた選挙でサアカシュヴィリが大統領となり、その後、彼の支持者たちが議会選挙で優勢となった。ロシアの政策に左右されることなく、欧米に向いた政策をとることが決定的になった。

この最初の「色の革命」は二〇〇四年、独立国ウクライナで相反するふたつの運命を背負ったふたりの男、ヴィクトル・ヤヌコーヴィチとヴィクトル・ユシチェンコが対立する大統領選挙が実施されたときに再燃する。ヤヌコーヴィチは一九五〇年にドンバスで生まれ、その地で専門労働者、次いで政治家となった。青年組織コムソモールのメンバーだった彼はソ連共産党に入党したが、一九六七年と一九六九年の二度、窃盗および傷害によりそれぞれ数年間の禁錮刑を宣告されたにもかかわらず、ウクライナの親ロシア派政党である地域党の党首となり、二〇〇二年には、オリガルヒのリナト・アフメノフが支配するドネツィク（ドンバス地方の中心都市）の派閥からの支持と、プーチンからの公然たる支持を受けてウクライナ首相となった。対立候補のユシチェンコは一九五四年生まれで、一九九三年にウクライナ国立銀行総裁に任命され、一九九九年から二〇〇一年までウクライナ首相をつとめたが、その後解任され、野党連合の代表となる。汚職を拒絶し欧州連合の価値観を求める一部の国民、とくにキーウやリヴィウ市民を代表している。

二〇〇四年九月五日にユシチェンコがダイオキシン毒を盛られるという事件が起こり、選挙運動はとりわけ激しいものとなった。オーストリアの医師たちによって彼は一命をとりとめたが、顔面に後遺症が残るという苦しみを味わった[26]。それでも選挙運動をあきらめることはなかった。一一月二一日、第二回投票でヤヌコーヴィチの勝利が発表されると、組織的な不正がおこなわれたとして抗議する大規模なデモが起こった。この抗議運動は、ユシチェンコのシンボルカラーにちなんで「オレンジ革命」と呼ばれている。最高裁判所は投票を無効とし、第三回投票をおこなうことを決定した。一二月二六日、より正常と思われる状況で選挙がおこなわれ、ユシチェンコが五二パーセント、ヤヌコーヴィチが四四パーセントを獲得した。この結果はクレムリンを激怒させ、プーチンは、ロシアでも大規模で平和的な民主主義運動が起こるかもしれないという強迫観念にますますとりつかれるようになった。

二〇〇五年、「色の革命」から教訓をえたスルコフは、クレムリンの支配下にない政党の候補が立候補するのを妨げるための議会選挙改革に着手した。選挙制度を自分たちが有利になるように変えて、政権側の候補者しか出馬できないようにするのは、権威主義政権の古典的な手段である。これにより、ロシアの政治制度を平和的に改革しようとするすべての試みは、最終的にその道を閉ざされたのである。そして、民主的な議論が維持されているという錯覚をあたえるために、スルコフは、政権内の左翼と右翼を代表するとされる、クレムリンにあやつられた政党を創設するという演出をおこなった。まさに、スターリンが「右傾者」と「極左」の疑似対立を演出したのと同じであり、彼は粛清と不正裁判によって「仲裁」しようとつとめた。スルコフは青少年組織「ナーシ」(「われらの仲間[27]」)

──を創設してこの措置の仕上げをした。ナーシは、プーチン個人と彼の「主権民主主義」を支持することを目的としており、歴史的経験、コムソモール（スターリン時代の共産主義の若者たち）、ヒトラーユーゲント（ヒトラー青少年団）の超国家主義思想を混ぜ合わせ、正教の聖職者至上主義、帝政時代の汎スラヴ主義の反動派から着想をえた外国人嫌い、そして軍国主義で仕上げをした、どこかで見たような青年運動だった。ロシアが脅かされ、多くの敵、とくにヨーロッパに包囲されているとする教化を受けたナーシは、内部の敵対者──元首相カシヤノフ──や外部、とくにロシア当局に管理されたハッカーや荒しが猛威をふるっているソーシャルネットワーク上の敵対者すべてに対して、クレムリンの攻撃の共鳴板の役割を果たすことになる。

アメリカ大統領ジョージ・Ｗ・ブッシュと会見したあとの二〇〇五年五月二五日、ヴラジーミル・プーチンは、連邦議会に集まった国家院（下院）と連邦院（上院）議員たちの前で、以後一〇か年の計画について発言した[28]。彼はオリガルヒを批判し、海外からロシア銀行に送金される金額に対して一三パーセントの単一税率を導入すると発表した。これはすべての脱税者に対する事実上の恩赦だった。彼はさらに、「非効率で腐敗した」官僚主義を非難し、一方で公務員の収入を三年間で五〇パーセント増加させることを約束した。古くからあるアメとムチの戦術である。そしてとくに、ソ連の崩壊について、「前世紀最大の地政学的大惨事」であると述べた。それは、一九八九年から一九九一年までの間にソ連とＫＧＢの独裁から逃れた二二か国に対して投げつけられたまさに侮辱の言葉であった。そのうち八か国は中央ヨーロッパと東ヨーロッパの「人民民主主義国」、一四か国は旧ソ連共和国である。同様に、「われわれ自身の価値観を維持し、われわれが獲得した成果を失うことなく、民主主義への独自の道を見つける」ことを望んでいると主張することによって、プーチンは、民族の自己決定権に反する、政策の地政学的概念、つまり領土的、帝国的概念に言及した。そして、民主主義の普遍的価値観を拒否して、専制政治が数世紀におよび、一九一七年の数か月間しか民主制を経験しなかった――一九一八年一月一八日に、最初の憲法制定議会議員が男女の普通選挙によって選出されたが、レーニンが力ずくで終わらせ、全体主義的共産主義を四分の三世紀にわたって確立した――ロシアの価値観を支持した。よく理解していない人々のために、彼はこうつけくわえた。「ロシアの若い民主主義はロシア国家の延長ではなくソヴィエト体制の終末だと考えた人々は、間違っていたのだ」

この表明には、石油と天然ガスの地政学的大国としての戦略がともなっていた。ガスプロムは二〇〇二年一一月に「ノルド・ストリーム１」ガスパイプラインの建設を承認した。このパイプラインは天然ガスをバルト海経由でドイツに輸送することによって、ヨーロッパに送られるロシアの天然ガスの八〇パーセントが通過していた、ウクライナとポーランドを経由するパイプラインを迂回することになると同時に、ヨーロッパの産業大国をロシアの天然ガスに依存させてクレムリンの意思に従わせることになるはずだった。この事業は、ドイツ銀行が資金の一部を出すことを保証し、二〇〇五年九月一八日に実施されるドイツの選挙の二週間前に最終的な建設プロジェクトに署名したドイツ首相、ゲアハルト・シュレーダーの協力によって進められていた。連邦議会選挙に敗れてアンゲラ・メルケルに首相の座を譲ったシュレーダーは、すぐにガスプロムに迎え入れられ、ロシアの会社が株式の五一パーセントを保有する、ノルド・ストリーム関連のコンソーシアムの役員となった。二〇〇六年一月、ガスプロムは真冬にもかかわらず、ウクライナに対して、大幅な値上げを受け入れなければガスを遮断すると脅した。それでもプーチンは、二〇〇六年七月中旬、サンクトペテルブルクでG8、つまりアメリカ、カナダ、日本、ドイツ、フランス、イタリア、イギリスという先進的な民主国家七か国にロシアをくわえた八か国の首脳国会議で栄光の時間を過ごすことができた。西側諸国の敵対的陰謀という言説とは裏腹に、ロシアは、とりわけその原材料資源のために、主要な産業大国のひとつとして、また民主制国家として認識されていたのである。

しかしこの歩みよりは、クレムリンの機嫌をよくするどころか、過激化させたように思われた。同年一二月、ガスプロムはベラルーシへのガス供給を停止し、ベラルーシのガス会社であるベルトランスの株式の半分を獲得した[29]。二〇〇九年一月初旬、ガスプロムはウクライナからの支払いが遅れたため、今度はウクライナへのガス輸送を停止した。これには、「旧ソ連邦諸国」を威嚇すると同時に、欧州連合にロシアへのエネルギー依存を意識させ、さらには天然ガスによる脅しでドイツとの事実上の同盟関係を確立するねらいがあった。

二〇〇六年一〇月七日は、ロシアのすべてのジャーナリストにとって暗黒の日となった。有名なジャーナリストのアンナ・ポリトコフスカヤが、アパートの階段室でマカロフ拳銃――警察官が所持する武器である――の銃弾四発を体の側面に受けて殺害されているのを、隣人のひとりが発見したのだ。一九五八年に生まれ、国連でウクライナ代表をつとめるソ連外交官の娘だったポリトコフスカヤは、ノーヴァヤ・ガゼータ紙の記者としてロシアのあらゆる動向を批判的な目で記事にし、人権の擁護につとめた。彼女はとくに第二次チェチェン紛争を取材しており、ベスラン人質事件を取材しようとしていた二〇〇四年には毒殺されかけている。マフィアや犯罪と結びついたカディロフ政権、そしてヴラジーミル・プーチンの独裁化を公然と批判することをためらわなかった彼女は、まさにプーチンの五四歳の誕生日の日に殺害されたのである。[30]彼女は二〇〇〇年以降ロシアで殺害された二一人目のジャーナリストとなった。それ以来、すべての独立系メディアの従順化が進められ、ウクライナ侵攻が起こった二〇二二年には、ソ連式の検閲が非公式に復活した。

プーチンは、ポリトコフスカヤが殺害されたあと、彼女の著作はロシアの世論に「ごくわずかな」影響しかあたえないと述べ、二〇〇八年の大統領選挙にそなえたが、憲法では連続する二期以上の任期が禁じられていたので、彼は立候補できなかった。彼はまずドミトリー・メドヴェージェフを首相に任命した。メドヴェージェフは、レニングラード大学法学部を卒業し、プーチン直属のアナトリー・サプチャークの顧問となったが、その後二〇〇〇年から二〇〇三年まで大統領府第一副長官、次いでガスプロムの取締役会議長、そして二〇〇五年から第一副首相をつとめた。二〇〇七年一二月、プーチンは自分にまったく従順な議会を選挙で成立させた。そして、二〇〇八年三月の大統領選挙でメドヴェージェフを指名した。メドヴェージェフは、七〇パーセントというお決まりの得票率で大統領に選出された。当選するとすぐにメドヴェージェフはプーチンを首相に任命し、彼が大統領だったときの特権のほとんどを付与した。結局メドヴェージェフは、欧米に対して、若くて現代的でリベラルな、ロシアの新しい政治階級の代表とみなされるような役割を演じていたのである。

それ以後、政権はますます、プーチンによって支配される権威主義的で個人的な権力へと偏向していった。プーチンは、石油と天然ガスの収益をめぐってときには暴力的に争うこともある四つのグループの調停役でもあった。クレムリンに服従し、収益を管理するオリガルヒたちは、急増した国家官僚——ソ連時代の官僚数は七〇万人だったが、二〇〇九年には人口が半減したにもかかわらず一七〇万人になっていた——や、地域住民の政治的支配を担当している地方統治者、そして網の目のような警察の仕事や、敵対者を威嚇し、必要に応じて暗殺するという下劣な仕事をおこなっていたシロヴィキに反抗していた。そうしたシステムはすべて新たな「ノーメンクラトゥーラ」（特権階級）を個人的にますます富ませる役目を果たしていた。その頂点にいるプーチンは、天然ガス部門や国立銀行を支配下におき、黒海に面したソチに広大な宮殿を築かせていた。他の者たちも例外ではなく、モナコに停泊する豪華なヨット、コートダジュールの豪奢な別荘、アルプス山中にあるムジェーヴの巨大な山荘、パリの邸宅、サッカークラブを臆面もなく購入し、ロシアだけでなく外国からの資金で大富豪の生活を送っていた。

実際、プーチンはガスと石油の部門から最大限の利益を確保するため、ドイツとの協力関係を強化した。二〇一一年一一月八日、二〇〇五年に開始された「ノルド・ストリーム１」の工事が完了し、依然として正式のロシア大統領だったドミトリー・メドヴェージェフと、フランス首相フランソワ・フィヨンの臨席のもとで最初の区間の開通式がとりおこなわれた。数か月後にはパイプラインの全区間が稼働しはじめた。その後、二〇一二年八月に、ガスプロムは「ノルド・ストリーム２」の最初の探査を開始した。バルト海に二本の新たなガスパイプラインを建設するというこのプロジェクトについては、ヨーロッパにとって政治的リスクがあるという多くの警告がなされていた。[31] 二〇二〇年時点で、ドイツとその主要産業は、天然ガス、したがって電気に関して、五五パーセントをロシアに依存していた。つまりドイツのエネルギー消費量の二五パーセントをロシアに頼ることになり、それによってプーチンは多額の外貨がえられるだけでなく、欧州連合の主要国に対して政治的圧力をあたえる手段も確保したのである。二〇二二年のウクライナ侵攻で、彼はそれを最大限に利用するつもりだった。

二〇〇七年秋、サブプライム住宅ローン危機が、アメリカと世界経済の大部分に打撃をあたえた。クレムリンの真の当主であるプーチンは、西側諸国が瀕死状態にあり、ロシアとその政権が勝利することになると考えた。一九二九年に世界恐慌が起こったとき、スターリンや全世界の共産主義者たちが、失業のない繁栄国家は「共産主義の輝かしい未来に向かって全速力で進む」とソ連の栄光をたたえたように、「(プーチンの)公式プロパガンダは、ロシアを世界的な嵐の中の穏やかな港と表現していた」[32]。しかしまったくそうではなかった。二〇〇八年一一月、ロシアの金融市場は七五パーセント下落し、GDPは二〇〇九年に約八パーセント減少したのである。国民の目をそらすため、プーチンはふたたびジョージアで武力紛争を再燃させる。八月一日、南オセチアの分離独立派に武装事件を起こすようしむけ、ジョージアの軍事攻撃を誘発させると、それを口実に八月八日にはロシア軍の大規模介入をおこなった。そのあと南オセチアとアブハジアの独立を承認し、ロシア連邦の完全な支配下においたのである。ロシアに続いて、ニカラグア、ベネズエラ、太平洋の小さな共和国であるナウル、そしてシリアも、国家承認をおこなった。とはいえ、ロシア軍とジョージア軍の数日間の戦闘は、ロシア軍の弱さを露呈させた。規模は小さいが近代的で西側の兵器を装備したジョージア軍に対して、ロシア軍は装備がおとり、組織の連携も不十分で士気も低かった。ロシアは南オセチアを支配下におさめ、ジョージアの首都トビリシに向けて進軍を開始した。ロシア軍は二〇〇八年秋に発表される改革の対象となるのだが、思うような成果があったかは疑問だ[33]。

プーチン「首相」によって準備された軍事作戦は、メドヴェージェフ「大統領」による承認をえるべきものだった。気分を害したメドヴェージェフは、二〇〇九年九月一日、「前へ進め、ロシア」と題した論文を発表し反響を呼んだ。プーチン時代には、とくに腐敗の蔓延によって経済が失速し、炭化水素の収益に頼ったことが先端技術の発展を妨げ、国家が経済の動向に左右されることになったとして、きびしい評価をくだしたのである。実際のところそれは、大統領としての二期目をめざすメドヴェージェフの出馬宣言だった。当然プーチンはこの侮辱に反応した。二〇一一年九月、プーチンはメドヴェージェフに、二〇一二年の大統領選挙への出馬を公式に断念するよう迫り、自分が三度目の大統領戦に立候補すると宣言した。大きな抗議運動が起こったため、政府は二〇一一年一二月の国家院（下院）選挙で組織的な不正をおこなった。その結果、一二月一〇日と二四日に大規模なデモが発生し、プーチンに、ロシアで「色の革命」が起こるのではないかという恐怖心をいだかせ、あらゆることに西側の「陰謀」を見いだすという過度の妄想をもたらした。

したがって、二〇一二年三月の大統領選挙では、特別な措置がとられた。クレムリンは一方ではシロヴィキに配慮して、治安部隊の全隊員の給与を二倍、さらには三倍にし、ソ連の崩壊以来老朽化している軍産複合体を再活性化すると発表した[34]。他方では、堕落し、男色家や小児性愛者によって統治され、移民が殺到し、内戦の瀬戸際にあるとする西側諸国に対する暴力的なプロパガンダのキャンペーンを開始した。さらには、一八八〇年代の汎スラヴ主義にならって、「ロシアの道」をたたえた。

とくに二月に開催されたルジニキ・スタジアムでの大規模集会では、ほとんど人種差別的な言い方で「大祖国戦争」の輝かしい記憶をよみがえらせた。「われわれは勝利者の民族である。それはわれわれの遺伝子のなかにある。（中略）外国に目を向けたり、祖国を裏切ったりしないよう、すべての人に求める。（中略）われわれは兄弟たちが死んだように、モスクワのすぐそばで死ぬだろう。（中略）モスクワの戦いは続き、われわれは勝利するだろう[35]」。二〇一二年三月四日、プーチンは「わずか」六四パーセントの投票率でロシア大統領に三選された。ロシアを全体主義体制にもどす準備はすでに体系的かつ綿密に進められており、その年からそれがむきだしになるのである。

第*3*章　ヴラジーミル・プーチンの積極的な過去への逃避

ガリア・アッケルマン、ステファヌ・クルトワ

二〇一二年に再選された——そして二〇一八年にも「選出」される見通しだった——ヴラジーミル・プーチンの傲慢さ、自画自賛、絶対権力への意志は、このうえなく高まった。彼はただちに、市民のデモや、政権に対する「名誉毀損」をきびしく抑圧する法律を成立させた。「危険」ともみなされるインターネットサイトを禁止し、「社会を混乱させ」、間違いなく外国からの資金提供を受けているＮＧＯを「外国のエージェント」に指定した。とくに、一九九七年以来、人権の擁護につとめ、歴史家たちが、一九一八年から一九二二年にかけての内戦、一九一八年から一九二二年にかけての恐怖政治、一九三七年から一九三八年にかけてのウクライナでのホロドモール、そしてスターリンの死去まで、ソ連政権の恐怖政治の時代の見直しをおこなっていた人権団体「メモリアル」が標的にされた。アーカイブとフィールドでの彼らの研究は、ＮＫＶＤ（内務人民委員部）の犠牲者たちの巨大な共同

墓穴を定期的に発見していた。それは、「偉大な指導者」スターリンを中心にプーチンが構築した輝かしいストーリーに反するものだった。そこでプーチン大統領は、大胆にも自分に反抗したり、自分より「リベラル、エリート、西側」[1]のメドヴェージェフの方を好む者たちに復讐しようとした。

二〇一二年八月、プーチンは「裏切り」、「スパイ行為」、「国家機密の不法取得」の定義を大幅に拡大し、最大二〇年の禁錮刑を科すものとした。それ以来、政権への批判はすべてこの罪に問われる可能性があった。[2]さらにもうひとつ、情勢を変えるできごとがあった。八月一七日、パンクロックバンド「プッシー・ライオット」(「雌ネコの暴動」という意味だ)のメンバーである三人の女性が、「宗教への反感にかられた破壊行為」をおこなったとして二年間の禁錮刑——ひとりは執行猶予がついた——を言いわたされたのである。彼女たちの罪とは？　二〇一二年二月二一日、モスクワの救世主ハリストス大聖堂でパンクな願い事を歌ったということだ。その奇妙な裁判は、明らかに自由を侵害する法律である「信者感情への侮辱」という条項を刑法に導入するきっかけとなった。この評決に抗議する国際的なキャンペーンが起こったが、プーチンは、「道徳の基盤を覆し、国家を破壊してはならないということだ。そうでなければわれわれに何が残るのか？」と述べ、評決に同意を示した。彼の恨み深い性格を知る者は、この評決に個人的な復讐があると見ている。彼女たちは聖母に、プーチンを追い払うよう祈っていたのだ[3]！

これを機にプーチンは、正教会との関係を強化した。とくに同じサンクトペテルブルク出身で、祖父がソロヴェツキー諸島の強制収容所に送られた正教司祭だったモスクワ総主教キリル一世との関係が強まった。自分自身も正教会の司祭となったキリルは、ＫＧＢの影響力が強かった教会で順調に出世し、一九七〇年代には「ミハイロフ」というコードネームをもつエージェントとして、総主教庁の庇護のもと、ジュネーヴで活動していた。二〇〇九年にモスクワ総主教に選ばれた彼は、ポーランドのカトリック教会、シリア、レバノン、エジプトの東方教会、そしてとくにウクライナ、ベラルーシ、モルドヴァ、アゼルバイジャン、カザフスタンなど他の正教会との間で、宗教的外交活動を進めた。彼は他の正教会をできるだけ支配しようとしたが、当時はごく少数派だったウクライナ独立正教会については成功しなかった。ただし、より影響力のあるロシア正教系のウクライナ正教会は、モスクワ総主教庁との関係を保持していた。[4] 二〇一二年、キリル一世は、プーチンの再選を「奇跡」であると述べた。さらに、「正教徒のオリガルヒ」と呼ばれるオリガルヒのコンスタンティン・マロフェーエフは、ロシア正教会への資金提供においても、クリミアやドンバスの親ロシア派への財政支援においても大きな役割を果たし、また西側を、リベラルな「全体主義」であると非難している。[5]

反対派を標的にする一方で、プーチンは二〇一二年一一月、汚職追放の大規模キャンペーンを開始した。それは、完全にクレムリンに服従し、西側諸国との関係を絶つことを強制された新たなエリートを形成することを目的としていた。それまで新興富裕層は、略奪によってえたものを、西側諸国の所有権法によって守るのが習慣になっていた。一二月一二日の国民に向けた演説で、彼は「外国のエージェント」に対する攻撃をさらに強め、大富豪への税の創設を発表するとともに、「愛国的」経済発展と資産の本国環流を要求した。[6] それと並行して、「西側諸国でブラックリストに載せて外国から切り離すために[7]」、統一ロシア党の議員に、人権を侵害する法案に各自署名するよう求めた。二〇一七年に合法的に国外に持ち出されたロシアの資産が一兆二三三〇億ドルに上ったのは事実であり、「汚れた」資金を考慮に入れると、その倍に上るはずだ。[8]

プーチンは大統領三期目の初めから、ふたたび「旧ソ連邦諸国」に目を向け、ヴラジスラフ・スルコフを「ウクライナ問題」担当の副首相に任命した。二〇一三年には、オリガルヒのエフゲニー・プリゴジンに、サンクトペテルブルクを拠点としてウクライナの、とくにクリミアとドンバスで分離独立の動きをあおる役割をになう、ハルキウの情報機関（ナア・ニュース）のスポンサーになるようながした。[9]

じつのところプーチンは、ヤヌコーヴィチ――ウクライナ東部を中心に四八・九パーセントの票を獲得――が、ユーリヤ・ティモシェンコ――主としてウクライナ中・西部で四五・四パーセントの票を獲得――に勝利した、二〇一〇年二月の大統領選挙以来、ウクライナの状況を注意深く追っていた。選出されたばかりの新大統領ヤヌコーヴィチは、四月二一日、ウクライナに送られてくるロシアの天然ガスを三〇パーセント割引してもらう代わりに、ロシア艦隊にクリミア半島のセヴァストポリ港の使用を許可する賃貸契約を二五年間延長する条約に署名した。さらにヤヌコーヴィチは、二〇〇六年一一月二六日にウクライナ最高議会で採択された、ホロドモールを「ウクライナ人のジェノサイド（大量虐殺）」であると定義した法律に賛同していないと公言した。彼はそれを、ロシア人、ウクライナ人、カザフ人に共通の悲劇であるとしたが、それはロシアからの視点であった。[10] 同時に、憲法改正によって大統領の権限が大幅に強化された。どの決定も野党からの激しい反応を引き起こしたが、すぐに裁判によって命令に従わされた。ユーリヤ・ティモシェンコは逮捕され、二〇一一年一〇月に七年間の禁錮刑を言い渡された。彼女の前閣僚一五人は、さまざまな口実で告訴された。ウクライナと自由貿易協定を結ぶ予定だった欧州連合は、ティモシェンコの釈放を要求したが、果たせなかった。

ヤヌコーヴィチは従来からのロシアとの良好な関係を保ちながらも、経済協定を約束していたEUへのアプローチも継続した。しかしプーチンはユーラシア連合という幻想的プロジェクトに巻き込むために圧力をかけつづけた。そして経済的議論が暗礁にのり上げたあとの二〇一三年九月一九日、ヴァルダイ国際討論クラブ会合で、まったく異なる論調を展開する。「ウクライナが独立国であることにはなんの疑いもない。（中略）しかし現在のロシア国家がドニエプルに結びついたルーツをもつことを忘れてはいない。（中略）キエフ・ルーシは巨大なロシア国家の起源である。われわれは共通の伝統、共通の気質、共通の歴史、共通の文化をもっている。（中略）そうした意味で、もう一度くりかえしたい。われわれはただひとつの民族である」[11]。これは、ツァーリが「全ロシアの支配者」であるという古い概念を復活させたものであり、モスクワの「偉大なルーシ」が「小ルーシ」（キエフのウクライナ人）、白ルーシ（ミンスクのベラルーシ人）、そしてノヴォロシア（クリミア・ウクライナ南部から現在の沿ドニエストル共和国―モルドヴァの一部を占め、ロシア語話者が住むロシアに支援された未承認国家―まで）を支配するものとされていた。このテーマは、「ソヴィエトの兄弟共和国」という形でボリシェヴィキによって部分的に再利用され、スターリンも、「兄弟民族」というさらに民族主義的な意味をふくんだレトリックをもちいている。こうして、ウクライナに対する領土拡張論的で好戦的なレトリックの基礎が公式に築かれ、二〇二一年に、ヴラジーミル・プーチンの「ロシア人とウクライナ人の歴史的一体性について」[12]と題された論文によって完成されたのである。

プーチンから数十億ドルの融資の約束をとりつけたヤヌコーヴィチは、結局、二〇一三年一一月二一日に欧州連合との連合協定への署名を拒否し、「モスクワと積極的な対話を再開する」意志があることを表明した。するとすぐに首都キーウなどで親ヨーロッパ派の大規模なデモが発生し、デモ参加者らはキーウの独立広場（マイダン）を占領してヤヌコーヴィチの解任を要求した。二〇一四年二月にロシアのソチで冬季オリンピックが開催されることになっており、ホモセクシュアルの「プロパガンダ」を禁じるロシアの法律に抗議して、欧米の主要国家元首がすでにボイコットを表明していることもあって、ヴラジーミル・プーチンは介入に踏み切れなかったが、オリンピックが終わるとすぐに、ヤヌコーヴィチにゴーサインを出した。そして二月二〇日、広場は特別部隊による攻撃を受け、デモ参加者のうちすくなくとも七五人が銃弾により死亡した。ウクライナ人は彼らのことを「天国の戦士」と呼んでいる。民衆の怒りを恐れたヤヌコーヴィチは、翌日にキーウを脱出して、ハルキウ近くのダーチャ（別荘）で一夜を過ごし、ドネツィクに到着したが、結局飛行機に乗ることができず、クリミア半島のヤルタから来たロシア軍特別攻撃隊に救出された[13]。ヤヌコーヴィチが逃亡したあと、ウクライナ議会は「憲法違反の職務放棄」であるとして彼を解任した。民衆は彼の贅沢な私邸に乱入し、とてつもない汚職がおこなわれていたことを発見した。

二〇一三年からプーチンにウクライナ問題をまかされ、独立広場の鎮圧を監督していたヴラジスラフ・スルコフは、すぐにクレムリンからの反撃を準備し、なによりもまずクリミアを標的にした。一九五四年にウクライナ・ソヴィエト社会主義共和国に移管されたクリミア半島は、一九九一年に独立したウクライナに属するクリミア自治共和国となり、ロシア黒海艦隊の基地があるセヴァストポリは、ウクライナの特別市となった。クリミア・タタール人[14]の故国であるクリミア半島だが、ロシア帝国の時代にもソ連時代にもロシアから沿岸部の重要性を高く評価され、二〇一四年にはロシア人の住民が六五パーセントを占めるようになっていた。何年も前からロシアは、住民たちにロシア、より正確にはソ連に属しているという感覚を生み出すために激しいプロパガンダをおこなってきた。

プーチンの頭の中ではおそらく何年も前からクリミアを併合する計画が芽生えていたが、二月のヤヌコーヴィチの脱出から、ウクライナ憲法を適用した五月の次期大統領選挙までの間に空位期間が生じたことで、その機会が訪れたとみたのだ。二月二八日、正体不明の覆面部隊がクリミアの空港を占拠した。そのころ、ロシアで開かれた記者会見でヤヌコーヴィチが、ロシア軍にウクライナ、とくにクリミアに介入して、「法と秩序」を保証するよう呼びかけていた。「ジェノサイド」からロシア語話者を守るという口実のもと、一五万人をクリミア半島の近くに集めたロシアは、軍事的にクリミアに侵入し、ウクライナの軍事装備、とくに軍艦を奪取した。五月一一日、クリミア自治共和国とセバストポリ特別市はウクライナからの離脱を宣言してロシアへの帰属を求めた。そしてウクライナの資産の差し押さえを要求し——そのためクリミアの天然ガスポンプステーションはガスプロムの所有物となった——、通貨を変更した。独立国家となったクリミア共和国は、ただちにロシアによって承認されたが、これは一九九二年以来ウクライナ国境を保証してきた国際条約に対する明白な違反である。四月一四日、プーチンはセルゲイ・アクショーノフを、ロシアとその同盟国からしか承認されていないクリミア共和国の首長に任命した。アクショーノフは、二〇一〇年に実施されたクリミア自治共和国最高議会選挙で、四パーセントの票しか獲得できなかった親ロシア政党の指導者であった。ロシア大統領はこの併合を政権の大きな勝利と表現して、クリムナシュ（「クリミアはわれわれのもの」）という言葉でたたえ、その超国家主義的、拡張主義的性格をさらに際立たせた。しかも三月二八日にロシアは、ウクライナに販売する天然ガスの価格を八〇パーセント引き上げることを決定したのである。

ヴラジスラフ・スルコフは次に、クリミアの例にならってウクライナ東部で分離運動を組織しはじめた。とくにロシアに隣接するふたつの地域、ドネツィク州とルハーンシク州では深刻な対立が生じた。こうした情勢は二重の対立を引き起こした。ウクライナとモスクワにあやつられた分離主義者との国家的な戦争と、ドンバスの住民内の、民主的なウクライナを支持する者と独裁的なロシアを支持する者との間での内戦である。二〇一四年から二〇二二年までの間に、双方あわせてすでに一万四〇〇〇人以上の死者が出ていた。一五〇万人以上がドンバスからの国内避難を余儀なくされ、およそ一〇〇万人はロシアに逃れた[16]。二〇一四年四月、ウクライナ東部のいくつかの都市、とくに黒海に面した主要港であるオデッサやドニプロ、ハルキウなどで、親プーチン派による同様の戦闘が生じたが、対抗デモ参加者や、ウクライナのオリガルヒたちの資金提供により設立された義勇兵部隊の激しい抵抗にあった。ドンバスの行政区域の三分の一を除いて、親ロシアの分離主義者は各地で苦い敗北を喫した。オデッサでの親ロシア派と親ウクライナ派の衝突は、悲劇的な結果となった。親ロシア派が占拠した労働組合会館に火炎瓶が投げられて炎上し、四二人が死亡したのである。ロシアはこれを端緒に、「ネオナチ」や「ナチ」のウクライナという激しいプロパガンダを開始し、「大祖国戦争[17]」を引き合いに出して、制裁をくわえるべきであるとした。

乱暴なクリミア併合と、ドンバスへの「軍事顧問」やロシア人「義勇兵」の進出によって、プーチンのロシアと西側諸国の関係はもはやあともどりできない段階に達した。ロシアは経済制裁の対象になり、主要な国際会議（G8、G20など）から排除された。この攻撃的な政策によりロシアのエリートの間で意見の相違が生じ、プーチンは自分の側近たちとの関係をしめなおし、メンバーの一部を入れ替えることにした。二〇一四年以降、政権幹部の考え方に変化が生じた結果、治安部隊であるシロヴィキの役割が急激に大きくなった。シロヴィキは数の多さというより、そのイデオロギーによって政権を支配していた。同業組合主義的な考え方や、ロシアが攻囲された城塞であるという認識をもちこんだのである。それだけでは満足できなくなったプーチンは、二〇一六年にシロヴィキ内でのまさに粛清をおこなった[18]。二〇一六年一一月、プーチンに最も近い側近のひとりであるイーゴリ・セーチンがでっち上げた賄賂教唆の罪により、経済開発大臣だったアレクセイ・ウリュカエフが逮捕された。セーチンは、ガスプロムに次ぐロシア第二の石油会社、ロスネフチの社長である。これは、大統領やその仲間たちに全面的に服従しないすべての幹部に向けた警告だった[19]。

ロシアの政権構造は、しだいにソ連のそれと似たものになってきた。内閣や大臣はうわべだけで、実際の権力は、大統領および大統領府と専門「委員会」が握り、その決定を関係閣僚に受け入れさせていた。もちろん、こうした二重構造はまったく不透明で無責任な形で機能している。自分の政権に不安を抱くプーチンは、二〇一六年四月六日、大統領令によって、三五万人を擁するロシア国家親衛隊を創設し、自分の個人的な警備の責任者だったヴィクトル・ゾロトフを最高司令官に任命した。ゾロトフは外国に介入する権限もあたえられていた。それ以後、ロシアの正規軍と准軍事組織の総数は、ソ連時代に匹敵する四〇〇万人に達している。一九九一年に二億九〇〇〇万人だった人口が、二〇二二年には一億四六〇〇万人に減少しているにもかかわらずである。

二〇一七年八月にアメリカがロシアに対する経済制裁をおこなう前から、ロシア連邦外務大臣セルゲイ・ラヴロフは先手を打っていた。同年三月二三日には、参謀部の将校たちの前で反欧米的演説をおこなっている。「過去何世紀にもわたって、われわれの大きな不幸はつねに西側からやってきた」。しかしこれはロシア史への理解不足である。というのもロシアが最大の敗北のひとつを経験したのは、太平洋に面した旅順口【当時はロシア帝国の租借地だった旅順口にはロシア海軍太平洋艦隊の軍港があった】であり、一九〇五年五月、朝鮮半島との間にある対馬海峡で、すべての軍艦を日本軍に沈められたのである。この敗北の影響は大きく、一九〇五年には最初の革命が起こった。そしてソ連は一九四一年六月二二日以降大きな災厄に見舞われ、一九四五年までに二七〇〇万人の犠牲者を出したが、その責任を負うのはスターリン以外のだれでもない。スターリンは、東ポーランド（現在の西ウクライナ）、バルト諸国、ルーマニアのベッサラビア地方を征服するために、ドイツがフランスとイギリスと戦うようにしむけることを画策し、ヒトラーとの間に「不可侵」条約を結んだ。しかしフランスに勝利したヒトラーは、矛先をロシアに転じたのである。一九三九年から一九四一年にかけてソ連に併合された中・東欧諸国や、一九四五年から一九八九年までの間に「社会主義陣営」に力ずくで統合された国々は、三世紀前からの「大きな災厄はすべて」東から、より正確にはロシアから来たと、ラヴロフに反論するのではないだろうか。

このプーチンとラヴロフの言説は、フランスではだいぶ前からロシアのソフトパワーに受け継がれている。たとえば、ナタリア・ナロチュニツカヤ——ソ連の大学教員からスラヴ主義の熱心な教条主義的ナショナリストになり、二〇〇三年にロシア下院議員に選出された——は、二〇〇七年、パリに民主主義協力研究所を設立し、ヨーロッパのポピュリストとロシアの著名なナショナリストとの議論の場となっている[20]。彼女は二〇〇八年に『われわれの勝利で何が残ったのか？――ロシアと西側、誤解 Que reste-t-il de notre victoire ? Russie-Occident, le malentendu』と題された著書を発表したが、序文とあとがきはふたりのフランス人大学教員、フランソワ＝グザヴィエ・コカンとジャック・サピールが書いている[21]。その中で著者は、何世紀も前からロシアを分割しようとしてきたとして、イギリス、ドイツ、アメリカを非難している。そしてとくに、欧米の自由主義思想と「ロシアの魂」を対立させている。それは、「ロシア世界」の名のもとにあらゆる侵略を正当化する一九世紀のスラヴ主義の古い言説である。一方、世界で最も読まれているウクライナ人作家、アンドレイ・クルコフは状況を次のように総括している。「ロシア世界の概念は、ロシアの政治家がよく言う、〝ロシアの国境は、もうだれもロシア語を話さないというところで終わる〟という言葉に集約されている。ロシア語はいたるところで話されているので、ロシアはどこまでもとどまることがない、ということになる」。一九八九年にチェコスロヴァキア大統領になったチェコの反体制派、ヴァーツラフ・ハヴェルは、すでに二〇〇五年にこう述べていた。「ロシアはどこが始まりでどこが終わりかほんとうにわかっていない」。そして、欧州連合とロシア連邦の間の「断層線」はウクライナに沿って走っていると指摘した[22]。

それゆえウクライナ侵攻はヴラジーミル・プーチンのまさに強迫観念となった。それは、一九九一年のソ連国境まで拡大されたロシア国境を再構成するための、より大きなプロジェクトの一環をなすものであり、欧州連合やアメリカとの対立もそこにふくまれていた。二〇一五年初頭に、反体制派のボリス・ネムツォフが、クリミア、ドンバス、そしてウクライナ全体へのロシアの介入にかんする報告書の作成を発表したとき、告発しようとしていたのはこのプロジェクトだった。ボリシェヴィキのヤーコフ・スヴェルドロフの甥の息子として、ソ連の特権者階級出身であるネムツォフは、一九九一年からエリツィンを支持し、体制の民主化のために積極的に活動した。エリツィンは、有名人で人気があり一九九七年にはロシア連邦第一副首相に任命されたネムツォフを、大統領の後継者に指名することも一時期考えていたが、だれもが驚いたことに、数人の人物を首相として「テスト」したあとで指名されたのは、ヴラジーミル・プーチンだった。

プーチンとネムツォフとの対立は、とりわけ二〇一四年二月のソチ冬季オリンピックをめぐって激しさをましていった。二〇〇九年にネムツォフは、出身地であるソチの市長に立候補し、驚くべき汚職の機会であるオリンピックの膨大な経費を告発した。もうひとりの反体制派であるヴラジーミル・ミロヴと共同執筆した「プーチンのオリンピックプロジェクトはスケールの大きな窃盗であり、取り返しのつかない環境への打撃である」と題する報告書で、裏付けとなる証拠をあげて、これは国家の資産と財政の莫大な浪費であり、プーチンのとりまきたちに経費を著しく高く見積もった仕事を分配していたのだ、と説明していた[23]。

しかしネムツォフの命取りとなったのはもうひとつの報告書だった。二〇一四年二月、軍の最高司令官であるプーチンが、クリミア侵攻のために「リトル・グリーンメン」を送り込むとすぐ、彼はこのような策略は国際法違反であり、きびしい制裁をもたらし国家に大損害をあたえる正真正銘の戦争の始まりであるとする報告書の作成に取り組んだ。さらにこの報告書で彼は、ロシアが、嘘と抑圧にもとづき、戦争の恐怖をまき散らすことで国民をあやつる、報復論的で好戦的なナショナリズムに満ちた、籠城軍の精神状態のなかに閉じ込められている、とも糾弾していた[24]。報告書には、二〇一四年から二〇一五年にかけて激しくなったドンバスでの戦闘についての分析がふくまれ、二〇一四年七月一七日にドネツィク州上空でマレーシア航空のボーイング機が撃墜された事件の責任者も名ざしされていた[25]。モスクワに軍事的、政治的に支援された親ロシア派の分離主義者がドネツィク州でくりひろげていた戦争をたえず告発しつづけたネムツォフは、二〇一五年三月一日にモスクワで大規模な反戦デモを呼びかけ、自らの死刑判決に署名することとなった。二月二七日二〇時、ラジオ局「モスクワのこだま」でウクライナ戦争についてのインタビューをおこなった直後、彼はクレムリンの壁のそばで、プロの殺し屋によって殺害された。ソ連崩壊後のロシアの政治指導者が殺害されたことで、葬儀の際には激しい怒りと静かなデモが引き起こされたが、プーチンはこの事件について何も知らないと述べた。しかしそれは、合法的な野党と市民社会全体に向けられた暴力的な警告だった。それでも報告書の作業はネムツォフに近い人々によって完成され、二〇一五年に公表された[26]。

一方、モスクワ総主教キリル一世は、「ロシア正教の発祥地であるキエフ（キーウ）を首都とするウクライナを奪い、聖なるロシアを破壊する者などだれもいないように」と祈りをこめた。二〇一五年、彼はクレムリンが実施したスターリンの名誉回復を支持し、「彼がいくつかの罪を犯したとしても、国家を再生させ、近代化に導いた政治家の功績を疑うべきではない[27]」と述べた。プーチンの人物像になぞらえているのは明らかだ。そもそも、犯罪とマフィアの政権の道徳的保証人としての役目を果たしている総主教の「忠誠」には、報酬がある。キリル一世は、モスクワとサンクトペテルブルクに数件の豪華なアパート、黒海沿岸の所有地、ヨット、プライベートジェット、三万ドルの高級時計、その他の「ささいなもの」[28]を所有しているのである。

それまで自制しながら権威主義を復活させていたプーチン政権だったが、クリミアを併合するとすぐに、一九八九年から一九九一年にかけての反共産主義や反全体主義の改革――ドイツ、ポーランド、チェコ、スロヴァキア、バルト諸国など――や、多少なりとも急速な民主化――ルーマニア、ブルガリア、ハンガリー、ウクライナ――の動きとは対照的な、「退行」のプロセスに着手した。プーチンはしだいに、スターリン後のソ連を特徴づけていた強度の低い全体主義へと回帰していった。統一ロシアが与党となり、国家院（下院）で過半数を占めて政権の骨格となる一方で、議会に代表を出しているいわば「型どおり」のその他の政党――共産党、ジリノフスキーの政党エル・デー・ペー・エル（ロシア自由民主党）、公正ロシア――は、政府のイニシアティブを支持することが不可避となり、組織外の政治活動は完全に動きがとれなくなった。リーダー崇拝とその無謬性が押しつけられ、修正主義的、超国家主義的、領土拡張主義的イデオロギーが支配的、強制的なものとなった。「大祖国戦争」[29]での勝利を求心力に、スターリンと大国としてのソ連の再評価が加速していった。正教会を権力に仕えるものとする操作も強化された。そして西側と民主主義に対する激しいプロパガンダが展開され、独立系メディアなどあらゆる批判的表現が検閲の対象となった。それにくわえて、当局による経済的資源や財政的資源の厳重な管理もおこなわれた。そして最後に重要なこととして、まずは標的を定めたテロ、その後大規模かつ無差別的なテロが拡散したのである。それは二〇一四年のドンバスや、二〇二二年のウクライナでも同様だった。

プーチンは、権力を決定的なものにするため、二〇二〇年七月一日に国民投票を実施し、二〇二四年に予定されている選挙のあと、新たに二期大統領任期をつとめることが認められた。こうして彼は、クレムリンに二〇三六年までとどまる保証を手に入れたのである。つまり八三歳までということだ！

このような策動は、アレクセイ・ナヴァリヌイが率いる反体制派からの反発を招いた。ナヴァリヌイは、二〇一一年から二〇一二年まで、ネムツォフとともに、権力の座にある派閥の腐敗に対する戦いを先導した弁護士であり、父親はチョルノービリ原子力発電所近くの村の出身だった。二〇一二年の大統領選挙のときに、彼は統一ロシアを「泥棒と詐欺師の政党」と呼んでいた。二〇一三年九月には、モスクワ市長選挙に立候補して政権に立ち向かった。対立候補である現職のユーリ・ルシコフは、この地位にあった一八年間で、妻のエレーナ・バトゥリナとともに、不動産などでとてつもない財産を築いた。ナヴァリヌイはテレビに出ることを禁じられたが、それでも第一回投票で三〇パーセントの票を獲得した[30]。それ以後、彼はプーチンの司法機関から執拗に攻めたてられ、自宅軟禁命令を受け、さまざまな口実で有罪判決を下された。二〇一五年二月、彼は、ネムツォフの葬儀への参列と、三月一日に発表された反戦デモへの参加を妨げる目的で逮捕された。二〇一五年から二〇二〇年までの間に、さらに何度も逮捕されている。二〇二〇年八月二〇日、彼は国内線の飛行機で移動中に重病になり、すぐにドイツに避難した。ドイツでの詳細な検査で、彼がノビチョクという毒を盛られたことが明らかになった。ノビチョクは、二〇一八年三月四日にイギリスで、元ソ連スパイ、セルゲイ・スクリパリとその娘を暗殺するために、ふたりのＧＲＵエージェントによってすでに使われていた毒物であった[31]。

ナヴァリヌイは、自分が脅威にさらされているにもかかわらず、回復したばかりの二〇二一年一月一七日にモスクワに戻った。そしてすぐさま、彼がまだドイツの病院にいるときに出された裁判所による監視命令に従わなかったとして逮捕された。しかしその二日後、彼は反腐敗財団（FBK）とともにおこなった長期調査について報告する動画を公開させた。この動画は、プーチンが横領した資金を使ってオリガルヒや国営企業に建てさせた、黒海沿岸の広大な宮殿を撮影したものだった。壮大な住居で、豪華な家具をそなえた一万八〇〇〇平方メートルの建物、七〇〇〇ヘクタールの土地に、ワイン醸造施設をそなえた三〇〇ヘクタールのブドウ園、ふたつのヘリポート、ホッケーをするための地下スケートリンク、池、スイミングプール、カジノ、劇場、発電所、プライベートの港、そして…教会まであった！　ロシア語にさまざまな言語の字幕がついたバージョンもあるこの動画は、その日、およそ一億三〇〇〇万回再生された[32]。二月二日、ナヴァリヌイは裁判所の監視命令に従わなかったとして三年間の禁錮刑を宣告された[33]。プーチンの司法機関によるこの決定に対する民衆の抗議は、きびしく抑圧された。三月二二日、彼は自身の財団の「詐欺罪」と「法定侮辱罪」でふたたび裁判にかけられ、厳格な矯正収容所での禁錮九年が宣告された[34]。その間に、彼の財団は「過激派団体」とみなされて解体され、彼に近いグループは外国への移住を余儀なくされた。一方で、地方機関の数十人の指導者やその協力者たちが告訴された[35]。

同時期に、何百ものNGOやメディアが「過激派団体」、「望ましくない団体」、「外国のエージェント」と認定され、解体された。また数百人が「外国のエージェント[36]」と認定された。最も衝撃的なのは、二〇二一年一二月末に人権団体「メモリアル」が――スターリンの犯罪を資料で裏付けたことで[37]

——「ソ連のイメージをゆがめた」として閉鎖され、二〇二二年四月には、メモリアル人権センターが閉鎖された[38]。ロシアのNGOの中で最も古く、最も有名で、国際的に最も尊重されている団体の閉鎖には、ただひとつの意味しかない。プーチンは、西側諸国と決別し、ソ連崩壊後の空間をふたたび征服するための戦争を開始することで、最後の大勝負に出たということだ[39]。

実際、反体制組織を解体し、二〇二一年八月にアメリカがアフガニスタンから混乱状態で撤退したあと、プーチンは、大規模な攻撃に打って出る機会が来たと考えたのだ。一二月一七日、彼は、ヨーロッパの支配権を分け合う新たなヤルタ協定を結ぶために、アメリカに最後通牒を送った。それは、一九九一年にソ連が崩壊した影響を打ち消して、ロシアが、独立した旧ソヴィエト連邦構成共和国をふたたび厳格な支配下に置くというものである。つまりウクライナだけでなく、バルト諸国、モルドヴァも、現在のベラルーシやジョージアのようにするということだ。そして、かつての「人民民主主義国」、とくにハンガリー、スロヴァキア、ルーマニア、ブルガリア、さらには旧ユーゴスラヴィア諸国も勢力圏に統合する。このような最後通牒はとうてい受け入れられるものではなかったため、回答はないままであり、プーチンの論理では、戦争は避けがたいと結論づけられた[40]。

ソヴィエト後の時代を専門とするロシアの歴史家で政治学者のセルゲイ・メドヴェージェフによれば[41]、旧KGBメンバーは、何年もの間、四重の戦争にかかわっていた。すなわち、とくにウクライナを標的とする新帝国主義型の領土戦争。軍事力、とくに核にもとづくロシアの新たなアイデンティティを押しつける象徴的な戦争。市民に、私生活、性的指向、宗教的信念においても、また政治的選択、外国との関係においても、政権の「価値観」にくみすることを強いる「生政治的《バイオポリティック》」戦争。最後に、スターリンの再評価と「大祖国戦争」の発揚を通じて、ロシア帝国と超大国ソ連という過去の威光を高める記憶の戦争である。そしてプーチンは、渇望する隣国ウクライナに対して、第二次世界大戦以来なかった規模の全面戦争にのりだした。

　西側諸国や世界の多くの国々は、それが主権国家、独立国に対する国家による侵略であることを理解していたが、一九一七年のレーニン主義モデルに固執しつづけるヴラジーミル・プーチンは、「愛国者」、「ソヴィエト祖国」の継承者にして擁護者が先導する内戦と考えていた。KGBはかつて、「内部の敵」、「裏切り者」、「第五列」に対抗するその先兵であった。ロシア政権によるこの戦争を内戦と解釈しているのは、ウクライナを、ロシア帝国やソ連の歴史的な版図に属する領土とみなし、ウクライナ人を、ロシアが統治していると主張する「ロシア世界」の構成要素であるとみなしていることに起因する。自分自身を偉大な理論家と自負していたスターリンにならって、プーチンは二〇二一年七月、「ロシア人とウクライナ人の歴史的一体性について」[42]と題する長い論文を発表した。いつわりの歴史主義と不明瞭な地政学理論にもとづくイデオロギーで部分的に装ってはいるが、ウクライナの農業と鉱業の富を奪い取り、繁栄する民主主義の西側諸国に復讐したいという意図を覆いかくせてはいない。とはいえ、新たなロシア帝国の再建には、かなめとなるウクライナの征服が不可欠であるのは事実だ。もちろんこの種の言説は、ロシア国民に対して何年も前から大規模に広められてきたので、それを実現するということになる。政権と戦争に反対する人々への検閲がますますきびしくなっていることを考えると、反論の可能性もない。

　ヴラジーミル・プーチンの考えでは、ウクライナに対する攻撃は、西側諸国に介入する時間も意志もあたえず、ウクライナ政府を倒して傀儡政権におきかえる「特別軍事作戦」に限定されるはずだった。ある意味では、スターリンのかけひきを踏襲したのである。スターリンは、一九三九年八月二三日にヒトラーと結んだ「不可侵」と呼ばれる条約によって、ポーランドの東半分を戦火を交えることなく取りもどしたあと、九月二八日には、第三帝国と「ドイツ・ソヴィエト境界友好」条約を締結して、石油と小麦の大量供給を確保していた。同じように、ドイツに天然ガスと石油を供給すれば、ウクライナへの侵攻に対するあらゆる反応をドイツがやわらげてくれるだろうと、プーチンは考えたのだ。ロシアの石油と、とりわけ天然ガスへのドイツの依存は、ノルド・ストリーム１の稼働によって何年も前から始まっていた。すでに述べたように、その功労者であるドイツ元首相ゲアハルト・シュレーダーは、二〇〇五年にガスパイプライン建設会社の役員に任命され、二〇一七年には、炭化水素を管理するロシアの国営企業ロスネフチの取締役に就任した。その後、二〇二二年、ウクライナ侵攻の直前には、ガスプロム取締役会会長に任命された。年金と元首相としての特権にくわえて、ロスネフチとノルド・ストリーム１から毎年八五万ユーロを受け取っていたのである。[43]

　結局のところ、ヴラジーミル・プーチンは、歴史、とくに一九四八年のスターリンによるベルリン封鎖から教訓をえなかったようだ。そのときクレムリンおよび世界の共産主義体制のリーダーであるスターリンは、西側の連合国がソ連占領地域を横断するのを妨げてドイツの首都へのアクセスを禁じようとした。そして同時に、西ベルリンの住民を東の共産主義勢力に従わせようとしたのである。しかしアメリカは、それを防ぐために総力をあげて大空輸作戦を実施した。この作戦は、スターリンが譲歩するまで一年間続けられた。

プーチンについても同様の結果がもたらされるかもしれない。しかも彼は、「過ぎ去ることのない過去」というライトモチーフをもつウクライナの空間での記憶と忠誠との対立を、過小評価していた。一方で、ウクライナ東部の人々――とくにドンバスの人々――は、一九二二年からソヴィエト化されて、ソ連とポーランドの間でリガ平和条約が結ばれ、次いで、ホロドモールや、一九三七から一九三八年にかけての大粛清でエリート層の激しい弾圧に苦しみ、その後、人口の一部がロシア人にとって代わられている。他方で、ウクライナ西部の人々は、一九二一年にポーランドに帰属させられ、侵略され、併合され、一九三九年九月～一〇月から一九四一年六月まで、さらに一九四四年夏からまたソヴィエト化され、一九五六年まで反共産主義の強力なレジスタンス運動を引き起こしている。東部では「大祖国戦争」の栄光ある記憶が明らかに絶大な影響力をおよぼしていたが、ポーランドに隣接する西部では、ソヴィエト体制の悲劇的な記憶、反ソヴィエトだけでなくロシア帝国時代にさかのぼる反ロシアの強烈な記憶が浸透していた。ウクライナの記憶は、古い世代と、ソ連を知らずヨーロッパを手本とする三〇歳以下の世代との間でも分かれている。

二〇二二年二月二四日、真夜中に数百両のロシア軍戦車がウクライナに侵攻し、複数の都市が爆撃を受けているとき、ヴラジーミル・プーチンは、クレムリンでセンセーショナルな宣言をおこなった。「われわれの国家と国民を危険にさらすだけでなく、われわれに干渉しようとする者はだれであれ、ロシアが即座に対応し、これまでの歴史で直面したことのない結果に導くであろうことを知るべきである。（中略）この点にかんして、必要なすべての決定が下された。ご理解いただけるよう願っている」[44]。一九九一年にソ連としての形態が無残に崩壊したあと、ロシアは西側への進軍を最も乱暴なやり方で再開した。それは、一八三〇年代のニコライ一世、一九一七年から一九一八年にかけてのレーニン、そして一九三九年から一九四一年にかけてのスターリンの進軍を思わせた。アレクサンドル・ソルジェニーツィンは、一九九〇年にすでに将来を見通していた。「目覚めつつあるロシアの民族意識が、かなりの部分において、大国的な思考様式から解放されることも、帝国から立ち上る酩酊の煙から逃れることも、まったくできずにいることを憂慮をもって見ている。なによりもわれわれの破滅となる帝国か、われわれの民族の精神的・身体的救済か、明確かつきっぱりと選択しなければならない」[45]。ヴラジーミル・プーチンにとっては最良の選択かもしれないが、とりわけロシア国民にとっては最悪の選択だった。四分の三世紀にわたる全体主義の支配から抜け出すことができなかったロシアは、ポチョムキンがエカチェリーナ二世のクリミア視察旅行の際につくったとされる美しい偽物の村のように見かけだけ立派で、ボリシェヴィキが約束した「輝かしい未来」のように悲惨な過去に向かって、全速力で突き進んでいる。

第4章　ヴラジーミル・プーチン——かつてのチェキスト、いまだにチェキスト

アンドレイ・コゾヴォイ

チェキストの紋章に何が描かれているかご存じだろうか。盾と剣だ。われわれは人々を守るために、いたるところにある悪から人々を守るためにこの盾を使わなければならない。

ヴァディム・コジェヴニコフ、『盾と剣 Le Bouclier et le Glaive』

一九九八年七月二七日月曜日、夏の晴れた朝に、首相代行セルゲイ・キリエンコは、FSB（ロシア連邦保安局）高官たちの前にあらわれた。ボリス・エリツィンの二期目が終わりに近づいており、三五歳の若きテクノクラートであるキリエンコは、ロシア防諜の新しい責任者、ヴラジーミロヴィチ・プーチンを就任させるためにそこにいた。前任者であるヴィクトル・チェルノムイルジンの饒舌多弁とは対照的に、キリエンコはロシア高級官僚の明晰な言葉で、称号を受け取る人物

をたたえた。「ヴラジーミル・プーチンの任命は偶然によるものではありません。彼はFSBのあらゆる多様性を管理することのできるプロフェッショナルです。果たすべき目的、外国機関のスパイ活動を妨げるためにもちいるべき手段を完璧に理解している元諜報員です。管理者として、経済犯罪に立ち向かう用意もできています。そして、幹部の物質的な生活を改善し、おそらく不当に非難されている機関の権威を回復させることに熱意を燃やすことでしょう」

四六歳のプーチンは、蝋のような顔色で疲れたような表情をしていた。うつろな目をしていて、心ここにあらずという感じだった。彼は、三週間前に八七歳で亡くなった母親の喪に服しており、父親も重い病気で、翌年に亡くなっている。そして、大統領府の責任者として過ごした二年間ですでにひどい状態にあった家庭生活への影響はどうだっただろう？　この知らせを聞いた彼の妻リュドミラは、打ちのめされ、すぐに女友達のところに駆けつけてこう打ち明けた。「一九九一年に彼がKGBを辞めたとき、彼はわたしに誓ったの。やっと終わるよ。これからはふつうの人たちのように暮らし、おたがいにもっと頻繁に会って、友だちをもてなすこともできるだろう、って。…また悪夢が始まるわ！」

ボリス・エリツィンが大統領令によって指名したFSB長官の任命を、プーチンがこばむのは困難だった。彼は、ロシア大統領の側近のひとりではあったが、「皇帝ボリス」に選ばれたプリイェームニク（preïemnik）、つまり「後継者」になるためには、まだ実力のほどを示す必要があった。プーチンは、彼の任命が全会一致ではなかったことに気づいていた。FSBの古参たちは、すくなくとも将軍がなるべきこのポストに、ただの大佐が任命されたことに驚くばかりだった。大統領府の責任者として衝突を管理する、ハズィヤイストヴィニク（khoziaïstvennik）、つまり「経営管理者」としての彼の評判は、当然のことながら、「粛清」を懸念させた。

プーチンは無表情のまま立ち上がり、新しい部下たちを前にして単調な声で宣言した。「わたしにとって、治安機関での仕事に戻ることは、自分の家に帰るようなものです。わたしの前任者（ニコライ・コヴァレフ）と同様に、わたしはKGBの階梯の一番下で働きはじめました。二三年前のことです。わたしにとって、この建物は家族の一部です」

「プーチンすなわち権力の座についたKGB」。フランスなど外国のスペシャリストが数年前から展開しているこの考えは、ソ連の秘密機関出身者がプーチンの統治システムの骨格を形成しているという考えと同じく、今日では明白なことと思われている。それは事実だが、しかしウクライナで大失敗をした最近の例が示すように、情報を自在にあやつる能力をはじめ、彼がけっしてもっていなかった資質をプーチンに帰することには慎重であるべきだ。シニカルで腐敗したこの独裁者は、「精力的な指導者」でありロシア人の擁護者というイメージに敏感な有権者からの尊敬をえるために、自己宣伝の目的で、彼がけっしてそうではなかった「スパイマスター」の伝説を作り上げたのである。

とはいえ、一九九八年七月の彼の発言を、無意味な言葉、あるいは聴衆を安心させるためにその場に合わせただけの話とみなすことはできないだろう。どう考えても、彼はこの組織に属していたことを誇りに思っており、KGBで過ごした年月に郷愁を覚え、しかも恐ろしいことに、「ルビャンカの建物」――チェーカーの歴史的本部、その後モスクワのKGB本部となる――に愛着まで感じているのだ。結局のところ、一九九八年のプーチンにも、また多くの点で二〇二二年のプーチンにも、子どもであるプーチンが潜んでいたのだ。恐れを知らない完全無欠の騎士であり、世界の流れを変えることのできる現代の勇者、ソヴィエトのジェームズ・ボンドになることを夢見ていた、集合住宅の中庭のかつてのガキ大将である。思い通りに夢を実現できなかったことに失望し、成功を収めて権力の座についたら、それを実現するためにあらゆることをするように、大人のプーチンにうながす子どもである。プーチンがFSB長官だったのは一年間だけだったが、このわずかな期間は、彼のキャリアの中で挿入句以上のものだった。この過渡的な年は、首相のポストと、一九九九年一二月にエリツィンが辞任したあとに、大統領代行のポストに就くための準備期間となった。一年あれば、新たなエリートであるシロヴィキ、つまり諜報機関の元幹部である「実戦部隊」による政権への浸透工作を有利にするのに十分だった。

このほとんど必然ともいえる出世は、一九一七年一二月二〇日――ボリシェヴィキが権力の座について二か月もたっていない――にレーニンが、「反革命・サボタージュ取締全ロシア非常委員会」、略称ヴェチェカー、あるいは通称「チェーカー」を創設したことに端を発する、「チェキスト神話」をプーチンが利用したからだ。当初は一時的な政治警察とみなされた組織は、すぐに共産党の実戦部隊となり、抑圧、テロリズム、社会統制の手段となったが、共産主義政権の初期に危険とみなされた外国の諜報機関の活動を阻止するために働く防諜機関でもあった。ボリシェヴィキが国内での統制を固めた一九二〇年一二月から、KGBの第一総局（PGU）の前身である外国課（INO）が創設され、チェキストは外国での活動を開始した。実際、ボリシェヴィキは民間と軍事の諜報機関を区別していたが、あきらかに民間を重視し、政治警察、防諜、対外諜報の機能をあたえていた。チェーカーの後継機関であるGPU（またはOGPU、国家政治局、一九二三年から一九三四年）、NKVD（内務人民委員部、一九三四年から一九四三年）、MGB（国家保安省、一九四三年から一九五三年）、そしてKGB（国家保安委員会、一九五四年から一九九一年）も同様だった。

KGBは「主要な（あるいは全般的な）方向」に細分化された多方面にわたる機関であり、最もよく知られているのは、対外諜報を専門とする第一総局（略称はPGU）である。第一総局は諜報のエリートとみなされていたので、防諜を担当するFSBの前身である第二総局（VGU）の同僚に対して、しばしば軽蔑的な態度をとっていた。一九五三年にスターリンが死去したあと、秘密情報機関の名前が変更され、体制の敵との戦い方も「文明化」し、乱暴さはなくなったが、人々の完全な支配は続けられ、「チェキスト」という名誉の言葉は、時代を超えて現代まで続いている。この恒常性はチェーカーの最初の責任者である恐るべきフェリックス・ジェルジンスキー（一八七七～一九二六）への崇拝によって説明がつく。ジェルジンスキーは、ボリシェヴィキになったポーランドの革命家で、その狂信と党への犠牲的献身から、スターリン（「鋼鉄の人」）にならって、「鉄のフェリックス」という異名で呼ばれた。そもそも彼は、最初は司祭を志していたのである。

レーニンから「われらのフーキエ＝タンヴィル」――一七九三年から一七九四年にかけてのフランスの恐怖政治時代に、革命裁判所検察官だった人物――と呼ばれたジェルジンスキーは、一九一八年九月五日に公式に宣言された「赤色テロ」でその名をはせた。赤色テロは、内戦中におこなわれた国家の暴力であり、その後、政府のシステムとなった。人質の奪取、市民の虐殺、有罪とみなされたグループ全体――不名誉なクラークという烙印を押された農民、宗教家、帝国の役人、「人民の敵」である元革命家、「疑わしい」民族グループ全体――の裁判なしでの処刑、拷問によってありそうもない罪を告白させて政権の失敗の責任をなすりつけ、社会的制裁にゆだねる見せしめ裁判の実施。これらはすべて、共産党および、一九二〇年に「すぐれた共産主義者は同時にすぐれたチェキストである」と言ったレーニン、そしてスターリンの命令によって、ジェルジンスキーやその後継者たち――最もよく知られているのは、ヤゴーダ、エジェフ、ベリヤである――によっておこなわれた。チェーカーの役割は、「監視して罰する」ためだけでなく、「チェキスト文化」を創造するためにも不可欠だった。チェキスト文化とは、不処罰感と全能感、きわめて残虐なやり方、外国人への絶対的な憎悪、長官、指導者、レーニン、スターリン、およびその共犯者への狂信的な献身が入り混じったものである。

ここで、レーニン＝スターリン時代のチェキストの暴力がどのようなものだったかについて触れておくべきだろう。最もひどかったのは一九三七年から一九三八年にかけてで、七〇万人以上が死亡し、そのなかにはチェキストの幹部もかなり多くふくまれていた。この「大粛清」（ロバート・コンクエストの著書および『共産主義黒書〈ソ連篇〉』を参照）は、レーニン時代に始まった。一九一九年から一九二〇年にかけて、チェーカーはドン・コサック軍の三〇万人を殺害または強制移送し、一九二二年だけでチェキストは約二七〇〇人の司祭、二〇〇〇人の修道士、三五〇〇人の修道女を処刑した。一九二九年から一九三二年にかけて、スターリンはまだ国家の絶対的指導者にはなっていなかったが、チェキストは約九〇万人を「反革命」の罪で逮捕し、一万人を処刑した。一九三〇年以降、彼らはグラーグの管理をまかされる。グラーグは、レーニンが一九一八年から一九二二年にかけて基盤を築いた巨大な強制収容所組織であり、何百人ものゼク――受刑者の呼び名であり、アレクサンドル・

ソルジェニーツィンの著書『収容所群島』で一般に広まった――が、悲惨な状況で働かされていた。一九三二年から一九三三年にかけてのウクライナの大飢饉、ホロドモールでは、農民が村から逃げたり都市に助けを求めに行ったりするのを防ぐのが、ＯＧＰＵ部隊の任務だった。そのありさまはまるでホラー映画のようであり、生存者はのちにそれを「炉のないアウシュヴィッツ」と形容した。

すでに多くの人道に対する罪とジェノサイドの罪を犯してきたチェキストは、第二次世界大戦中にさらに多くの活動に従事し、ヴォルガ・ドイツ人、クリミア・タタール人、チェチェン人など敵との共謀を疑われて集団で「罰せられた人々」をふくむ、二〇〇万人近いソヴィエト人を追放した。スターリンの右腕であるベリヤは、一九三九年から一九四五年までの間に、大量虐殺の伝統を受け継いだ。数千人ものポーランド人将校がカティンの森で殺されたのは、その最もよく知られている例にすぎない。戦後、ソ連に併合された「新たな領土」で、虐殺や強制移送が続けられた。一方ＫＧＢは、中央ヨーロッパと東ヨーロッパ各地に、ＫＧＢの支配下にある同様の機関を設置した。外国でのチェキストの活動でもその暴力は際立っていた。とくにその対象となったのは、スターリンの敵対者、なかでもレフ・トロツキーは象徴的な例であり、一九四〇年にメキシコで「抹殺」されている。また秘密情報機関の転向者、たとえば三人の「裏切り者」、ゲオルギー・アガベコフ、イグナス・ライス、ウォルター・クリヴィツキーは、それぞれフランス、スイス、アメリカで殺害されている。そして白系ロシア人【ロシア革命に反対して国外に亡命したロシア人】のようなソ連の敵も対象とされた。クテポフ将軍とミレル将軍はそれぞれ一九三〇年と一九三七年にフランスで誘拐され、モスクワにつれていかれて処刑された。最後になるが重要なこととして、国内だけでなく外国の敵の抹殺も目的とし、スターリン時代に全盛期を迎えてその後も消滅することのなかった悪名高い「毒物研究所」の起源となったのは、レーニンである。

この集団テロの大きな特徴のひとつは長い間秘密にされていたことであり、殺人や抑圧は、とくにスターリン時代には、ソ連の人々から注意深く隠されていた。一九八〇年代の終わりまで、KGBは公的生活への影響力を維持していたが、東ヨーロッパでの反共革命を受けたゴルバチョフのグラスノスチ（情報公開）がもたらした急速な変化で、党とKGBへの批判が可能になった。ソ連当局はチェキストの過去のテロをすべて隠そうと尽力し、寡婦と孤児の真の擁護者である勇敢な騎士として描かれた、諜報員のけがれなきイメージを作り上げようとした。ジェルジンスキーは、レーニンと同様に、死後に崇拝される権利をあたえられたボリシェヴィキの主要人物だった。一九一八年からチェーカーの本部があったルビャンカ広場は、一九二六年にジェルジンスキー広場と改称され、若者向けの聖人伝も出版された。一九五八年には、戦前に構想された「ナンバーワン・チェキスト」の栄えある像が同じ名の広場に立てられた。それはフルシチョフにとっては、「レーニン主義の起源の純粋さ」に戻ることをめざす良き共産主義者でありつづけていることを立証して、「脱スターリン化」に反対する者たちを安心させるための手段だった。一九六〇年代以降、とくにブレジネフ時代になると、「鉄のフェリックス」は映画やテレビにますます多く登場するようになり、撮影所のスタッフは、慣用表現によると、「有能な機関」の専門家と協力して、申し分のない照明のもとで彼を表現した。

若き日のプーチンはどの程度までジェルジンスキー崇拝に感化されていたのだろうか。彼もまた、ジェルジンスキーを革命の使徒、子どもたちの味方としてあがめていたのだろうか。それについて述べるのはむずかしい。彼が公の場でその話をしたことは一度もないからだ。しかし、「熱い心で、冷静さを保ち、清潔な手をもつ」男という、「すぐれたチェキスト」ジェルジンスキーの有名な描写を自分のものにしていたことはまちがいない。ＮＫＶＤの「牽制部隊」、つまり敵陣の背後に派遣される「ゲリラ部隊」に属していた退役軍人の父をもつプーチンは、一九四五年の勝利に尽力した諜報員という、手本とするのにふさわしい新たなモデルをソ連の若者たちに提供していた一九六〇年代のチェキストのプロパガンダの、理想的なターゲットだった。

一九三二年ドイツのスパイスリラー映画、「見えない戦線」のヒーローたちは、スターリンの死後、想像の世界に登場しはじめた。ブレジネフの時代になると、戦勝二〇周年を記念して一九六五年五月九日に打ち出された「大祖国戦争」への崇拝を背景に、スパイ映画が大流行した。彼らが動きまわる初期の小説は、戦争中に軍の情報機関で働いていたゲオルギィ・ブリアンツェフ（一九〇四～一九六〇）のような、元諜報員によって書かれていたらしい。欧米でも同様の傾向があり、ジェームズ・ボンドという人物を創作したイアン・フレミングは、イギリス海軍の元情報将校である。ジョン・ル・カレもまた、元情報機関職員だった。一九六五年には、プーチンをふくむ将来のチェキスト世代の指標となる、元従軍記者ヴァディム・コジェヴニコフ（一九〇九～一九八四）の小説『盾と剣』が発表された。そこには、身元をいつわってドイツの軍事情報機関アプヴェーアに潜入したＮＫＶＤのエージェント、アレクサンドル・ベロフの功績が描かれている。コジェヴニコフは、主人公を創作するために、ＮＫＧＢ（国家保安人民委員部）の長官だったアレクサンドル・スヴィアトゴロフの英雄的行為から着想をえた。ＮＫＧＢは、一九四一年四月から七月、および一九四三年から一九四六年までの短期間だけ、ＮＫＶＤから分離されて存在した組織である。この小説が映画化され、一九六八年八月に映画が封切られたが、それはプラハの春が弾圧された時期だ…。そのころ一五歳くらいだったプーチンは、レニングラードのＫＧＢ支部に行って、そこで働きたいと職員に申し出ている。それに対する答えは、イニツィアティヴニキ（initsiativniki）、つまり「志願者」は歓迎されない、兵役につくか大学教育を受けたあとで、役に立つ人物と判断されればいずれ雇ってもらえるだろう、というものだった。「どんな勉強をすればいいんですか?」とプーチンはたずねた。彼のしつこさにいらだった職員は、「法律だ！」と大声で答えたとされる。

十月革命五〇周年記念の一九六七年に、ブレジネフからＫＧＢ議長に任命されたユーリ・アンドロポフは、前任者たち以上に多くの手段をもちいてチェキスト神話をさらに発展させ、才能ある作家を育成したり、映画やテレビのスタジオと緊密に協力して活動をおこなったりした。それ以来、冷戦のヒーローたちは市民権をえたのである。ソ連の観客は、一九六八年末に封切られた映画「デッド・シーズン」で、身分をいつわって外国で活動したエージェント、コンスタンティン・ラデイニコフの、「非合法」の活躍を楽しんだ。この映画は、一九五一年に諜報機関に採用され、まさに伝説になったコノン・モロディ（一九二二～一九七〇）の活躍から着想をえており、アンドロポフ率いるＫＧＢは、映画に信憑性をあたえるため、いくつかの機密を明かすことを承諾した。

「スクリーンのスパイ」の黄金時代のしめくくりは、ユリアン・セミョーノフの小説を映像化した一九七三年のテレビドラマ、「春の十七の瞬間」の大ヒットだった。この作品もまた、戦争末期にナチス・ドイツに潜入した諜報員イサエフ大佐――スティルリッツという偽名の方がよく知られている

――の活躍を描いている。イサエフの潜入、カモフラージュ、転覆と、プーチンが一九九一年以降、サンクトペテルブルク市長として「民主主義者」を演じたときに採用した戦略との間には、類似性が見られる。ソ連の反米プロパガンダの常套句である、CIAとナチとの秘密の合意というテーマは、「イデオロギーの関連性」から、二〇二二年二月のプーチンの戦争目的を想起させる。彼は、アメリカの傀儡国家とみなされるウクライナを「非ナチ化」すると述べたのだ。

一九七三年にプーチンはレニングラード大学法学部の学生となった。勤勉だがとくに優秀というわけではなかった。KGBが求めていたのは人なみはずれた人物ではなく、規定書の表現によれば、心が「真ん中」にある人物だったので、KGBにしてみれば申し分のないプロフィールだった。公式の伝記によると、彼は一九七五年にKGBに採用され、モスクワで一年間チェキストの古典的な課程――監視、尾行、逮捕、尋問、人心操作――を学び、その後、事務局の実習生としてレニングラードに派遣された。一九七六年二月から七月までモスクワにもどり、「敵のイデオロギー転換」をになうKGB第五総局（ピャチョールカ）で訓練を受けた。PGU（第一総局）に注目され、一年間の再研修を受けたあと、レニングラードのKGB第一総局に四年半勤務した。少佐になったプーチンは、ようやく三度目のモスクワへの帰還を認められ、「森の学校」との異名をとり将来のスパイを養成するKGB赤旗大学に入った。そこでは言語教育が重視され、彼はドイツ語の知識を深めた。初採用されてから一〇年後の一九八五年、彼はついに外国に派遣されたが、新たなスティルリッツになるという彼の夢は叶わなかった。共産主義国家である東ドイツのドレスデンに配属され、東ドイツでのKGBに相当するシュタージの地方支局で働くことになったからだ。それは将来性のない仕事――ロシア語ではオットイニク、つまり「汚水だめ」といわれる――だった。そして、一九九〇年初頭、ベルリンの壁崩壊とドイツ再統一の開始に幻滅し、屈辱を感じて故郷にもどったのである。

当時のプーチンはKGBの一将校にすぎず、特別な才能も出世の見込みもなく、KGBがもはや憎悪と軽蔑の対象でしかなくなったソ連で自分の居場所を見つけなければならなかった。実際この当時、グラスノスチを利用して、「内部転向者」となった元秘密機関将校たちが、KGBの「汚い仕事」や、この組織がペレストロイカにおよぼす危険性について、センセーショナルに暴露しはじめた。こうした動きを主導していたのが元将軍オレグ・カルーギンである。彼は一九八〇年代の終わりにゴルバチョフに宛ててKGBの無能と腐敗を告発する手紙を書き、その後、出版や講演によって有名になった。彼は共産主義との関係を絶つつもりはなく「革命的合法性」とされるものに戻るつもりもなかったが、偉大なレーニンが晩年に望んでいたように、チェキストの権限を制限することを望んでいた。カルーギンは、すぐにKGBの保守的な少数派から嫌悪されるようになり、CIAに彼が採用されるという噂が広められた。そして彼の長年のライバルであるヴラジーミル・クリュチコフといさかいになった。クリュチコフは、アンドロポフの補佐官からKGB議長になり、一九九一年八月にはモスクワでのクーデターで首謀者のひとりとなった人物である。親エリツィン勢力の働きによってクーデターは三日後に失敗に終わり、喜びにわく群衆の拍手喝采のもと、ルビャンカ前のジェルジンスキー像は解体された。

きわめて困難な状況の中で生き残るため、プーチンは自分が「民主主義者」を支持していたと周囲に納得させて身分を証明する必要があった。他の多くの諜報員と同じように、まさにスティルリッツとなり、個人的な信念というよりたんなる日和見主義からボリス・エリツィンの側につき、ペレヴョルチク、つまり「カメレオン」のような人物を演じたのである。公式の伝記によれば、彼は一九九〇年五月に、レニングラード市最高議会議長で、のちにサンクトペテルブルク市長となるアナトリー・サプチャークのチームにくわわっている。彼の言葉を信じるなら、プーチンはその数か月後、KGBに辞表の手紙を送ったが、その郵便物が紛失したということで、クリュチコフに直接連絡をとり、もうKGB幹部とはみなされていないことを確認したということだ。現実はおそらく異なっていて、プーチンはクーデターのあと一年間はKGB職員として給与を受け取っていたとみられる。

いずれにしても、KGBの公然の敵であるサプチャークへの鞍替えには、「自由主義者」の人気をえるための打算が働いていた。この策略が功を奏して、プーチンは一九九六年六月にエリツィンの側近に取り立てられ、大統領府で働くことになった。この策略は、政権に近いオリガルヒたちにも有効に働き、エリツィンに紹介してもらうことができた。数年後、プーチンの「推薦者」のひとり（他に大統領の義理の息子であるヴァレンチン・ユマシェフ、銀行家で企業家のセルゲイ・プガチェフがいる）であるボリス・ベレゾフスキーは、なぜ狼を羊小屋に入れたのか説明するようながされ、結局のところ「チェキストが犯罪を犯したとしたら、それは党の命令によるものだ」と述べた。キリエンコは、FSBについて触れたとき、「不当な非難だ」としか言わなかった。

一九九〇年代のプーチンの出世は、一九九一年一〇月にエリツィンによってKGBが解体させられるという、きわめて複雑な状況の中で展開した。すぐにPGU（KGB第一総局）の後継機関であるSVR（ロシア対外情報庁）が設立され、一二月にはエフゲニー・プリマコフが長官に任命された。

中東の専門家で、当時はアンドロポフと親しく――エリツィンにとっては保守派の票を獲得する一手段だった――、のちに外務大臣、首相となるプリマコフに、プーチンはへりくだっていた。しかし防諜活動については、いくつかの改革が失敗に終わったあと、安定した機関であるＦＳＢが設立される一九九五年四月まで待たなければならなかった。ＦＳＢは、テロ対策や国境監視、大規模な汚職行為をふくむ「経済犯罪」など、その他の「とくに重大な」連邦政府の犯罪との戦いをまかされた。ＦＳＢ設立までにはいくつかの困難があった。「ショック療法」として知られる市場経済への急激な移行政策は、ハイパーインフレーションを引き起こし、諜報部門をふくむ国家機関の予算を圧迫した。さらには、新しい憲法が、エリツィンと議会の激しい対立をへて、一九九三年末にようやく採択されたため、政治的背景が不安定だった。その結果、諜報法を改正する必要があり、時間がかかったのである。ＦＳＢの創設が躊躇されたのは、冷戦時代の敵が消滅したために、かつてのチェキストの間で存在についての疑問が生じたからだが、敵のスパイや反体制派は、組織犯罪やテロリズムなどの新たな危険に取って代わられたのである。そしてなによりも、ＦＳＢを、クーデターをもくろんでいるという疑惑でけがされた抑圧機構であるＫＧＢの焼きなおしと見る、一部の人々のためらいを考慮に入れる必要があった。そしてこの猜疑心はほとんど払拭された。一九九五年に、ソ連のかつての伝統で、「チェキストの日」として知られている諜報員の日が復活し、一二月二〇日が、一九一七年にチェーカーが創設された記念日として祝われるようになったからだ。

チェキスト神話がふたたび勢いをとりもどしたこの時期に、プーチンはシロヴィキとしての名声を築き、のちにＦＳＢ長官に名のりを上げることができたのである。サプチャークのもとでサンクトペテルブルク第一副市長に任命された彼は、対外関係委員会の議長をつとめた。市の港に一時寄港する原材料の管理をおこなうこのポストを、彼は犯罪組織の支援や、のちに「新ボヤール（貴族）」と呼ばれるようになる元チェキストの共謀によって十分に活用し、私財を蓄えたのである。最もよく知られているのは、のちにロシア最大の石油会社ロスネフチ会長となるイーゴリ・セーチンであり、のちに国防大臣となるセルゲイ・イヴァノフ、プーチンの助言者でありのちにＦＳＢの麻薬取締機関の長官となるヴィクトル・チェルケソフ、元ＫＧＢ高官で、ロシア鉄道社長になるヴラジーミル・ヤクーニンなどがいる。

あまり知られていないが、同様に重要なのは、プーチンの「治安部隊のコーディネーター」としての役割だ。彼が参加したドキュメンタリー「男の仕事」（一九九六年）は、ＦＳＢのイメージをふたたび高め、彼の人柄に「人間味をあたえる」ことを意図したものだった。このドキュメンタリーは著名なテレビジャーナリスト、イーゴリ・シャドハン（一九四〇～二〇一四）によって撮影されたが、プーチンはすでに別の映画でも彼に協力していた。プーチンは正直で有能、自由民主主義を尊重し、彼いわく「ロシアの基盤に時限爆弾を置いた」罪人であるとしてレーニンを批判する、現代的な公務員として登場していた。「男の仕事」では、ＦＳＢの記録保管者が機密文書について、スターリンの弾圧の犠牲者やその子どもたちにどのように伝えているかが語られており、ＦＳＢは法と秩序を尊重する機関のように思われた。その中でプーチンは自分のチェキストとしての過去を全面的に認めたが、それはスターリン主義の時代が完全に終わった一九七〇年代のことであり、自分は「政治犯罪」の分野で働いたことは一度もない――周知のようにこれは真っ赤な嘘だ――と断言していた。さらに、元Ｋ

GBのセルゲイ・ジルノフは、一九八〇年のモスクワオリンピックの際にプーチンに会ったと報告している。プーチンは外国人観光客を監視するためにレニングラードから派遣されていたのである。

一九九八年にFSB長官に任命されたプーチンは、セクシービデオを使って検事総長ユーリ・スクラトフを排除する作戦を実行しエリツィンを支援したが、それだけでは満足しなかった。オリガルヒのベレゾフスキー暗殺（未遂）に出資したとしてFSB長官を非難した、FSB将校グループ——そのなかには、のちにポロニウムを盛られて死亡するアレクサンドル・リトヴィネンコがいた——の暴露によって引き起こされたスキャンダルをもみ消すことにも成功した。そしてプーチンは部下をFSB内の責任あるポストに配置しはじめた。あまり知られていない事実だが、それまでSVR、GRU、軍事諜報部の排他的特権だった、国外諜報活動に拡大した権限をあたえることによって、FSBの地域的影響力を強化した。また、大多数の人々が民主主義に失望し、度重なる経済危機に疲れ、「秩序」と「安定」を切望していた一九八九年から一九九一年にかけての社会的状況とは大きく異なる社会的状況の中で、チェキスト神話の復活をこころみつづけた。FSBが首謀者としての役割を果たしたと以前から疑われている一九九九年の一連のテロ事件は、彼が幸運の人であり、人民に奉仕するチェキストであり、自分のルーツを尊重しているという評判を固める絶好の機会を提供したのである。大統領に選出される前から、彼はルビャンカの正面にユーリ・アンドロポフを記念するプレートを取り付けさせていた。二〇一四年九月には、内務省が「ジェルジンスキー」の名を冠した独立作戦任務師団を再建している。ロシアには現在、FSBのイニシアティブによるものをふくめ、ジェルジンスキーを称える五〇の記念碑があり、現在ムゼオン芸術公園にある名高い銅像をルビャンカ広場にもどすことが待ち望まれている…。

ラズ・チェキスト、フセグダ・チェキスト。「かつてのチェキスト、いまだにチェキスト」という意味のロシア語が日常的に語られている。

第５章　ホモ・ポスト＝ソヴィエティクス
――プーチンのもとでの魂のエンジニアリング

フランソワーズ・トム

動物を先祖とする人間は、転びやすいが、立ち上がるのはむずかしいということを忘れてはならない。[1]

イヴァン・ペトローヴィチ・パヴロフ

ＫＧＢの知人のひとりが哲学者との会話で語っていたように、あなたには考えがあり、われわれには方法がある。[2]

オレクシイ・アレストヴィッチ

ソ連とマルクス＝レーニン主義イデオロギーの消滅とともに、ロシアで新しい人間をつくるという計画は破棄されると思われた。実際、理想国家だけは破棄された。しかしホモ・ポスト＝ソヴィエティクスを完全に操作可能にするという計画は、エリツィンの時代からKGB内で形成されていた。おそらくチェキストたちは初期の試みの成功に驚いたのだろう。そのことが彼らの野心に火をつけ、はるかに大きな計画が実現可能だと思わせたのだ。つまり、反世間的でモラルがなく、暴力と犯罪に魅惑され、群れの本能に刺激され、憎悪やパラノイアを日常的に注入することによって意志を遠隔操作され、ハーメルンの笛吹き男に魔法をかけられたネズミのように盲目的に指導者についていくように訓練された、自分たちのイメージ通りの人間をつくりだすという計画である。

ゴルバチョフの時代になると、計画がますます細分化されたものになっていく兆しがあらわれた。チェキストたちは一九九八年にはすでに、グラスノスチとペレストロイカが自分たちの組織の将来におよぼす影響を懸念していた。自分たちの過去の犯罪について説明を求められるのではないか？　将来の民主化されたロシア社会で疎外され、失業あるいは世間の批判にさらされるのではないか？　KGBは自分たちで対処することにした。一九八九年四月二一日、KGBは「ソ連KGBの機関と構成員の活動におけるグラスノスチの展開」と題する決議案を採択した。それは、記録文書の公開プロセスを弁明の方向へと誘導し、とくに過去の犯罪についての根本的な考察を妨げようとするものだった。そしてKGBはこのときから、「機関」がただソ連市民を銃殺や強制移送したのではなく、祖国に献身的につかえたのだということを示すことで、反撃に出たのである。[3]

政治的には、複数政党制に向けた国家の変化を予想して、増殖しはじめたあらゆる反体制派グループにKGBが組織的に浸透するようつとめた。その中心となったのが、一九九〇年三月三一日に設立され、ソ連に複数政党制が導入されたわずか二週間後に登録された、ヴラジーミル・ジリノフスキーの傀儡政党、ロシア自由民主党（ＬＤＰＲ）だった。ゴルバチョフの側近でペレストロイカの推進者とみなされているアレクサンドル・ヤコヴレフによれば、当時、ＫＧＢ長官ヴラジーミル・クリュチコフは、新党への財政支援を推奨するメモを、ソ連共産党政治局のメンバーに回覧させた。[4] この策略の第一の目的は、民主主義の信用を失わせることだった。疑似政党のスポンサーは、とくに欧米に向けて、「国民に発言権をあたえたらどうなるか見てみたまえ」と言っているように思われた。

「ＫＧＢロンダリング」作戦とジリノフスキー作戦には多くの共通する特徴があった。第一の特徴は、センセーショナルな話題をもちいることであり、長年にわたって決まり文句と単調なイデオロギーの退屈な体制に支配されていたソ連の民衆には、それが大いに好まれた。共産主義の犯罪についての暴露は、スクープを装った記録文書の機密扱い解除によってすぐにすみに追いやられた。トロツキーの暗殺、キューバ危機の決着にＫＧＢが果たした役割、ソ連の諜報員の功績など、きわどくておもしろい細部が明らかにされたからだ。同様に、ジリノフスキーはセンセーショナルな宣言をくりかえすことで政界の話題を独占した。センセーショナルなものには倫理的な考慮を忘れさせ、とくにその出来事について考察したり、大局的に見て階層化したりするのを妨げるという利点があった。さらには、中毒性もあった。センセーショナルなものに慣れた民衆は、知的な努力を必要とする厳格な調査研究から離れていく。体制の重要人物の周辺に多い、新たな「魂のエンジニア」であるポリテクノロギの見解では、追加の利点だった。センセーショナルな話題は、エスカレートする情熱、公衆道徳上のタブーをふくむあらゆるタブーを破ろうとする熱狂をやわらげたのである。

第二の共通する特徴は、国家の宗教の下に隠された、ソヴィエト、帝国、ロシアが入り交じった愛国心への呼びかけである。グラスノスチ時代のＫＧＢの出版物は、「機関」が抑圧だけにとどまらず、国境と国益に気を配りながら、内外の脅威に関する情報をソ連の指導者に提供することによって、愛国的な役割を果たしていたことを示すように方向づけられていた。ジリノフスキーはといえば、当初から非ソヴィエト化された帝国という考えを主張していた。

センセーショナルな話題の利用と、ソヴィエトかソヴィエト以前かソヴィエト後かを問わず、ノスタルジックで混合主義的な帝国への愛国心への呼びかけ、というふたつのプロセスのおかげで、旧共産主義のエリート政治局員とチェキストは、深刻な非共産化と国家機関の浄化――共産主義政権と最もかかわりの深かった公務員の排除――を防ぐことができた。彼らは本能的に政権で生き残るための方法を見つけ出し、クレムリンの指導者たちは、はるかに野心的な計画を思いえがくようになった。つまり、政権交代の危険性を決定的に取り除き、権力の永続性を確保するために、ホモ・ポスト＝ソヴィエティクスをつくるという計画だ。

一九九六年に、オリガルヒから資金をえた大規模なプロパガンダによってボリス・エリツィンがロシア連邦大統領に再選されたことで、政治色をなくせば大衆は完全に操作可能だと彼らは確信する。どのようにしたら操作できるか。人間嫌いにすればいい。人類はみな堕落していて嘘つきでエゴイストで偽善者で無意識のうちに犯罪をおかすのだと、昼夜を問わず頭にたたきこみ、さまざまな事例をあげて証明する。メディアやテレビには、おたがいに毎日卑劣な言動を集め、さかんに言い立てておもしろがってもらう。こうした陰険な教化は、代表権という考えを芽のうちに摘みとった。すべてのメンバーが詐欺師や嘘つきだとしたら、議会がなんの役に立つだろう。みんな同じで、私腹を肥やすことしか考えていないとしたら、動員がなんの役に立つだろう。反対に、こうした洗脳は独裁を正当化していた。もし人間が人間にとってオオカミであるとしたら、権威ある指導者だけがすべての人間どうしの戦いを防ぐことができるからだ。

このような人間嫌いをＫＧＢの学校はチェキストたちにしみこませていた。そこではリクルートの方法が教えられる。それぞれの欠陥――ねたみ、劣等感、恨み、強欲、怠惰、虚栄、傲慢――を利用して名声を危険にさらし、脅し、依存させ、自尊心をもたせるのである。こうしたことすべてを国民的規模で実行することができたのである。ジリノフスキーは、どのレバーを操作するべきかを示した。そして勝利の方程式を発見したのだ。政治における彼の動物的嗅覚のおかげで、彼は共産主義者が夢見ていた効果的なプロパガンダを生み出した。しかし彼らが背負わなければならなかったイデオロギーという重荷のせいで、それを完成させることはできなかった。絶頂期のプーチニズムの主要な宣伝者たち――エフゲニー・キセレフ、ヴラジーミル・ソロヴィエフ、オルガ・スカベイエヴァ、マルガリータ・シモニャン――はみな、ジリノフスキーの息がかかった人物である。

恐るべきユビュ親父【フランスの劇作家ジャリの戯曲「ユビュ王」に出てくる俗悪な人物】をよそおったジリノフスキーは、今日その結果が見てとれる演目を、ロシアに取り入れた。それは、暴力や動物的な力への崇拝、劣等感から解放された軍事拡張主義、地球規模の恐喝、独裁国家、領土の主張――たとえばフィンランドやアラスカのロシアへの返還要求、「いずれウクライナ人もそこにくわえることになる」[5]（ジリノフスキーの言葉）――、旧ソ連共和国のロシアへの併合、核の脅しなどだ。彼は道化師としての役割を陽気に引き受けていたので、観客は警戒をゆるめ、何の結果ももたらさず、なんでも言える虚構の世界にいると信じていた。ジリノフスキーはロシア人に、政治は自分たちには関係のない見世物だと教え込んだ。王の道化師のように、彼はなんでも許されている。道化師の言葉は重視されない。見世物では、俳優も観客も責任を負わない。

ジリノフスキーは、途方に暮れ、自分がまきこまれた変化の渦におびえ、ロシアの地位の喪失と感じられるものに失望したロシア国民の切望を本能的に感じとったのだ。国民が単純な解決策を望んでいることを彼は理解していた。彼は最初から砕氷船の役割を果たし、彼の源泉であるKGBの仲間内で温められていた考えを、道化のような形で遠回しに紹介した。一九九一年春の選挙演説で、このいかれた扇動政治家は、七二時間以内にロシアを豊かにすると約束した。「わたしが旧東ドイツに一五〇〇万人の軍隊を派遣し、核の脅威をちらつかせれば、あらゆるものがわれわれに提供されるだろう。(中略) われわれはストライキ参加者を刑務所に入れ、ギャングを国外に送ってそこでロシアの国益を守らせる。月に一〇〇ルーブルでわれわれのためにおとなしく働いてくれる労働者を外国から呼びよせる」。このポピュリズムの大家は、もし自分が選出されたら無料のウォッカをすべての人に配ると約束した。彼は、すべてのロシア人に無料の下着を提供し、ロシアのすべての女性にひとりの男性を世話すると豪語した。経済問題の解決策? いたって簡単なことだ。「世界中から奴隷をつれてくるべきだ。すべてのロシア人が地主、経営者になるだろう[6]」。彼は一九九三年からロシアの民主主義がくりかえしてきたテーマを主張した。「われわれは中央集権化した権力を必要としている。そうでなければいかなる改革も不可能だ[7]」。すでに彼は、ロシア連邦の諸共和国を州に変更し、地方当局と連邦当局との対立を終わらせるよう訴えていた。彼は、外国人に侮辱され、傷つけられ、「ひれ伏すロシア」というテーマを、徹底的に利用した。ジリノフスキーは、いたるところある「ロシアに対する陰謀」の、疲れを知らぬ宣伝者だった。リベラルな反対者は「悪魔崇拝者」だ、という今日よく知られたテーマを広めたのも彼だ。「悪魔が姿を消して、元いた場所へ、暗くて凍るように冷たい絶望へともどるのを見たいものだ。やつらはしがみつき、わめき、呪い、要するに、エクソシストに痛めつけられる悪魔のようにふるまうだろう。だが全員で団結すれば、われわれはやつらを追い払う力をえるだろう」と彼は一九九六年に『北への最後の車両 Le Dernier Wagon pour le Nord』[8]の中で述べていた。

一九九三年一二月一二日の連邦議会選挙で、絶頂期にあったＬＤＰＲ（ロシア自由民主党）は二三パーセントの票を獲得し、八七地域のうち六四の地域で過半数を占めるなど、全国で幅広く代表権を得た。一九九四年一二月、ジリノフスキーはボリス・エリツィンのチェチェンへの軍事介入を支持し、この反抗的な自治共和国に対して戦術核兵器の使用を勧めた。この重宝な人物は、プーチンのもとでクレムリンがとることになる、ヨーロッパ極右との接近政策のパイオニアでもあった。一九九六年には、ジャン＝マリー・ル・ペンとＬＤＰＲ党首が、ヨーロッパで右翼勢力連合を設立する意向を発表した。ジリノフスキーは、一九九七年にはすでに、イタリアのウンベルト・ボッシが率いる北部同盟を支持していた。[9]

ジリノフスキーは、欧米の指導者に対してあえて卑猥なことを言って侮辱する慣行も広めた。二〇〇六年一月にコンドリーザ・ライスが、ウクライナとの天然ガス紛争についてロシアの外交政策を批判したときには、この敵対的な措置はアメリカの大臣が独身で子どもがいないという事実に起因していると言い放ったのだ。「コンドリーザ・ライスには軍人の連れが必要だ。兵舎に行けば満足させられるだろう」[10]。また、彼を不快にさせる質問をした妊娠中のウクライナ人ジャーナリストへのレイプを呼びかけることとさえためらわなかった[11]。二〇〇七年には、転向者アレクサンドル・リトヴィネンコのポロニウムによる暗殺事件で、イギリスが一番疑わしい人物とみているアンドレイ・ルゴヴォイを議員に選出させて、イギリスをあざ笑っている。ジリノフスキーは一二月二日の議会選挙で、彼をリストの二番目に登録した。そしてヨーロッパのジャーナリストとの会見で、ルゴヴォイは、「ポロニウム」[12]と書かれたTシャツをこれ見よがしに身につけていたのだ。

ジリノフスキーは、ウクライナについてもパイオニアの役割を演じていた。彼は二〇一三年一二月三日のブログで、「わたしは、ロシア、ベラルーシ、ウクライナの大統領がビャウォヴィエジャの森（ベラルーシ）に集まって、歴史を逆にもどすよう提案する。一九九一年一二月に彼らはソ連を解体した。今日、この決定を無効にし、連邦を復活させなければならない」と提案し、二〇一四年からのプーチンの政策を予告していた[13]。彼によると、ウクライナをふたつの国家に分けることでのみ、この国が直面している問題を解決できるという[14]。「スターリンの誤りは、イヴァーノ＝フランキーウシク、テルノーピリ、ルーツィク、リウネ、リヴィウをふくむ西側の領土を獲得した一九四五年に、リヴィウをウクライナの首都にしなかったことだ。残りのドンバス、オデッサ、クリミアは、ロシアに帰属させるべきだった。そうすれば問題を避けることができただろう。（中略）異なるふたつの国民がいるのだ。一方には、ロシア人とロシア化したウクライナ人、もう一方には、オーストリア＝ハンガリー帝国の一部だった地域に住んでいた西側びいきがいる。果てしない対立があるだろう。西側はカトリックに、東側は正教会に、という文明化した原則に従ってウクライナを分割するだけで、この問題は解決するだろう。そうしなければ、殺戮が続けられることになるだろう」。ヴラジーミル・ジリノフスキーは、ウクライナ紛争にかんするクレムリンの下心をみごとに言いあらわしている。「（それは）大国の輪にもどる機会をわれわれにあたえてくれた。ロシアがツァーリのもとで、あるいはソヴィエト時代にそうだったように、ふたたび帝国になることが重要なのである。大国になることができたら、われわれは経済の発展に専念できるだろう。だが、まずは西側から解放されなければならない[15]」

ジリノフスキーは早くから核の脅しを勧めていた。巨大な送風機を使って、放射性廃棄物をバルト三国に向けて吹き飛ばすことを提案したあと[16]、二〇一四年八月一〇日にはポーランドとバルト三国に対する攻撃を強く勧めた。「この国々には何も残らないだろう。全滅するのだ。この脆弱な小国の指導者はよくよく考えるべきだ[17]」。二〇一五年一一月二四日、トルコのF－16戦闘機がロシアのSu－24を撃墜したが、一一月二七日に彼は、トルコを「核ミサイル攻撃で壊滅させることもできる。イスタンブールを破壊するのはごく簡単なことだ。海峡に核爆弾を撃ち込むだけで、この都市は地図から消滅するだろう。恐ろしい洪水が起こり、一〇から一五メートルの水柱が都市に襲いかかり、九〇〇万人の住民とともに都市は姿を消すだろう[18]」と脅している。同じころ、彼はキーウをナパーム弾で爆撃することを提案した。そして二〇一六年一〇月には、核によって絶滅したくなければトランプに投票しろとアメリカ人に命じたのだった[19]。

スキャンダルを引き起こすような犯罪では、責任をおおい隠す煙幕を張るのが有益であるとクレムリンが考えたとき、ジリノフスキーはおあつらえ向きのとんでもない嘘を言い放つ役割を果たした。二〇一五年にボリス・ネムツォフが暗殺されたあと、ジリノフスキーは、彼は暗殺されて当然であり、憎しみを招いたのは彼だと述べた。彼は、ウクライナの挑発が殺害の原因であり、ネムツォフはアメリカ人のお気に入りだったが、アメリカ人は今ではナヴァリヌイをあてにしていたので彼を死なせたのだ、とまで言った。そしてあきれるほど臆面のない態度でシリアでの戦争を歓迎し、軍事的観点から、演習だけにとどまるより、生身の人間を撃つことの利点を強調した。「ときには悪い体制がわれわれに役に立つこともある。シリアを見たまえ。（中略）われわれは理想的な状況で軍隊を訓練することに関心がある。演習はどんなに大規模なものであっても、実弾を発射したり、町や村を破壊したり、人々を皆殺しにしたりすることはできない。しかしシリアにはほんとうの戦争がある。巡航ミサイル〝カリブル〟を試すことができる。それをカスピ海からでも、地中海、アゾフ海、黒海、どこからでも発射することができる。われわれのスパイは大きな経験を積んでいるところだ。（中略）われわれは一〇年から二〇年とどまり続けるだろう[20]」

プーチンと同様に、彼もテロリズムの政治的有用性を評価していた。二〇一六年三月二二日にブリュッセルでテロ攻撃があり、三二人が殺害されたあと、ジリノフスキーはトークショーで、このようなテロはロシアにとっては良いことだと喜んだ。「われわれにとっては好都合だ。テロリストがくたばり、死ぬのだから」。彼によれば、イスラーム主義の危険に直面した西側諸国は、モスクワと同盟を結び、助けを求めることになるという[21]。

ジリノフスキーと、その亜流であり、プーチン政権のプロパガンダの名手として彼の足跡をたどってきたソロヴィヨフ、キセレフ、スカベイエヴァは、ロシア国民のなかに残っていた卑しさ、冷酷さ、暴力、憎しみ、攻撃性に対する免疫を消滅させた。彼らは、無感動になり、ますます多くの嘘、ますます多くの暴力、当時のトルコの指導者たちを傷つけるさらに下劣な冷やかし、ロシアの敵に対するさらなる侮辱や恥辱を求めていた大衆から拍手喝采を受け、あらゆるタブーをくつがえした。ジリノフスキーとその亜流たちは、ＫＧＢがロシアの人々をイメージ通りに変えるための手段だった。「プーチニズムは、スターリニズムから、教条主義的なサディズムを継承した」[22]と、ブロガーのイゴール・ヤコヴェンコは的確に指摘している。その継承は、ＫＧＢを通しておこなわれたのである。

プーチンが権力の座についたあと、ジリノフスキーのオーラは輝きを失いはじめた。というのも、それ以後は、誇張や粗野な言動が彼の専売特許ではなくなったからだ。タブーはなくなり、彼のスタイルがありふれたものになった。上層部に取り入るために幹部たちは無礼な言動を競い合った。争うようにならず者のスラングや糞尿趣味の言葉を使っていたのだ。西側に隠した個人資産について質問されたロシア大統領は、そのジャーナリストが「鼻をほじって鼻水を紙の上にまき散らした」[23]と非難した。外務大臣のセルゲイ・ラブロフは、「国際関係においては暗黙の掟（パニャーチエ）に従って行動する」[24]よう勧めることまでしている。また、その数日前には、ロシアの駐スウェーデン大使ヴィクトル・タタリンツェフが、ウクライナ侵攻に際してのロシア連邦への制裁について、こうコメントしていた。「言葉遣いが悪くて申し訳ないが、われわれはあらゆる制裁についてクソくらえと思っている」[25]

ジリノフスキーの先駆的活動は、ロシアのテレビでジェノサイドを呼びかけることまで可能にした。たとえば作家のアレクサンドル・プロハーノフは、二〇一四年四月四日のテレビ番組で、ロシアはキーウの独立広場マイダンの「宇宙的規模の悪を根絶する」ために、すくなくとも三〇〇〇万人の命を犠牲にすることができると述べた。またアレクサンドル・ドゥーギンは、「ウクライナは愚か者を一掃すべきだ」として、「雑種である人種[26]」の「ジェノサイド」を臆面もなく呼びかけた。今日、ロシアのトークショーの観客は、ヨーロッパのいくつかの首都を破壊するというと大爆笑するのだ。下院副議長のピョートル・トルストイは、戦争の明るい見通しに高揚感を隠せない。「動員と死にいたる世界大戦がわれわれを待っている。だれかが仕事を失い、だれかが会社を失い、多くの人が手足を失い、さらに多くの同国人が命を奪われるだろう。戦争はわれわれの国家的イデオロギーだ[27]！」。下院議員のアレクセイ・ジュラヴレフは、ウクライナを解体するという考えに喜びをあふれさせている。「ウクライナはもう存在すべきではない！　ハリコフ（ハルキウ）共和国、ドネック（ドネツィク）共和国ができるだろう。ウクライナはなくなるのだ。われわれはポーランド国境に到達するまで交渉を続けるだろう[28]」。さらに、ヨーロッパの破滅まで予想して喜んでいる。「フランス人はヒキガエルのような足を硬直させて死を覚悟するようながされている。彼らは定期的な停電やその他の恐怖をよく知っている。（中略）ユーロ圏諸国に（天然ガスの代金を）ルーブルで支払うかどうか決定するよう義務づければ、EUが崩壊して自国の通貨にもどることになる。ガスを拒否すればゲイロッパ全体が崩壊するだろう[29]」。ゲイロッパとは、ゲイのヨーロッパということだ。クレムリンは、ヨーロッパをこのような軽蔑的な言葉で呼んでいるのだ。

同様に、恥知らずな嘘の実践は、いまやジリノフスキーが企てた以上のものになっている。外国人の面前で下品きわまりない嘘をつくことは、もはやクレムリンではロシアの力のしるしとみなされているのである。恥知らずな嘘はロシアの指導者や宣伝者を有頂天にし、ロシアのテレビ視聴者は毎日それを目にする。二〇二二年二月七日、フランス大統領マクロンとの会談でプーチンは、ワグネル・グループは独立組織であり、ロシア政権とはいかなる関係もないと明言した。三月一〇日には、セルゲイ・ラブロフが、「ロシアはウクライナを攻撃してはいない」とまで発言した。[30] ブチャに多くの遺体？　ウクライナによる演出だ。それに、ナヴァリヌイが宣伝のために自分で毒を盛ったのと同じように、ウクライナ人は自分たちで爆撃しているのはだれもが知っている、と彼は言った。プーチンはこう主張している。「ロシア軍は人々を助けるためにウクライナにいるのだ」。スターリンの時代がそうだったように、嘘の大きさは体制の全能性の指標であり、それによって自国民と憎らしい外国人に対する軽蔑を示すことができるのである。

何年も前から、クレムリンのプロパガンダは、憎しみにくわえて、人類の根底にある情熱、とくに権力への陶酔と他者を屈服させたいという欲求を源泉とする、さまざまな感情を汲みとってきた。二〇〇八年、イギリスの外務大臣であるデイヴィッド・ミリバンドからジョージア侵攻について忠告を受けたあとで、ラヴロフは彼に巧みな英語で話しかけた。「わたしに説教を垂れるあなたはどちらさまですか？（Who are you to fucking lecture me ?）」。二〇一五年に、ヨーロッパで鉄のカーテンが復活する可能性についてコメントするよう求められたとき、ラヴロフはこう答えている。「もし彼ら（西側諸国）がわれわれに対して鉄のカーテンをおろしたら、彼らがなんらかの障害にぶつかる恐れがある」。[31] 二〇一六年には、ロイターのカメラマンを「ばか」[32] 呼ばわりして侮辱した。他人の不幸に酔いしれるという、別の感情も見てとれる。一九四一年一二月にモスクワを目前にしたドイツ軍がそうだったように、ガスがないためにドイツ国民が冬に凍える恐れがあると考えるだけで、ロシアのマスメディアがどれほど歓喜したことか。ウクライナの病院が暖房されていないことを、新聞雑誌はなんとうれしそうに伝えたことか。プーチン大統領もそれに同調して、ヨーロッパの人々は燃料をスケート靴に替えなければならなくなるだろうし、近いうちにオランダ人もスケート靴でおたがいの家を訪問しあって体を温めなければならなくなるだろう、[33]と言って巧妙にからかったのである。

こうして、ロシア人を犯罪に慣れさせる不吉なプロパガンダが始まった。共産主義が失敗して民主主義が打ち立てられると、「すべてが認められている」と解釈されて権力や不処罰への陶酔が生み出され、その過程であらゆるものが根こそぎにされてしまったように思われる。言葉は、真実や人としての礼節の要求から解放されたものとなり、下院などの機関は、泥棒や人殺しを無実化することに公然と手を貸すものとなり、外交は、ギャングの風俗によって無益なものにされ、力が崇拝されて妥協が拒否され、戦争法規は、一般市民に対して行使された暴力によって踏みにじられ、国際秩序は、国連事務総長アントニオ・グテーレスのキーウ訪問がロシアの爆撃によってたびたび中断されるという事態によって侮辱された。このような違反への情熱は、ロシアの指導者たちを特徴づける反米の怒り、さらに一般的なアングロサクソンに対する敵意の原因となっている。アメリカは世界の警察官とみなされており、法を守らせ、その任務を遂行するための軍事力をもっている。クレムリンはアメリカを、ロシア政治の存在理由になると思われるあらゆる領域にわたる違反の、最終的な勝利への最後の障害とみなしている。ロシアの指導者たちは、二〇二二年二月二四日の「特別作戦」が、反抗的なウクライナ人の制圧以上に、まさに国際秩序の転覆をめざしていたということを隠そうとしてはいない。ラヴロフは、「われわれの特別軍事作戦は、アメリカと西側諸国による国際舞台の支配に終止符を打つために構想された[34]」と述べている。政治学者のゲヴォルグ・ミルザヤンは、西側諸国が自分たちの価値観を否定しようとしているという考えにすっかり満足している。「西側は恐れている。彼らにとっても人類にとっても幸いなことだ。普遍的な規範と価値観によって世界平和が保証されるという理想主義的夢想家の個人的希望は、実現されなかった。西側は、力と、力への恐怖だけを理解する。将来もそうだろう[35]」

ソ連時代を通して、プロパガンダは目についていたが、今日ほど効果的に魂と精神をむしばむことはなかった。プーチンのプロパガンダは、もっぱら破壊の方向に機能する。そして、当局の希望にもかかわらず、またロシア人を説得するためにメディアで展開された努力にもかかわらず、人々はコロナワクチン接種をこぞって拒否した。プロパガンダはネガティブな目的にしか適用されないからだ。それは知性を容認するが、それが悪意にもちいられる場合にかぎられる。かつてのポーランド王国の基本的な規定が思い起こされる。「王は悪をなすにあたっては無能であり、善をなすにあたっては全能である[36]」（『カトリーヌ・ド・メディシス』、田中梓訳、河出書房新社）

われわれはジリノフスキーの重要性を強調したが、それはこの人物がロシア人のモラルの低下、というよりこうしたモラル低下を政治的行動としてあらわすことに大きく寄与したからだ。しかし彼は、彼以外の人物によって構想された政策の道具にすぎなかった。あらゆる古典的政治哲学は、何世紀にもわたって、君主をより良くするための教育手段、情熱に抵抗し、寛大さと節度を実践することを教える手段について考えてきた。プラトンやアリストテレス以来の思想家は、人々が独裁や暴政に抵抗し、善良な君主を模範として美徳に従うよううながす手段を考えてきたが、クレムリンの指導者たちは、共産主義の先人たちと同様に、組織的に最も下劣な情熱、最も卑しい本能、救いがたいほどの愚かさに国民をゆだねた。人間性を大切にするロシア人がもはや耐えられなくなり、移住せざるをえなくなるほど不健全な雰囲気を国内に生み出すことによって、故意に国民を悪化させたのである。

この最低レベルの再教育は、二〇世紀の全体主義体制の場合がそうだったように、ユートピアを口実にすることさえしない。自分たちの利益のために人間の魂の汚水だめをつくり、この国を憎悪と攻撃の浸出液にひたしている。クレムリンにいるチェキストたちにとって、それが頂点にとどまるための唯一の方法なのだ。優れた指導者を定義する基準は、権力の座についたあと、国民がそれ以前より良くなっていることだとソクラテスは言った。この基準をプーチンにあてはまるなら、とんでもない結果になる。ロシア大統領が犯したあらゆる犯罪の中でも、それが最悪のものだとすら思われる。ロシアでも外国でも、魂の腐敗がなければ――この有害なプロパガンダは世界各地に広まっていることを忘れてはならない――、彼の政権を特徴づけるあらゆる重罪は実現されなかったはずだからだ。しかし、人間の高慢さに天罰をくだす女神、ネメシスは存在する。何十年にもわたってつちかわれてきた憎悪がロシア国内で爆発し、プーチンが建てた建造物が吹き飛ばされて、世界全体に戦争が広がる恐れもある。

第6章　プーチンのスラング——「生活規範」のマーカー

イヴ・アマン

一九九九年九月二四日、カザフスタンの首都アスタナでの記者会見で、プーチンは記者団にこう答えた。「ロシア軍機はチェチェンのテロリストの基地だけを攻撃しており、テロリストがいるかぎりそれは続くだろう…。われわれはどこまでも彼らを追跡する。それが空港なら空港まで。そして、失敬、もし便所で彼らを捕まえたら便所で殺す」。それは、ボリス・エリツィンから首相に任命されてからわずかひと月後のことだ。一年で四人目の首相だった。当時、プーチンはほとんど知られていなかった。彼は元ＫＧＢ大佐であり、ソ連崩壊後にＫＧＢを継承したＦＳＢ（連邦保安庁）の長官を一年間つとめていた。彼が首相に任命されたのは、不可解なテロや第二次チェチェン紛争開始と同じ時期だった。テロリストに対して便所で殺すという毒舌を吐いたことで、彼はだれよりも有名になった。[1]

この毒舌は通訳や翻訳者を当惑させ、さまざまな解釈を生んだ。メディアで話すロシアの政治家の口からそのようなスラングが発せられるのがきわめて異例であることは否定できない。ロシアの言語学者たちはむしろショックを受け、公然とそれを肯定する者もいれば、正当化につとめる者もいた。しかし、大衆からはこの毒舌は好意的に受け止められた。仲間内以外でスラングを使うことを承認するシグナルとさえ見たのである。計算された宣伝的行為ではないかともいわれた。何年もたってから、プーチンはこのことを後悔していると述べたが、信じるべきだろうか。いずれにせよ、この有名なフレーズは、ロシアの政治的発言の歴史において一時期を画するものだった。

プーチンの言葉は、研究の対象となった。言語学者たちは、数時間続くこともある、国民と直接やりとりする毎年恒例のインタビューで、どのような言葉がもちいられているかにとくに関心を寄せてきた。自発的なように装ってはいるが、聴衆は選ばれた人々であり、質問はもちろん事前に打ち合わせされていた。ロシア研究のアメリカ人スペシャリスト、マイケル・ゴーハムによれば、プーチンは話しかける相手がどんな社会的集団に属するかに応じて、テクノクラートらしく見せたり、プラグマティスト、治安部隊の男、マッチョ、愛国者らしくふるまったりしていた。もっともよく見られるのはテクノクラートとしての姿であり、彼は官僚的な言葉を完璧に使いこなしていた。ただし、ここではスラングの使用についての分析にとどめておく。

スラングはコノテーション（暗示的意味）にかかわる事柄であり、さまざまな言語使用域（ルーズ、口語、通俗、卑俗、粗野）が、時によって、また受け手に応じて揺れ動く。すべては、一定の時期、一定の環境の中で、規準からの逸脱がどのように感じられるかにかかわっている。さらには、さまざまな社会言語文化もからみあっている。スラングの問題は、一九世紀フランスの作家たち、なかでもバルザック、フローベール、ヴィクトル・ユゴーによって多く取り上げられた。ユゴーは『レ・ミゼラブル』でスラングに一章を割りあてている。政治的発言での言葉の逸脱は、政治活動のテレビによるメディア化とともにあらわれ、ここ数十年で広まってきた。つまり文法や発音の誤り、言いまちがい、「一般的スラング」――すなわち、特定の社会集団のマーカーではなくなり、違反的性格を失ったもの――に属する言葉の使用などである。さらには、明らかに一般大衆の受けをねらった見えすいた決まり文句や格言もある。ジョージ・W・ブッシュ、シルヴィオ・ベルルスコーニ、ニコラ・サルコジにはそうしたことが多かった。エマニュエル・マクロンも、社会的支援について述べた「クレージーな金」や、「ワクチン未接種者をうんざりさせる」という約束などによってその仲間入りをしている。筆頭にあげられるのはもちろんドナルド・トランプだ。

たしかに、ソヴィエト時代の一九六二年、ニキータ・フルシチョフが、モスクワのマネージ展覧会ホールで開催されていた前衛芸術展にプライベートで訪れたとき、芸術家たちに悪口を浴びせかけ、執拗に男色家呼ばわりをしたことは知られている。また、一九六〇年の国連総会で、彼はイギリス首相の演説に抗議するために自分の靴で机をたたきはじめ、フィリピン代表をアメリカ帝国主義の従僕と呼んだことも思い出される。プーチンより前の、一九九二年から一九九八年までロシア首相をつとめたヴィクトル・チェルノムイルジンは、当意即妙の答え、話の飛躍、自明の理、逆説的な表現が多く、ロシア語を充実させた。最も有名なのはおそらく次の言葉だろう。「最善をつくそうとしたが、結果はいつもと同じだった」。とはいえ下品な言葉を使うことはめったになかった。「ゾウの尻よりもハエの頭でいる方がいい」。このような、彼の一部の言いまわしのきわどさが意図的なものだったかどうかはわからない。たとえば、統治することは舌を動かすことだけにあるのではないと言いたいとき、彼はオーラルセックスを連想させるあいまいな言葉でそれを表現した。「政府というのは、多くの人が考えるように、舌（言葉）だけでやれるものではない」。

見方によっては、プーチンはフルシチョフのあとを継いでいるのだが、より計算されていて、話している相手や敵に対してより辛辣である。「見るべきはこちらだ！　わたしの話を聞くべきだ」。政府高官の会議中に大臣のひとりが隣の人としゃべっていたとき、プーチンはこう叱責した。テレビでは毎日のように、大臣がプーチンに報告をしているようすが紹介される。両者は向かいあって座り、口頭審問の試験官を前にした学生のように横顔が映し出される。ある日、プーチンは敵対者たちを、『ジャングル・ブック』【イギリスの作家ラドヤード・キップリングの短編小説集】で、ニシキヘビのカーに催眠術をかけられるサルの群れ、「バンダー・ログ」にたとえた。そして笑いながらこうつけくわえた。「子どもの頃からわたしはキップリングが好きなんだ」

次の言行録で証明されているように、彼の冗談は下ネタが多い。二〇〇二年の記者会見で、イースターエッグに自分の肖像が描かれていることについての感想をたずねられたときには、こう述べた。「わたしが卵に描かれている？　卵に何が描かれているのかはわからない。見てないからね」。二〇〇三年にミハイル・ホドルコフスキーが逮捕されたあとには、こう言っている。「あそこをつかまれたときだけではなく、あらゆる状況において法に従わなければならない」。二〇〇二年一一月、ロシアと欧州連合の首脳会談後に開かれた別の記者会見で、あるジャーナリストが、ロシアはチェチェンの自由を抑圧していると非難したときには、こう述べている。「もしあなたが最も過激なイスラーム主義者になることを望み、割礼をおこなう用意があるなら、わたしはあなたをモスクワに招待して、何も生えないような手術を受けることを勧める」。二〇一一年には、白いリボンを身につけて不正選挙に抗議するデモ参加者たちに対して、こう言った。「コンドームをつけているのかと思ったよ」。最近では、二〇二二年六月、フィンランドとスウェーデンがＮＡＴＯに加盟する可能性について、次のように述べている。「わが国では下品な冗談が語られているのをご存じか。今日、あそこに入り、そのあとまた別のあそこに入る。それは彼らの問題だ。彼らの望むところに入ればいい」。

皮肉なことに、プーチンは二〇一四年に、メディアでの「良識に反する」（netsenzourny）語彙の使用を禁止する法律に署名することになった。この法律は何年も前から忘れられたままになっていたものだ。一般的には、「マート禁止法」と呼ばれている。厳密な意味では、罵言「マート」は男性と女性の性器、性関係をもつ行為、売春婦、およびそこから派生するあらゆることを意味する隠語的な四語に還元される。良識に反する言葉のリストが法律で公表されていなかったことによる国民の困惑に直面して、ロシア連邦通信・情報技術・マスコミ分野監督庁（ロスコムナゾール）が確認をおこなったのである。この四語を除いて、残りはマートに属することはなく、泥棒の隠語と混同されることもなかった。実際、それは一般にブラトノイ言語（blatnoï iazyk）、あるいはフェニア（fénia）と呼ばれ、はるかに広い領域をもつ語彙である。ロシア連邦刑執行庁のウェブサイトでは、囚人と連絡をとりあう人々のために、こうしたスラングの用語集も提供している。とはいえ、グループによって、時代によって、また世代によって、一部の言葉の意味は変動する。それを定着させるためのフェニアのアカデミーなどは存在しない。七年後、この禁止はソーシャルネットワークにも拡大され、二〇二一年二月に施行された。

「マート」という言葉の起源については議論の余地があるが、この用語は明らかに母親に対する最大級の侮辱を示すと考えられている。その歴史はきわめて古い。その表現性は、おそらくほかのどの言語にも見られず、多くの研究の対象となっている。マートという語彙はまず、悔しさ、怒り、社会的欲求不満の表現である。子どもたちがロシアのどこの塀にもスプレーで落書きする「XY」で始まる三文字の言葉は、数式への趣味を示しているのではなく、性の目覚めと青年期の主張を示している。それは、キリル文字のアルファベットでは、スラングで男性器を意味する言葉の最初の二文字なのである。マートには憎しみがこめられているのかもしれないし、相手を侮辱し、言葉で打ちのめすものかもしれない。母親に言及すること、あるいは「XY」で始まる言葉を投げかけるのは処刑である。文脈とイントネーションが重要だ。マートはあらゆる種類のメッセージを伝えうる。心理言語学者のヴラジーミル・ジェルヴィスは、二七通りの機能をあげている。現代作家ヴィクトル・エロフィーエフの作品は、まさにマートへの賛歌だが、挑発趣味によって書かれたものと考えるのはまちがいだろう。比喩的な文体の中で、彼は感情のベクトルとしてのあらゆる側面を分析した。「マートは精彩に富んでいる。ロシア語の接尾辞の順応性や接頭辞の多様性を利用しながら、規準語彙の単語の音声的類似をたくみに操って、擬人化したイメージを生み出している。マートは擬人化された劇場であり、言語素材のミニマリズムが、宇宙全体を覆っている」

エロフィーエフとは正反対で、プーチンの体制と保守主義の支持者である映画監督のニキータ・ミハルコフも、彼に呼応する。「マートはロシア民族の偉大で繊細な発明品のひとつだ。郊外の列車で話される下品なマートもあるが、苦痛、戦争、攻撃、死など極限の状況における表現手段としてのマートもある」。民間伝承には数多くのマートの痕跡が見られ、ドストエフスキーはその表現の豊かさに驚嘆していた。それは、言語全体をただひとつの語彙にまとめる特異な名詞だった。ドストエフスキーは、一八七九年、ある祭日の夜遅く、酔っ払った労働者の一団とすれ違ったことを『作家の日記』の中で語っている。彼らは言い争いをしていたが、ただひとつの単語でやりあっていた。そして彼は次のように結論づけている。「突然わたしはあらゆる考え、あらゆる感情、そして深い議論全体さえも、たったひとつの名詞だけで表現できるということに気づいた」【軽蔑的な嘲笑の対象となる人間に対してもちいられる「ストリューツキエ」という言葉についての考察】

プーシキン、レールモントフ、ツルゲーネフ、チェーホフなど、ロシアの偉大な作家たちは、詩や私的書簡でマートを使うことをいとわなかった。同時に、この言葉はほかのどこよりも追い立てられた。エカチェリーナ二世はすでにそれを禁止することを考えていた。マートは正教会から禁止され、エロフィーエフによれば、冒涜的なものとさえみなされた。ソ連時代には、ソ連にはセックスは存在しないと言われたほど、公共の場でセックスに言及するのはタブーとされていたので、マートは公共の場から完全に排除された。とはいえ、それは収容所から社会に侵入していったのである。グラーグには政治犯だけでなく、本当の犯罪者たち、つまり人殺し、根っからの悪党、「普通法」の刑事犯、密売人たちも詰め込まれていた。最初に大赦の恩恵を受けたのが彼らであり、彼らが出て行くと、また別の犯罪者たちが入ってきた。そのため、収容所と市民社会の間で、たえまない交換がおこなわれ、あるライフスタイル、挙動、言語、一種の「モラル」によって特徴づけられる泥棒仲間の行動が広まった。

その後、突然の市場経済導入で生じた混乱に乗じて、ロシア社会に新しい形の犯罪が広がった。地下経済が闇からあらわれ、「インフォーマル経済」が急拡大し、民営化された資産を手に入れようとするライバルたちの間で、しばしば血なまぐさい抗争劇が起こった。さらに、孤児院、寄宿学校、軍隊で、マフィアにならった暴力が続き、かつてないほどのレベルに達した。それは組織的な暴力行為であり、「いじめ」や「嫌がらせ」などという訳語では婉曲すぎる、「デドフシナ」によるものだった。二〇〇六年には、ある事例が大きなスキャンダルになった。元日、上司にフェラチオをすることを拒んだために、アンドレイ・シチョフという名の召集兵が虐待され、治療を受けられずに数日間放置された。治療の決定があまりに遅すぎたので、壊疽を止めるために、両足と性器を切断しなければならなかったのだ。若い男性のほとんどすべてが、兵役でどんな目にあうのかという恐怖にさいなまれた。

一九八七年にミハイル・ゴルバチョフによって開始されたグラスノスチ政策は、検閲を緩めることで言語に影響をあたえ、それまで禁止されていた問題に手をつけることを可能にした。マートやスラングは非合法ではなくなり、セックスのタブーもなくなりつつあった。一九九〇年代の映画やテレビでは、マートが犯罪についてのドキュメンタリーやスリラー作品にあらわれた。こうした急激な変化が、二〇一四年の法律の採択につながったことは明らかだ。立案にあたっては、支持者と反対者の間でさまざまな議論がおこなわれた。

プーチンのきわどい毒舌のなかでも、二〇二二年二月七日の記者会見でマクロンを前にして放った言葉はあまり注目されなかった。彼はミンスク合意に言及して、ウクライナがそれを適用すべきだと述べたが、その言葉には次のような格言がつけくわえられていた。「好むと好まざるとにかかわらず、あなたはそれを受け入れるのですよ、わたしの美しい人」。そして、核兵器をもちいるという脅しをかけた。その翌日、マクロンとの記者会見で、ウクライナ大統領ウォロディミル・ゼレンスキーは、ロシア大統領の言うとおりだと答えた。たしかにウクライナは美しい。だが「〝わたしの〟美しい人」は言い過ぎだ。くだんの格言が、眠れる森の美女についてのみだらなチャストゥーシカ、つまり風刺歌謡からきていることは知られていない。

墓の中で、わたしの美しい人は眠っている。
わたしは身をかがめてあなたと寝る
好むと好まざるとにかかわらず
あなたはそれを受け入れるのですよ、わたしの美しい人。

それから数日後の二月一八日、外務大臣セルゲイ・ラブロフは、国際報道機関のインタビューを受けて、つぎのように述べた。「われわれは、すべてが敬意をもっておこなわれるようにするだろう。わたしはスラングを使いたくはないが、われわれにはわれわれの考えがある。あいつ（パトサン）がそう言った、あいつがそれをおこなったのだ。すくなくとも掟（パニャーチエ）が国際的なレベルで尊重される必要がある」。外国人レポーターがこの発言を聞き逃したのは明らかで、その重大さが理解されることはなかった。それは、国際関係が悪党の法に従って決められるべきだということを意味している。文字通りには「一連の概念」を意味するパニャーチエは、シチリアのコーサ・ノストラの「名誉の掟」に匹敵する、ごろつきの掟を指しているのである。それは泥棒仲間のエリートの掟であり、その典型が「ヴォール・ヴ・ザコーネ」、文字通り「規律ある泥棒」であり、ブラトノイとも呼ばれる。これまで見てきたように、ブラトノイ言語は一般に泥棒仲間のスラングを意味するとされている。

ソルジェニーツィンはそれについて描写しており、ほかの証言者と同様に、それがときには理想化されたことに対して抗議している。実際のところ、規律ある泥棒は働くことを拒み、人生を楽しむ以外の目的をもっていない。原則として、彼らは権力に協力することを拒否する。グラーグでは、当局が囚人の日常的な管理を彼らにゆだねるということがあった。それは本物の規律ある泥棒ではないと人々は主張した。しかしソルジェニーツィンは、それは間違いだと反論する。「双方をいくら見ても、違いがわからなかった。そう、彼らはロビン・フッドではないのだ。彼らの規律は彼らの間でだけ意味があるのであり、それ以外の者には適用されない。彼らは衰弱しきった囚人から強奪し、凍えそうな人間から靴下をもぎとりかねない」。そして、かつてのゼク、「囚人」はこう結論づける。「大地が実りをもたらさないのと同様に、悪党に善を期待してはならない」

このテーマについて書かれた本の中でもとくに、かつてのブラトノイで、作家のユーリ・トリフォーノフのいとこであるミハイル・ディオミンを挙げたい。彼はこの世界で過ごしていたが、最後にフランスにたどり着き、西側世界で『ル・ブラトノイ』[2]というタイトルの自叙伝を出版した。悪党の世界は、カースト制度のように階級化されていた。完全に統一されているわけではなく、似たようないくつものピラミッド型のグループで構成されていた。規律ある泥棒の下には、下位のカテゴリーに属しているバクラン――標準ロシア語で「ペリカン」を意味し、ペリカンのように不器用ということである――があるが、泥棒見習いであり、規律を欠くことも多い。最後に、もうひとつのカテゴリーである、ゴプニクがある。自分が規律ある泥棒になることを夢見て模倣するが、実際は集合住宅の裏庭でうろついている青少年やチンピラのグループに属している。前の箇所で「あいつ」という言葉におきかえたパトサンという用語は、あいまいである。俗に青少年、若者、たくましい男を指す言葉だが、ラヴロフがもちいた文脈では、犯罪組織のメンバーのことである。ボスであるゴッドファーザーが支配し、それに従う組織である。

こうしたカテゴリーはそれぞれ、例のパニャーチエに従っていると主張するが、それは規律ある泥棒の伝説的な名誉の掟から離れて、それぞれの集団の掟にすぎなくなっているように思われる。心理学者のスタニスラフ・コーツキは、チンピラのさまざまな下位グループに特有の特徴についての一覧表を作成したが、そうした特徴はすべてのカテゴリーに見られるように思われる。この掟は、対等とみなされる者だけに適用される。対等ではない者は、対等であることが証明されるまで、よそ者、敵である。こうした他者に対して、先験的に正しいのはこちらである。相手が傲慢であれば、力の行使が正当化される。異なっているという単純な事実は、傲慢と解釈される。攻撃する前に、こちらは自分を正当化し、自分に理があることを証明しなければならない。相手がこちらのグループで使われている言語を話さないなら、それは潜在的な犠牲者である。共通点があれば、最強の掟へと集約されていく。

ジャーナリストたちは、迷うことなく若き日のプーチンをゴプニクになぞらえた。彼は少年期と青年期をレニングラード（現サンクトペテルベルク）で過ごした。放課後になると彼は、仕事がなくぶらぶらしている若者のグループにくわわった。それは多くの大都市に存在する、リーダーとそれに従うメンバーとの、序列化された集団である。ひ弱で小柄な彼は、従う側に属していた。恨みや復讐心をいだいていたにちがいない。心理学者によると、彼が肉体的優位性や男らしさを演出しようとするのはそのためだという。二〇一一年にウィキリークスによって明かされたアメリカ国務省の通信文書によると、アメリカの外交官はプーチンを「アルファ・メール（最優位雄）」と呼んでいた。スラングの使用もそのことにかかわっている。プーチンが柔道を習ったのも、自分の身を守る方法を学ぶためだ。彼はこのような裏庭のサブカルチャーの中で育った。

一九九七年、経済的困難に失望し、かつての指標を失って途方に暮れ、社会の犯罪化におびえる人々に、第一次チェチェン紛争から帰還し、暴力で決着をつけるマフィアの裁き手となるロシア流の殺し屋の肖像を映画が提供する。アレクセイ・バラバノフ監督の「ロシアン・ブラザー」（ロシア語タイトルは「ブラット」）である。主人公の無道徳的な生き方をその魅力によって覆い隠したセルゲイ・ボドロフの名演技のおかげで、この映画はたちまち熱狂的な人気を博した。サウンドトラックには、有名なロックグループ「ノーチラス・ポンピリウス」の曲が使われている。後編の「ロシアン・ブラザー2」（「ブラット2」）もあるが、シナリオはあまり一貫性がない。今日まで、この二部作はつねに同じような成功をおさめてきた。とはいえある映画評論家は、時間をおいて見てみると、よく考えることができない主人公の幼稚さに驚かざるをえないと指摘している。彼の世界観は、われわれと第三者という区分だけにとどまっている。第三者は善人であっても死ぬべきであり、われわれは悪人であっても救われるべきだという。この他者への拒絶は、外国人嫌いを生み出した。

プーチンはきまって若者の受けをねらう。有名なロックバンドのショーやラップコンテストに即興で参加したりもする。外国の首脳との会談に四時間遅れたこともあるが、それはその前に、「外科医」と呼ばれる有名なバイク乗りに会っていたからだ。二〇一八年にラッパーたちが麻薬密売で逮捕されたとき、プーチンは彼らの釈放を求めた。たしかに、このような活動と戦わなければならないが、逮捕する以外のやり方があるはずだ。「彼らはほんの少しマートをまじえて歌った？　いいじゃないか、彼らには歌ってもらおう」。それは恵まれない階層であり、プーチンは自分の「有権者」に気を配るのである。

すでに述べたように、外務大臣セルゲイ・ラブロフは、見たところ教育がありそうだが、悪党や犯罪者の概念に従って国際関係を解決しようとしている。そしてそれにとどまらなかった。二〇二二年三月三日、彼はさまざまな国際メディアによる記者会見の際に、核攻撃の脅威について、フランスも核兵器を所有していると反論したフランスの外務大臣ジャン＝イヴ・ル・ドリアンに対して腹を立てた。そしてこのように述べた。「雄鶏はいわばフランス国家のシンボルだ。そしてフランス人はしばしば雄鶏のようにふるまう」。今では悪党のスラングをもちいるようになったラヴロフは、どの領域で話しているのか。標準ロシア語で「雄鶏のようにふるまう」のは「尊大ぶる」ことを意味する。ただ、収容所のスラングで「雄鶏」は受け手の同性愛者を意味し、「男色家」とも訳される。だからこれはフランス人が「ホモ行為をする」と非難しているのかもしれない。ソ連やロシアの収容所生活では、「雄鶏」や「男色家」とみなされた囚人は、すぐに奴隷扱いを受け、暴行され、あらゆる嫌がらせを受ける。

マクロンの前でのプーチンの強烈な毒舌は、水門を開いた形になった。ロシアの外交官たちはもはやプロパガンダの虚報の流布を抑制する必要がなくなっただけでなく、言葉の予防策をとる必要もなくなったのである。一九六〇年代にヴォルコンスキー家の公女が、将来のソ連外交官たちに礼儀作法を教えていた時代は過去のものとなったのだ。そして二〇二二年二月一三日、スウェーデンがNATOに加盟する可能性に対して、駐スウェーデン・ロシア大使は、次のように宣告した。「言葉が悪くて申し訳ありません。制裁？　そんなものはくそくらえだ」

このような無礼な言動は外国のオブザーバーをあぜんとさせた。ジュネーヴで国連ロシア代表の顧問をつとめる、あるロシア外交官は、ウクライナでの戦争をあえて非難し、二〇年間で外務省での嘘とふまじめさのレベルは高まる一方であったが、状況はここ数年で最悪になったと指摘した。外務省はもはや客観的な分析を提示することができず、一九三〇年代のソ連の新聞に書かれていたようなプロパガンダの決まり文句だけを提示している。外務省はみずからを欺くシステムをつくったのである。そして外務大臣は、この状況悪化の典型である。彼は教養のある知識人、同僚から尊敬される専門家として知られていたが、今では相矛盾する声明や核戦争の脅威をまき散らしている。

クリミア併合の一年後、ロシア人ジャーナリスト、ユーリ・マルチェンコは、「裏庭外交」を告発した。オックスフォード大学やソルボンヌ大学で教育を受けたヨーロッパの外交官は、表門の薄暗がりの中で、与太者がナイフでおどし、財布を奪い取る可能性があることを知らない、と彼は言う。あるいはクリミアを奪い取ろうとする。文明世界ですることではないと説明してもむだである。彼は理解しないだろう。ロシア外交の目的は合意に達することではなく、弱者をこわがらせ、そうでない者は言葉の力で目をくらませることだ。ロシア外交の原則のひとつは、誤りをけっして認めないことである。どんな妥協も弱さのしるしである。相手側の論拠にくみすることも同様である。もし引き下がれば、それは男ではない。仲間たちにばかにされることになる。どんな結果になろうとも、最後まで頑強でなければならないのだ。

首相と大統領を順番につとめて「リベラル」との評判を築き上げたあと、今は安全保障会議副議長であるドミトリー・メドヴェージェフは、プーチンとは異なる子ども時代を過ごした。教養のある両親のもとで生まれ、放課後にうろつくことはなく、熱心に授業の復習をするのを好んだ。ところが、彼もウクライナに対する扇動的な発言を繰り返して、こんな釈明をしなければならなかった。「わたしは彼らを憎んでいる。彼らは私生児で堕落している。われわれの死とロシアの死を望んでいる。わたしが生きているかぎり、彼らが消滅するようにあらゆることをするだろう」。プーチンの大統領一期目が終わる前、ジョージア（グルジア）への攻撃前、ウクライナの領土を併合する前、そしてロシア議会がマートを禁止する法案を提出する前の二〇〇四年から、エロフィーエフは、マートがロシア帝国主義と同じ意味をもつ軍事侵攻の一形態になりえると書いていた。この三文字の言葉は、ライヒスタークの赤旗【ソヴィエト赤軍兵がドイツ国会議事堂（ライヒスターク）の頂上に掲げたソ連国旗】のようなものであり、「われわれはここにいる、われわれは打ち勝った！」ということを意味している。

第２部　不安定化と侵略の政策

第7章　プーチン支配下のチェチェン[1]

マイルベク・ヴァチャガエフ

一八五九年にロシア帝国がチェチェンを完全に制圧したとき、チェチェン人は宗教も、言語も、伝統も、まったく共通するものがない国家の支配下に置かれることになった。そのためチェチェン人は新政権のあらゆる活動に反対した。それはしばしば反乱となってあらわれ、新政権の地方機関や法律はつねに拒絶された。そうしたものは無視され、アダト[2]と呼ばれる山地の慣習法と、イスラーム教の法であるシャリーアだけが実践された。こうしてチェチェン社会は、並行する独自の世界[3]の中で暮らしつづけた。そのため、ロシア当局の激しい抑圧を招くことになったのである。反乱は鎮圧され、住民はシベリアの強制収容所に送られ、一九四四年二月にはカザフスタンとキルギスに強制移送された。一九五六年以降に生存者が帰還したが、クレムリンの支配下に置かれたチェチェン自治共和国では、チェチェン人が自治共和国の指導的地位に就くことが制限され、都市部の学校でチェチェン語を教えることが禁止され、公共の場や公的機関やローカルテレビなどでチェチェン語を使用することも禁止されていた。

こうした状況から、チェチェン共和国の独立あるいはすくなくとも実質的自治に賛成しているチェチェン代表たちは、正式な地位の変更を要求した。彼らは、ロシア・ソヴィエト連邦内の名目上の自治権から、ソヴィエト社会主義共和国連邦内での完全な共和国に移行することを望んでいた。この変更は、ソ連の最初にして最後の大統領であるミハイル・ゴルバチョフによって導入された憲法改正のおかげで、法的に可能となった[4]。しかし、もはや連邦政府を認めなくなったグロズヌイ当局に対してロシア連邦当局が政策を強化したため、連鎖的な紛争が引き起こされた。チェチェン独立の支持者たちは、旧本国に公然と対抗するようになった。

一九九一年一二月にソ連が崩壊すると、チェチェン代表たちは完全な独立を宣言した。とはいえ、独立の基盤である通貨や、防衛システムにかかわらない共通の機能については、モスクワと話し合う用意はあった。彼らはタタールスタン共和国やバシコルトスタン共和国と同調することを拒否し、「最大」主権の保障とひきかえに、ソ連崩壊後のロシア連邦内にとどまることを受け入れた。しかしこのふたつの共和国にあたえられたすべての特権は、次の世紀にヴラジーミル・プーチンによって撤廃された。このような展開を予測して、チェチェン人はタタール人に警告していたが、むだに終わったのだ。

ロシア当局は、タタールスタンやバシコルトスタンからえたものをチェチェンからはえられなかったため、軍事的圧力をかけてきた。一九九一年一一月、ロシア軍をチェチェンに向かわせようとする最初の試みは失敗に終わる。チェチェン人は、特殊部隊がグロズヌイ近くに着陸させた航空機を包囲し、武器を放棄して撤退を余儀なくさせたのだ。[5]

その後ロシア当局は、チェチェン大統領に選出されたジョハル・ドゥダエフの政権を間接的に転覆させようとして、政治的、犯罪的反対派をあおり助長した。これはヴラジーミル・プーチンがウクライナのドンバス地方でおこなったことにやや似ている。しかしすぐに、反対派の拠点――ビスラン・ガンタミロフの拠点があるグエキ、ルスラン・ラバザノフの拠点があるアルグン、ルスラン・ハズブラートフの拠点があるトルストイ・ユート――は打ち破られた。一九九四年秋には、「暫定評議会」なるものだけが残っていたが、これはチェチェン北部に置かれたモスクワのトロイの木馬であり、そこから「間接的な」介入の最後の試みが開始されたのである。一一月二四日、モスクワから武器と資金を供与されたチェチェン軍――まもなくＦＳＢとなるＫＧＢの支配下にある雇い兵によっておもに支えられていた――の残りすべてが戦車でグロズヌイに侵攻した。しかし彼らは二四時間もたたないうちに敗北を喫し、ロシア軍の捕虜は、ロシア軍基地でこの任務のためにどのような準備をしていたかをカメラの前で語った。

ボリス・エリツィンと第一次チェチェン紛争

この戦争は、後世に名を残すロシアの国防大臣パーヴェル・フラチョフの自慢話から始まった。彼はテレビカメラの前で、「パラシュート連隊の支援があれば二時間以内に」チェチェン共和国に秩序をもたらすと約束したのである。その点にかんして、二〇二二年二月二四日の侵攻後、三日目か四日目にはキーウを行進するとロシア軍が予測していたウクライナ侵攻との類似性が見られないだろうか。もうひとつの類似点は、「戦争」をするのではなく、「ロシア連邦の安全と領土保全、ならびに市民の権利と自由、違法な武装集団の武装解除」を確保するのであり、すべては内務省の指揮下でおこなわれ、国防省は「支援」のみおこなうとされたことである。しかし、一九九四年一二月一日、チェチェン国境に部隊を集結させる命令をくだしたのは、まさに国防省だった。

一二月一一日、ロシア軍は三方からチェチェンに侵攻した。一二月二六日、ロシア連邦安全保障会議は、人口四〇万五〇〇〇人の都市である首都グロズヌイを占拠することを決定し、空爆と砲撃で各地区を次々に破壊していった。ロシア当局の証言によると首都の「七〇パーセント」が破壊されたという。一九九五年に世界の報道機関が公開した都市の写真を見ると、二〇二二年四月と五月に伝えられたウクライナの港湾都市マリウポリの写真と混同しそうだ。この二五年間で、ロシア軍の戦略は何も変わっていないように思われる。ロシア軍の戦略は、全住民の共同責任の原則に従って、恐怖を課すことにある。つまり、戦闘員が降伏しないなら、住民が報いを受けるということだ。それにしても、ロシア軍がグロズヌイ中心部にある大統領官邸に残っていたものを奪取するには、一二時間ではなく、四〇日間を要した。それも多大な損失を出してのことだった。とくに大統領官邸への最初の攻撃が失敗した大晦日の夜には、数十台の戦車が破壊され、数千人のロシア兵が殺害され、数百人の兵士が捕虜になった。[6] 空爆は激しくなっていたが、大統領官邸のなかにいたロシア下院議員で有名な人権擁護者のセルゲイ・コヴァリョフは脱出に成功し、一九九五年一月六日にモスクワでボリス・エリツィン大統領と面会した。彼は、殺戮をやめさせるよう懇願した。その答えは、「まだそのときではない」というものだった。ひと月後、コヴァリョフは死傷者数を二万五〇〇〇人と見積もった。彼の同僚議員であるセルゲイ・ユシェンコフ[7]は、グロズヌイだけで、民間人が三万人死亡したと述べた。

当時、世界最強と見られていたロシア軍に抵抗する戦いを先導していたのは、チェチェン中央当局ではなく、村や町のさまざまな当局者たちによって大急ぎで組織された小規模なパルチザングループだった。チェチェンの参謀長アスラン・マスハドフ[8]は、航空機も、戦車も、重装備ももっていない――いずれも敵のロシア軍は無制限に使用していた――「正規」軍とパルチザングループとの連携に数週間を要した。チェチェン軍には軽火器や弾薬さえも不足していたので、買収されたロシア軍人から購入していた。一九九五年四月七日および八日、ロシア内務省軍は、サマーシキ村で恐ろしいザチストカ（掃討）をおこない、虐殺、略奪、家々への放火の罪を犯した。赤十字国際委員会は当時、こうした虐殺行為で殺害された村人の数を二五〇人と推定していたが、二〇二二年に、ウクライナのブチャやイルピンやその他の町や村で同様のことがくりかえされることになった。こうした暴行が始まったのはまさしくチェチェンだったのだが、そのとき欧米は目をつぶることを選び、ロシアを批判しようとしなかった。この「第一次」紛争のロシア兵は、士気が低く、食事も不十分で、多くは腐敗した将校たちによって指揮され、捕虜への拷問を組織的におこなって、死亡しているかまだ生きているかにかかわらず、金銭とひきかえに家族に引き取らせていた。チェチェン人は、自分たちが使うことのできる手段で反撃した。ロシア領土内での大規模な人質の獲得、占領軍の高官の暗殺だけでなく、大胆な軍事的反攻をおこなった。たとえばマスハドフがグロズヌイで組織した一九九六年三月および八月の反攻では、当時のチェチェン軍の全兵力である八七七人の戦闘員が、強い方に加勢しようとする多くの志願兵の支援をえて、それぞれ翌日に首都奪還に成功した。

一九九六年八月三一日の夜、「ハサヴユルト協定」が結ばれ、ロシア全軍の撤退と、ロシアとチェチェンの関係の見直しを五年間延期することで、戦争が終結した。この協定により、女性、子ども、高齢者をふくめたチェチェンの全人口よりも数が多かったロシア軍の、屈辱的敗北が確定的となった。

ウクライナにかんして、ロシアのプロパガンダでくりかえされているのは、二〇一四年からドンバスの親ロシア派住民へのいわゆる「ジェノサイド」の告発だが、チェチェンの場合、クレムリンが好んで主張したのは、一九九一年から一九九九年まで独立に近い状態にあったチェチェン人[9]が、「自分たちの国家を安定化することができなかった」ということだ。ロシアによってもたらされた戦争、破壊、何万人もの死者——二〇万人という説もある——何千人もの「失踪者」、戦争中およびその後の経済封鎖については言及しなかった。それらはすべて、ノルマンディーよりも小さな領土と数百人の住民に対しておこなわれたことだ。ところで、一九九七年の大統領選挙でのアスラン・マスハドフの勝利は、欧州安全保障協力機構（ＯＳＣＥ）によって正式に認定されたが、これはバルト三国以外のソヴィエト連邦構成共和国だった地域ではきわめてまれなケースである。サウジアラビアからもたらされたイスラーム教ワッハーブ派を信奉していることから敵対者が「ワッハーブ派」と呼ぶ、過激な勢力を周辺に追いやることになったので、マスハドフの勝利は良い兆候だった。

そして、それまで想像もできなかったようなことが起こった。五月一二日、ロシア大統領ボリス・

エリツィンと、チェチェン大統領アスラン・マスハドフが、クレムリンで和平条約に署名したのである。これは「何世紀も続いた」紛争の終結と、今後は「国際法に従った」関係を築く意志を確認するものであり、チェチェンの独立を婉曲的な言葉で承認していた。とはいえ紛争後もチェチェン国内の緊張は続いていた。マスハドフは、緊張緩和を期待して、支持者たちの意見を聞かずに、「過激」派幹部を政権の重要な役職につけた。期待したような効果はなく、一九九八年夏には、チェチェン第二の都市グデルメスで血なまぐさい衝突が起こった。ロシアと戦うためにチェチェンにやってきた外国人志願兵[10]は、その領土を利用して、ロシア連邦の加盟国である北カフカスの隣国を不安定化させた。モスクワとグロズヌイの関係は悪化し、一九九九年八月にはチェチェン人や外国人の武装イスラーム過激派が隣国のダゲスタン共和国に侵入し、チェチェンに対する新たな戦争を引き起こさせた。ロシアはダゲスタンの秩序を回復することで満足することもできたが、この侵入は好都合な口実となった。実際、ロシア政府の首相となったヴラジーミル・プーチンは、ロシア領の一部とみなしている地域を自分の支配から逃れた状態にしておくことを望まず、また反抗的な共和国がほかの国の手本となって、ベルリンの壁崩壊時の中・東欧諸国のように、ドミノ効果を引き起こすことを懸念していた[11]。

ヴラジーミル・プーチンと「第二次」チェチェン紛争

プーチンにとってチェチェン紛争は、「寛容すぎる」大統領ボリス・エリツィンに代わって、強い政治家らしくふるまうための手段となった。これを契機に、彼が旧ＫＧＢの政治学校で教育を受けた残忍で冷酷な人間であることが明らかになった。ソ連崩壊後のロシアの第二代大統領は、タタールスタンとバシコルトスタンの分離主義者になされた譲歩の道には従わないことを示す必要があった。そして第一に、チェチェンにロシアへの帰属を認めさせなければならなかった。プーチンは、首相に任命される前に紛争がふたたび起こると確信していたので、一九九八年秋から準備をしていた。前任者たち――チェルノムイルジン、ステパーシン、キリエンコ――が失敗した場所で、自分は成功をおさめられるということを示したかったのだ。そこで彼は、状況を完全に逆転させるために必要なあらゆる戦力を動員するつもりだった。もはや人権、グラスノスチ、反戦活動家の出る幕はなかった。

「第二次」紛争は一九九九年秋に始まり、チェチェンでは、武装反体制派内でも、社会全体においても、新たな混乱が生じた。第一次紛争のときに見られた熱意は消え失せ、新たな紛争が勃発したことの責任をめぐって社会が分裂していた。ある者はサラフィー主義者が新たな悲劇を引き起こしたと言ったが、それも一理あることだった。初めのうちは、マスハドフの軍隊とイスラーム主義者の軍隊が、それぞれの立場で、ロシアの侵略者との戦いを主導していた。だからといって、のちに一部の研究者が述べたように、チェチェンで「内戦」があったと言うことはできない。実際、ロシアは雪辱戦12であるこの第二次紛争を、を、外国に対する「高い強度」の軍事作戦として準備し、一〇万人以上を動員していた。彼らに対峙したのは軍隊ではなく、パルチザンの小さなグループであり、その総数はその時々で変化した。二〇〇〇年初頭には約四〇〇〇人の最大数に達したが、同年にふたつの村でチェチェン人がこうむった大きな損失と、それに続く志願兵の離脱のあとには、数百人に減少した。

それに対して、チェチェン国内にいるロシア軍は八万人であり、近隣地域の基地からの援軍もあった。

このような状況でヴラジーミル・プーチンはなぜ、第一次紛争でモスクワと戦った者たちをふくむチェチェン人の中から、支持者を探す必要があったのだろうか。彼は首相、そして大統領になる前に率いていたFSBと同様に、それが地域的な「呪い」から逃れる唯一の方法であることをよく理解していたからだ。ロシア帝国による征服がおこなわれていた一八四〇年にすでに、モスクワの新聞モスコフスキー・ヴェドモスチにその状況が記述されている。「チェチェンでは、われわれは軍隊が駐留している場所しか支配していない。軍隊が移動すれば、その場所はすぐに敵の手にもどる」。プーチンは、地域の大物たちの何人かに次々と接触していった。一九九九年夏、まずチェチェン・イングーシ共和国共産党書記長ドク・ザヴガエフが議長をつとめていた時代の最高評議会議員たちに会った。ソ連時代には、チェチェンの一方的な独立宣言まで、チェチェンとイングーシはひとつの自治共和国を構成していたのである。しかしすぐに、彼らの人気がゼロに近いことがわかった。次に彼はチェチェン出身の裕福なロシア人実業家、マリク・サイドゥラエフを招いたが、彼とは意見が合わなかった。元グロズヌイ市長で、急遽刑務所から釈放されたビスラン・ガンタミロフや、モスクワで病院長をつとめていたが、一度も住んだことのないグロズヌイの臨時政府の首長になったハッサン・ムサラトフも意向を打診され、対象からはずされた。最終的に選ばれたのは、チェチェン・イチケリア共和国のムフティー[13]【イスラーム教の宗教指導者】、アフマド・カディロフだった。チェチェンでは、少数派のサラフィー主義イスラーム教徒に対して、イスラーム教の神秘主義的な一派であるスーフィズムがつねに多数派であったので、スーフィズム信奉者のカディロフなら、モスクワに従うことを大多数に受け入れさせることができるという思惑がクレムリンにはあった。そしてカディロフは、一九九九年から彼の側近たちがヴラジーミル・プーチンの使者と秘密裏に接触していたこともあって、この役割をすんなりと受け入れたのである。

それを聞いた独立派指導者たちが驚かなかったのは、ロシア大統領の選択を過小評価していたからだ。チェチェンの「過激派」は、一九九六年に起こったように、最終的にロシアに対して勝利することを疑わなかった。しかし、状況は完全に異なっていた。くりかえされる虐殺によってずたずたに引き裂かれた社会で、何万人ものロシア兵の支援を受けた親ロシア派のチェチェン人ムフティーの言葉は、とくに一九九九年に主張を後退させることを選び、中立的な態度をとっていた一部のスーフィー教指導者たちにとって、たしかに重みのあるものだった。一部の過激派のスローガンである「最後のチェチェン人になるまでの戦い」は、モスクワと意志が通じあい新たな戦争を避けることができる人々に頼りたいと考える社会にはもうなじまなくなっていた。多くの人が、戦争を避けられるような解決策を期待していたのである。

ヴラジーミル・プーチン政権は、アフマド・カディロフの権威を支えるために天文学的な金額を惜しみなくつぎこみはじめたのだからなおさらである。わずかに残った独立派戦闘員の一部——ほとんどはすでに死亡、あるいは刑務所か国外にいた——は、モスクワの新たな代理人によって徴募された。彼らはカディロフツィとなった。ロシア軍の存在がなくても、独立派の武装レジスタンスに単独で抵抗できるチェチェンの軍隊として彼らを示すことが重要だった。とくに初期においては、純然たるプロパガンダだったのは言うまでもない。ロシア軍が主要な説得手段——ザチストカ（掃討）、村々への爆撃、多くの若者の逮捕、裁判も捜査もないままの何千人もの人々の失踪などによる――であることに変わりはなかったからだ。チェチェン人の意識に大きな変化をもたらしたのは、戦闘員のだれかれの「粛清」が吹聴されたことよりも、むしろこうしたことすべてだった。

しかし、クレムリンはイスラーム教スーフィーの傑出した代表者を引きつけることはできたが、それだけでは他の教団の指導者の忠誠をえるには十分ではなかった。それが明白になったのは、二〇〇三年にグロズヌイでおこなわれた大統領「選挙」でのことだ。モスクワが驚いたことに、クレムリンの候補者アフマド・カディロフに対して、他のスーフィー教団が支援する何人かの候補者が立候補したのだ。あわてたプーチンの代理人は、純粋に犯罪的手段に訴え、立候補を取り下げて今後の政治活動を断念するようこれらの候補者に強要した。したがってこの選挙は、その後のすべての選挙と同様に、たんなる茶番劇であった。

クレムリンは、チェチェン政策での対応に長い時間をかけることになった。二〇〇四年五月九日、グロズヌイのスタジアムでアフマド・カディロフが暗殺されると、ヴラジーミル・プーチンはその翌日に彼の息子ラムザン・カディロフをモスクワに召喚した。二人が机をはさんで向かいあっているところがテレビで映し出された。息子のラムザン・カディロフはジョギングウエアを身につけたままで、打ちのめされたようすだったが、クレムリンの当主によって騎士に任命された。とはいえ、父カディロフのあとを継ぐのに適任とされたのは、別の人物であった。残忍で教養がなく復讐心に燃えたカディロフの息子に対して、アル・アルハノフは精彩のない男であった。この「ミス」は、二〇〇七年、グロズヌイでラムザン・カディロフを権力の座につけた新たな見せかけの選挙で修正された。この権力は、今日まで彼が無慈悲な暴君のようなやり方で保持しているが、その運命はヴラジーミル・プーチンの運命と本質的に結びついている。

マスハドフ大統領の暗殺後

チェチェン分離独立派が建国宣言したチェチェン・イチケリア共和国の正当な大統領であるアスラン・マスハドフは、プーチンの命令により二〇〇五年三月八日に暗殺された。それ以来、チェチェン武装レジスタンスと交渉する理論的な可能性は消滅した。力関係がどうあれ、レジスタンスを粛清することはもはや問題にならなかった。それでもモスクワは、「対テロリスト作戦―KTO」――二〇二二年のウクライナでもそうだったように、ロシアが戦争と認めることを拒否したこの紛争の、唯一の正式名称――の終了発表を、二〇〇九年四月まで待った。しかし一部のレジスタンスは、最後の元独立派司令官アスラン・ビュトゥカエフが殺害された二〇二一年一月まで、地下闘争を続けた。

その間に、ドク・ウマロフがトップの座についたレジスタンス内で、根本的な変化が生じていた。ウマロフの目的はもはやチェチェン独立ではなく、「カフカス首長国」と同じ旗印のイスラーム共和国を建設することだった。北カフカスの諸共和国のさまざまな武装グループ（ジャマート）が、その旗印のもとですでに戦っていた。この「首長国」は、新たな時代が始まる二〇一四年までしか存在しなかった。北カフカスのさまざまな地域出身の司令官たちはそれ以後、過激派組織「イスラム国」（ISIL）の旗印のもとに移ったのだ。こうして、中東を基盤とし、シリアやイラクでは短期間しか存続しなかったこのテロ組織の「支部」がロシア連邦内にきずかれた。「イスラム国」が崩壊して中東での支配地域が失われると、北カフカスでの武装レジスタンス活動も終結した。そしてチェチェンのチェチェン人によるいくつかの個別活動――たとえば警察官襲撃――は、ほとんど全体的状況に変化をもたらさず、ロシアの諜報機関によってすでに物理的に破壊されていたレジスタンス活動を維持することも不可能だった。こうした散発的な活動はヴラジーミル・プーチンに対する親ロシア当局のイメージを傷つけるものだったので、ラムザン・カディロフは殺害された戦闘員の家族を厳しく処罰し、近親者を逮捕し、家々を焼き、彼らをチェチェンから追放した。[14]

ヨーロッパでのチェチェン人ディアスポラの発展

このディアスポラは、二〇二二年には、フランスで亡命者約七万人、ドイツで五万人以上、オーストリアで三万人以上、ベルギーで二万人以上、ノルウェーで一万五〇〇〇人以上、ポーランドやその他のヨーロッパ諸国で一万人にのぼった。正確な数字はだれにもわからないが、ヨーロッパで暮らしているチェチェン人の総数は二〇万人を越えるかもしれない。トルコ、中東、アメリカ、カナダへの亡命者を考慮に入れると、チェチェン人の五人にひとりが民族的故郷の外で暮らしていると推測される。次代をになう世代のために、チェチェンの言語や伝統を維持していけるように、数多くの協会、財団、センターが設立された。たとえば、アスラン・ムルタザリエフが議長をつとめる欧州チェチェン人会議、アフメド・ザカエフがロンドンで代表をつとめるチェチェン・イチケリア共和国――独立派によるチェチェン国家の名称――の亡命政権などがある。かつての国会議員やその他の活動家も活動を続けている。カディロフに批判的な一部のブロガーにも、多くの支持者がいる。ヨーロッパ、カナダ、アメリカにいるディアスポラたちは、亡命者と国内にいるチェチェン人とを結びつけることができる政治的プラットフォームを積極的に模索している。討論会や会議が開かれ、宣言が発表され、団結の呼びかけがなされているが、今のところ分裂している状況はチェチェン国内と同様である。難民の新世代のメンバーが最も精力的に活動しているのはたしかだ。複数の言語を話し、西側社会の進歩的規範を身につけ、チェチェンのコミュニティの将来への道を新たに探求していくことのできる若者たちが、国境を越えて団結することを目的とする協会が、彼らによって設立されている。

チェチェン人とウクライナ

チェチェン人が、その歴史的祖国の外部での紛争に参加するという問題は、シリア戦争のときにすでに生じていたが、ヴラジーミル・プーチンがウクライナに対してはじめた戦争でもふたたび引き起こされた。シリアでは、数千人のチェチェン人兵士が、バッシャール・アル＝アサド政権に対抗して動員され、ラムザン・カディロフの二大隊はアサド政権を支援した。ウクライナでは、チェチェン人兵士は四つの「大隊」[15]で組織されているが、兵員数ははるかに少ない。ムスリム・チェベルロエフスキーが指揮するシェイク・マンスール大隊、アダム・オスマイエフが指揮するジョハル・ドゥダエフ大隊、ウクライナ部隊に入隊したヨーロッパからのチェチェン人志願兵の大隊、そしてウクライナ領

郵便はがき

料金受取人払郵便

新宿局承認

779

差出有効期限
2024年9月
30日まで

切手をはら
ずにお出し
下さい

160-8791

343

（受取人）
東京都新宿区
新宿一－二五－一三

原書房

読者係 行

1608791343 7

図書注文書（当社刊行物のご注文にご利用下さい）

書名	本体価格	申込数
		部
		部
		部

お名前　注文日　年　月　日

ご連絡先電話番号　□自宅　（　）
（必ずご記入ください）　□勤務先　（　）

ご指定書店（地区　）（お買つけの書店名をご記入下さい）　帳合

書店名　書店（　店）

7371

ヴラジーミル・プーチン 上
——KGBが生んだ怪物の黒い履歴書

愛読者カード ガリア・アッケルマン／ステファヌ・クルトワ 編

＊より良い出版の参考のために、以下のアンケートにご協力をお願いします。＊但し、今後あなたの個人情報（住所・氏名・電話・メールなど）を使って、原書房のご案内などを送って欲しくないという方は、右の□に×印を付けてください。 □

お名前《フリガナ》 男・女（ 歳）

ご住所 〒 -

市 町
郡 村

TEL （ ）
e-mail @

ご職業 1会社員 2自営業 3公務員 4教育関係
5学生 6主婦 7その他（ ）

お買い求めのポイント

1テーマに興味があった 2内容がおもしろそうだった
3タイトル 4表紙デザイン 5著者 6帯の文句
7広告を見て（新聞名・雑誌名 ）
8書評を読んで（新聞名・雑誌名 ）
9その他（ ）

お好きな本のジャンル

1ミステリー・エンターテインメント
2その他の小説・エッセイ 3ノンフィクション
4人文・歴史 その他（5天声人語 6軍事 7 ）

ご購読新聞雑誌

本書への感想、また読んでみたい作家、テーマなどございましたらお聞かせください。

土防衛部隊外国人軍団に編入され、ハジ＝ムラト・ズムソ大佐が指揮するチェチェン・イチケリア共和国軍の独立特殊任務大隊（OBON）である。「大隊」という用語は、正規の軍隊でもちいられる意味とは一致しない。その存在はラムザン・カディロフを激怒させ、ふたりの指揮官の首に懸賞金をかけて、ウクライナの「アゾフ」大隊の指揮官と同列においている。また、彼らの居場所を特定できるような情報にも報償をあたえると約束した。

ヨーロッパやトルコにいるチェチェン人ディアスポラの大半は、ウクライナでロシアと戦っているチェチェン人への支持を表明している。物資や医薬品を送り、支持を表明する代表団を派遣している。チェチェンの政治活動家はウクライナやウクライナを支持する国々に集結し、チェチェンの歴史に新たなページを開いた。イチケリアの独立を宣言し、一九四四年二月の全チェチェン人の強制移送がジェノサイドであったことを認識し、ウクライナ議会内に北カフカスの人々の闘争を支援するグループを結成することが、今こそ必要であると表明したのだ。

一方ラムザン・カディロフは、複数のカディロフツィのグループを組織して、ウクライナで活動させている。チェチェンの「ロシア国家親衛隊（ロスグヴァルディヤ）」の司令部は、グロズヌイに拠点を置き、マゴメド・トゥシャエフが指揮する「セーヴェル（北）」大隊——実際にはロシア内務省の第一四一特殊自動車化連隊——、および、ヴェジェノに拠点を置き、フセイン・メジドフが指揮する「ユーク（南）」大隊——北カフカス第四六独立作戦任務旅団の第二四九独立特殊自動車化大隊——を派遣している。チェチェンで入隊した新兵は、グロズヌイ近郊のハンカラに拠点を置く第一八独立親衛自動車化狙撃旅団の一員となる。第二七七七七部隊は、この第一八旅団の分隊だが、チェチェン北部のナウルスキーに拠点を置いている。第四二親衛自動車化師団の第七〇戦車連隊（第六五三八四部隊と第四四八四二部隊）はシャリに拠点がある。「山岳部隊」と呼ばれるこの第四二師団の第二連隊（第一六五四四部隊と第四四八四二部隊）は、シャトイスキー地区の高山にある村ボルゾイに拠点を置く。いわゆる「志願兵」大隊は、多くの場合チェチェン国内ではなく、ロシア全土で採用されていることを最後に指摘しておきたい[16]。

つまりカディロフは、ロシア連邦の八五「連邦構成主体」のうちで軍隊を保有している唯一の首長である。戦争で「最も熱心に戦うのはチェチェンの兵士たちだ」と彼は主張したが、彼らが最前線にいたことがあったかさえ疑わしい。そもそも、ロスグヴァルディヤのメンバーは、原則として戦闘に参加することを認められていない。一方、カディロフツィの部隊は、民間人に対する多くの犯罪がおこなわれた場で告発されているが、二〇二二年八月まではいずれも彼らによるものとされていなかった。彼らは、撤退するほかのロシア軍が同じ村々を通過する前に、キーウ北部から最初に退却した。彼らはその後マリウポリ、そしてルハーンシク州に派遣された。カディロフは、ウクライナで戦う用意のある一万二〇〇〇人の兵士と、そこで得たと称する大勝利を誇っていた。おそらく名誉を挽回しようとしていたのだろう。というのも彼は、二〇二二年二月三日の夜から四日にかけてクレムリンに呼び出され、プーチンから叱責されたからだ。おそらく、グロズヌイのテレビで敵対者を物理的に粛清するよう呼びかけたためだろう。奇妙なことに、その直後、チェチェンのテレビで、最終的にチェチェン当局は外国にいる敵対者についてもう話すことはなく、ただ無視するだけであると発表されたのだ。いずれにせよ、ウクライナ戦争はカディロフにとって、クレムリンの当主に対する絶対的な忠誠を示す手段となった。そして彼の側近たちにとっては出世の手段ともなっている。ウクライナに派遣されたカディロフの側近たちにとって最も値打ちのあるメダルをカディロフが授与しているからだ。

最後に、チェチェンの専制君主はロシアのテレビで、この「特別作戦」では、兄弟民族であるウクライナ人と戦っているロシア民族の姿ではなく、参加しているロシア連邦のその他のすべての民族の姿を見るべきだと述べた。しかし公開されている資料にもとづいて計算すると、ロシア民族ではない少数民族の死者の割合は総損失の一パーセントを超えていないことが明らかになった。とはいえロシアのメディアは、ウクライナにおいてロシア人の役割よりも、チェチェン人が参加していることを強調している。言いかえれば、チェチェン人、ブリヤート人、タタール人、カルムイク人、オセット人、ダゲスタン人、その他の少数民族が戦っているのは、ウクライナ人の憎しみを引き受けるためであり、将来ロシアとウクライナが新たな友好関係を結ぶ可能性を残しておくためである。ヴラジーミル・プーチンの戦争は、西側諸国が見ないようにしていた問題、すなわち北カフカスの民族問題や、この地域でのロシアの政策の問題をふたたび議論の対象にしたのである。

第8章　プーチンとジョージア――主権の否認

トルニケ・ゴルダゼ

二〇〇八年にロシアがジョージア（グルジア）に侵攻したあとで、どうしてまたウクライナでの戦争が起こったのかと疑問に思うのは当然だ。西側の大国がジョージア戦争の教訓を考慮に入れず、問題として取り上げるのを避けてきたことが、プーチンを大胆にさせ、修正主義的政策を強化させたのは明白であるように思われる。民主主義世界が消極的で宥和的な姿勢をとり続けたことで、ロシア大統領は西側の弱さや衰退を強く確信した。そして実際に彼は、国際法を完全に無視して他地域の征服に乗り出すことになった。

チェチェン抵抗勢力を流血によって鎮圧し、メディア空間をすでに独占していたことで自分の意見に熱狂的な拍手喝采を受けたプーチンは、それ以後、ロシアの支配を受け入れることを最も頑強に拒否した旧ソ連諸国に専念することが可能になった。そしてジョージアは申し分のない最初の標的と思われた。ソ連時代末期にさかのぼる民族紛争によって小国となり、弱体化し——モスクワによって巧みに維持され、利用された——、何年も前から欧州連合やＮＡＴＯの戸口にあり、とくに二〇〇三年一一月のバラ革命（シェワルナゼ大統領を辞任させた）以後は、強固な親欧米派の政治エリートによって率いられた南カフカスにあるこの国は、地政学的にきわめてねらわれやすい位置にあった。

二〇〇八年八月の攻撃は、一九七九年のアフガニスタン侵攻以来、最初の独立国への軍事侵攻となった。ジョージア軍の敗北と、ロシアによるアブハジアと南オセチアの占領は、冷戦での屈辱的な敗北を喫したあとにロシアが「立ち上がった」ことを公式に確認する、偉大な勝利としてプーチンに祝福された。動き出した報復はそこで止まることはできない。最も洞察力のある人々は、リストに載っている次の犠牲者はウクライナになるだろうとすでに警告していた。そしてプーチンの帝国主義的な衝動が止められなければ、紛争はやがてポーランドやバルト三国に広がることになりかねない。

ジョージアでの戦争は、プーチンの政策の基本原理となりつつあるものを明らかにした。第一に、地政学的な目的だけでなく、ロシア国内での権力を強化するという目的を達成するために、通常の有効な手段として戦争に訴えるということだ。そして、国際法の完全な無視と敵意に満ちた修正主義を重ねあわせ、一部の地域（アブハジア、南オセチア、ドネツィクとルハーンシクの「人民共和国」）を軍事的に占領して「独立国家」として承認、あるいは他の国家に属する領土であるクリミアを占領して併合した。戦場での物理的行動である戦争の前後、あるいは戦争に付随して、情報分野（偽情報、代替仮想現実の創出）、経済分野（エネルギーを兵器として利用、たとえば飢餓のような欠乏の組織化）、政治分野（一部の政治エリートの汚職や外国での選挙の操作）などで、いわゆる「ハイブリッド」戦争が展開される。また、標的となった国々のきわめて重要なインフラに対するサイバー攻撃もおこなわれる。時間的に限定された従来の戦争とは異なり、「政治的戦争[1]」とも呼ばれるこのハイブリッド形式の戦争は永続的に展開されるもので、ロシアの政治的手法の大きな特徴をなしている。最後に、この体制は、敵意に満ちた反自由主義、反西欧主義を促進しているが、それはまったくの折衷主義を特徴とするグローバル指向のイデオロギーである。なぜなら、このイデオロギーは、保守主義、ファシズムだけでなく、共産主義、第三世界の反植民地主義も取り入れたさまざまな要素の組み合わせだからだ。この寄せ集めのイデオロギーは、それぞれ特定の国民に適合したバリエーションが展開される。ロシア国内、途上国、西側諸国で異なった形で示され、そこでは、「アンチ・エスタブリッシュメント」【既存の体制に異議を唱える立場のこと】と呼ばれるさまざまな政党や運動と一体化する。

この点で、南オセチア紛争（ロシア・グルジア戦争）にかんして、外交官、政治家、専門家の間に根づいた先入観を打ち消すことが必要不可欠である。西側の世論は、侵略者に対する譲歩の妥当性を示すために、交戦国の「共同責任」を相対化して論証するための論拠を模索しはじめた。たしかに、ロシアはジョージア（グルジア）を攻撃し、その領土の二〇パーセントを占領したが、ジョージア政府はすでにアブハジアと南オセチアの「親ロシア少数派」と紛争状態にあった。たしかに、ロシアは国際法に違反していたが、欧州連合やNATOへの加盟を強行しようとしたジョージアのリーダーシップは慎重さを欠いていた。このような中間色の判断の最たる例は、スイスの外交官ハイディ・タグリアヴィニを団長とする国際調査団による南オセチア紛争の原因に関する報告書だった[2]。二〇〇九年九月に発表されたこの八〇〇ページの文書は、南オセチアの首都とされるツヒンヴァリに対するジョージアの攻撃に「過度の反応」をしたことについて、ロシアに責任があると結論づけている。報告書によれば、この攻撃は、オセチア分離派民兵組織によるたびたびの挑発や発砲への過剰反応だった。主権国家に侵攻したロシアの明確な責任を立証することをためらい、ロシアの計画的な政策によってオセチアやアブハジアの分離派への軍事的、経済的、政治的支援がおこなわれ、何年も前から紛争が準備されていたことを正当に評価しなかったために、クレムリンに容易につけこまれるようなあいまいな結論が導かれたのである。

実際には、親欧米派のミヘイル・サアカシュヴィリが権力の座につき、ジョージアをNATOに加盟させようとするずっと前から、ロシアはジョージアを従属させたいという意志をもっていた。プーチンが大統領になる前からあったのだ。そして、今日ウクライナで目にする反体制派の州の独立宣言からサイバー攻撃にいたるまで、「ハイブリッド」あるいは強制的な行為のほとんどすべては、ジョージアですでに経験されていたことだった。

「いつもグルジアのことを思っている」—プーチンにとってジョージアが意味するもの

ジョージアは、「ロシア世界」というイデオロギーの中で、ウクライナと同じ位置を占めてはいない。ロシア、ウクライナ、ベラルーシという三つの存在で構成される第一の円には属していないが、そのすぐ次に位置している。ほとんどが正教徒であるこの国を、一九世紀前半にロシア帝国が徐々に併合した。この征服と、ロシアの帝国主義的、民族主義的な歴史編纂によって、グルジアの王国と公国の廃止は、グルジアの「自発的併合」であり、オスマン帝国やペルシア帝国の支配からのグルジア「解放」とされている。帝国の最も高い地位にあったグルジア人たち―ボロジノの戦いの英雄ピョートル・バグラチオンから、スターリン、ベリヤまで―の重要な象徴的イメージは、ジョージアが植民地ではなく、逆にその立場を利用していたという確信を強めた。たとえば、二〇〇六年にソ連占領時代の博物館が開館したことを知ったとき、プーチンはひどくいらだった。「どの占領について話しているのか？　ソ連はつねにグルジア人によって統治されていたではないか！」と、即興をよそおったインタビューで彼は叫んだ。[3]スターリンがグルジア出身であることと、正教徒であることは、たしかにジョージアを「アメリカ人の手がとどかない」土地にしているふたつの柱である。

しかし、クレムリンの新たな当主のもとで完全に復権したスターリンの姿が、一部のジョージア国民を引きつけるためのソフトパワーとしてもちいられているとしても、正教会に比べれば効果がはるかに小さいことは明らかだ。ジョージア正教会は独立協会であり、ロシア正教会との間に階級的依存関係はない。そして、ウクライナ正教とは違って、統一され、中央集権化している。プーチンの支援を得てキリル一世がモスクワ総主教の地位につくと、ロシア正教会は、ジョージアで反西洋主義と反自由主義の盾となっていたジョージア正教会への支配を強化した。ジョージア正教会はまた、ロシアとの「正教会の同胞関係」の布教者でもあった。両国の政治的関係が悪化するにつれて、クレムリンの支援を受けた「精神的な側面」が誇張されたことは注目に値する。ジョージア正教会の一部の高位聖職者は、二〇〇八年のロシア侵攻を非難するのを拒むことさえしている――同年九月、総主教庁の公式機関誌はその社説で、ロシアから発射された爆弾は西側に近づこうとするジョージアの指導者たちのあやまちに対する天罰であるとまで書いていた。[4] 一方、プーチンは、ジョージア共和国大統領との会見をボイコットしたのとはまったく対照的に、ジョージア正教会の総主教イリア二世と会見した。総主教との接近は成果をもたらした。なぜなら総主教は、クレムリンの当主が「温かくて賢明な」人物であり、「ジョージアの状況が見なおされ、国がふたたび統合されるだろう」[5]と語ったからだ。また、ロシアとの戦争や外交関係の断絶にもかかわらず、ジョージア総主教庁はウクライナの独立正教会を認めておらず、モスクワ総主教庁に同調しており、コンスタンティノープル総主教庁とは立場を異にしている。

戦争の前の戦争――ジョージアに対するロシアの強制的外交

ロシアとジョージアの関係が、二〇〇三年のバラ革命とジョージア当局によるNATO加盟への意思表示[6]以降に悪化したとするのは間違いだ。実際は、独立した最初の数か月から悪化し、プーチンが権力を握ったときにはすでに最悪の状態であり、第二次チェチェン紛争にもいやおうなくかかわることになった。そうした状況下で、紛争にかんするジョージアの立場は、さらにいらだたしいものになった。というのも第一次チェチェン紛争でジョージアは、内戦後のパクス・ルシカ（ロシアによる平和）の影響をまともに受け、チェチェン南部を爆撃していたロシア軍機に領空を開放しなければならなかったからだ。逆に二〇〇〇年には、ジョージア大統領エドゥアルド・シェワルナゼがかなりの強気で国益に従って行動し、クレムリンに自国の領土や領空へのアクセスを認めなかった。さらに、ふたつの戦争の間にグルジア人とイチケリア人[7]は親しい関係を築き、とくに一九九二年から一九九三年にかけてのアブハジア紛争の際に、多くのチェチェン部隊が分離主義者側についたことで生じていた対立を解消することができた。ジョージアの拒否はモスクワの不興を買うことになり、口頭での攻撃だけでなく、すぐに領空侵犯や、複数の犠牲者を出した国境地域への爆撃など、非友好的な軍事行動もともなうことになった。

プーチンは、ジョージアがチェチェン人「テロリスト」の後方基地を受け入れ、チェチェンに合流しようとするイスラーム過激派の経由地になっていると非難した。ジョージア北東部に位置するパンキシ渓谷には、一世紀以上前からヴァイナフ諸語を話す人々——チェチェン人に近いキスティ人——が住んでいるため、あらゆる関心や非難の対象となった。第二次チェチェン紛争が勃発すると、パンキシ渓谷はたしかにチェチェン難民を受け入れていた。そのなかには負傷したり疲労困憊した戦闘員もいたかもしれないが、状況はロシアのプロパガンダによって描かれた「テロリストの巣窟」というイメージとはほど遠いものだった。ロシアはなによりも、ジョージアへの介入を正当化する口実を探していたのだ。

パンキシ渓谷をめぐるロシアの扇動は、最終的にクレムリンにとって不都合な結果をもたらした。二〇〇一年九月一一日のアメリカ同時多発テロによってもたらされた思いがけない効果から利益を得ることを期待して、プーチンはアメリカにならい、ロシア国境を越えてチェチェンの「テロリスト」を追跡しようとした。そしてジョージアは、予定される「特別軍事作戦」の対象となった。ロシアの公式プロパガンダは、ジョージアのヒマシ油製造所とアルカイダ訓練キャンプについて語って根回しをした。しかしこの扇動は、期待したものとは逆の効果をもたらした。ワシントンはロシアのジョージア介入にゴーサインをあたえず、しかもカフカスの同盟国と連帯して、六四〇〇万ドルにのぼるＧＴＥＰ（Georgia Train and Equip Program＝ジョージア訓練・装備プログラム）と呼ばれるプログラムを開始した。このプログラムは、対テロ部隊の訓練と装備のために、アメリカ軍の指導員を一五〇人から二〇〇人派遣するというものだった。クレムリンはみずからの扇動キャンペーンの罠にはまり、ＧＴＥＰの不意打ちを受けることになった。パンキシの状況についての懸念にアメリカが応じてくれた形なので、プーチンは公式に不快感を表明することができないだけでなく、最も望んでいなかったもの、つまりアメリカ軍の駐留を受け入れることになった。一時的かつ限定的なものではあるが、カフカスでは前代未聞のことだった。

ジョージアに罰をあたえるため、彼は二国間の自由な移動を規定する協定を一方的に離脱し、ロシア在留のジョージア人に対するビザ制度を導入した。ＣＩＳ諸国の中でこの差別的な移民制度の対象とされたのはジョージアだけだった。さらに苦杯をなめさせるため、ロシアは、アブハジアと南オセチアの分離派地域の住民を「人道的理由により」、この措置の対象外とすると発表した。そうすることによってロシアはジョージアの領土保全に問題を投げかけ、将来の国家分割に向けた一歩を踏み出した。同時にモスクワは、アブハジアと南オセチアの住民へのロシアのパスポート配布を加速させ、二〇〇〇年代初めには分離独立派の支配地域に住むオセット人の九〇パーセント、アブハズ人の七〇パーセントがすでにロシア市民権を取得していた。この強制的な行動は、ジョージアでの社会的緊張を高めることを目的としていた。プーチンとその側近たちは、ジョージアからロシアへの移住とその送金が国家のマクロ経済を安定させるおもな要因であるという、あきらかに誤った考えに立脚していたからだ。ロシアへの移民の流れの枯渇や悪化は、社会的不満を引き起こし、体制の衰弱につながるはずだ。しかしロシアに住むジョージア人の数と国家経済への影響力はクレムリンできわめて過大評価されていた。そしてロシアへの移住は、ヨーロッパへの移住と同じか、それ以上に複雑になったので、移住希望者はえてしてヨーロッパを選ぶようになった。さらに悪いことに、ロシアで暮らす多くのジョージア人が、より良い生活を求めてヨーロッパや北アメリカに向かった。アブハジアとオセチアを除くジョージアは、こうしてロシアやロシア語とは縁遠いものとなった。ロシアの大学に進学する学生の数はごくわずかな割合にまで減少した。

プーチンが不満をもち、いらだちをつのらせた理由は、ジョージアがしだいに西側の勢力圏へと引き寄せられていったことにある。一九九〇年代の終わりにこの国はすでに、アメリカからのひとり当たりの公的援助額が最も大きい国になっていた。さらに、駐留ロシア軍を徐々に排除していた。一九九八年には、ロシアの国境警備隊と沿岸警備隊が撤退し、ジョージア当局はアブハジアと南オセチアを除いて、陸上と海上の国境を完全に掌握することになった。一九九九年四月、ヨーロッパの通常兵器削減協定の一環として、イスタンブールでのＯＳＣＥ（欧州安全保障協力機構）首脳会議でジョージアは、国内にあるロシア軍基地を閉鎖する約束をとりつけた。バクー・トビリシ・ジェイハン原油パイプラインとバクー・トビリシ・エルズルム天然ガスパイプラインの建設工事が開始されると、ロシアはカスピ海からのエネルギー輸出にかかわる大きな原動力を失うことになり、さらなる不満の原因となった。

ソ連解体を二〇世紀最大の地政学的惨事と考えるプーチンの目には、シェワルナゼはゴルバチョフやヤコヴレフとならぶ帝国の墓掘り人のひとり、とくにドイツ統一で最も重要な役割を果たした裏切り者のひとりとして映っていた。[8]ロシア大統領プーチンの、ジョージア大統領シェワルナゼに対する態度と、たとえばアゼルバイジャン大統領ヘイダル・アリエフに対する態度に違いがあることに、多くの人が気づいていた。アリエフは、アゼルバイジャンＫＧＢの議長だったという経歴のためか、プーチンから敬意を払われていた。シェワルナゼが二〇〇三年一一月に大統領を穏健に辞任することを余儀なくされたとき、プーチンがきわめて厳しい軽蔑的な発言をしたのもきっとそうした理由だろう。一連のできごとについてプーチンはこのように述べていた。「共和国のリーダーシップの後退は、かつての指導者たちが外交、国内、経済政策で犯してきた一連の誤りによる直接の結果だ。（中略）シェワルナゼの外交政策は、グルジア（ジョージア）の歴史的、文化的関係や明白な地政学的現実を無視していた。（中略）経済的にグルジアは腐敗に陥り、外国からの屈辱的な援助の申し込みに頼らざるを得なくなった。近年では一〇〇万人以上のグルジア人が自国を離れ、ロシアなど他の場所で仕事を探している。ロシアで合法的あるいは非合法的に働くグルジア人は年間二〇億ドル以上を自国に送金しているが、これは西側のどの国の援助額よりも多い」[9]。革命後の高揚感のなかにあって、シェワルナゼの辞任から数日後に発せられたプーチンの言葉に、西側諸国はほとんど注意を払わなかった。しかしこの言葉は、ジョージアについてのプーチンの深い信念を端的に示している。

バラ革命以後のジョージア、排除すべき「異分子」

二〇〇四年春、新大統領ミヘイル・サアカシュヴィリは、あらゆる予想に反して、最初の二国間訪問の相手をロシアとした。プーチンは二時間だけ遅れて来たが、会見はまずまずといったところだった。ジョージアも、NGO団体からの抗議にもかかわらず、何人かのチェチェン戦闘員を追放するなど、ある程度の努力をはらった。その代わり、ジョージア当局はアブハジアについてのロシアの立場が軟化することを期待していたが、その期待はむなしかった。サアカシュヴィリは、最初の会談でプーチンから、ジョージアの諜報機関のトップは「ロシア側の人間」であり、彼をこの地位にとどめておかなければならないとあからさまに伝えられ、テストされたことを記憶していた[10]。近隣諸国の軍事組織の統制を維持することは、つねにソ連、そしてロシアの戦略の優先事項だった。そしてプーチンの台頭により、近隣諸国の諜報機関の統制が特別な意味を帯びて、まさに越えてはならないレッドラインとなったのである。ウクライナ、ベラルーシ、中央アジア諸国のいずれにおいても、モスクワは外務省の発表をほとんど重視しておらず、最も重要なのはシロヴィキと、必要な場合に決定的に行動することができる情報機関を統制することだった。

予測できたことではあったが、国内のソヴィエト体制の残存勢力との関係を絶ち、欧州連合やNATOへの接近を強行することを明確な目標とするジョージア指導者にとって、プーチンによる忠誠心のテストは肯定的な結果にはならなかった。必然的に、サアカシュヴィリは諜報機関の長官を更迭した。それから数週間後の二〇〇四年五月六日には、ジョージアで最も力のある親ロシア政治家で、ジョージア国内の自治共和国であるアジャリア自治共和国元首でもあるアスラン・アバシゼがモスクワに逃亡した。アバシゼとその家族を自家用機で脱出させるためにやってきたロシア連邦安全保障会議書記イーゴリ・イワノフは、「これはわれわれがあなたに贈る最後の贈り物だ」と述べた。

このように、二〇〇四年の夏にはすでに、ジョージアが、サアカシュヴィリの就任によりロシアの勢力圏を離れて、前任者のときとはまった異なる立場にあることをロシア政府は理解していた。汚職との闘い、ソ連の教育を受けた者たちから、ヨーロッパやアメリカで学んだ若者たちへの高官の交替、例の「規律ある泥棒」——ロシアと強いつながりをもつ犯罪エリート——の撲滅、シロヴィキ内部の粛清、モスクワで高く評価されている伝統的なジョージア知識層の一部の放逐、などが国内で進められており、ロシアの監視から国家を開放しようとする政治計画の真剣さを示していた。同じく西側と歩調を合わせていたシェワルナゼと比べても斬新だったのは、西側への接近が戦術的なものではなく、価値観をふくめ、このプロセスを強固な基盤の上に築こうとする決意だった。

ジョージアはまさに異分子として認識されるようになった。ロシアの外務大臣セルゲイ・ラブロフは、ミール放送チャンネルのインタビューでそう明言している。[11] 汚職の撲滅や、効率的な近代的行政と民主的政治体制の並行的構築をふくむジョージアの改革は、この地域の国々にとってはまさにセンセーションだった。クレムリンはこれをきわめて危険なものとみなした。プーチンがユーラシア地域で唯一可能であると主張する「権力の垂直性」——つまり西側世界と決別してモスクワに同調することを意味する「主権民主主義」という外交政策に類するものをともなう、反民主的権威主義の発展モデル——に直接異を唱えるものだったからだ。ジョージア政府はこの地域の自由と民主主義のあらゆる勢力が集まる中心地となり、ロシアの反政府勢力は方針を決めるうえでの模範とした[12]。プーチンにとっては、この実験の信用を失わせ、失敗させることが急務となった。

二〇〇四年八月、南オセチアのツヒンヴァリ地域でロシアの利権との最初の激しい衝突が生じた。それは、ロシアとの密輸入ルートを閉鎖するというジョージア政府の決定に付随して引き起こされたものだった。密輸入はロシアの支援を受けた南オセチア分離独立派の第一の収入源となっており、ロシアからジョージアに輸入される商品の七〇パーセントが南オセチア領を経由してあらゆる課税を免れていたため、国家予算にも支障をあたえていた。ロシアの「平和維持軍」に支援された南オセチア武装勢力と、ジョージアの警察および軍との衝突は二〇〇四年八月一〇日から一九日まで続いた。一九九〇年代初頭以来最大の衝突であり、約三〇人の犠牲者が出た。当事者たちによって結ばれた新たな停戦協定によって暫定的な平和がもたらされたが、地域の情勢は依然として流動的だった。

国境地域の不安定化だけが、ジョージア懲罰の唯一の手段ではなかった。二〇〇六年三月、ジョージアの農産物、とくにワインが、植物検疫規則に違反しているというもっともらしい口実で、ロシアの禁輸措置を受けた。それは農業部門にとっても、地域全体にとっても痛手となった。なぜなら、ソ連時代からロシア市場はジョージアの農業の第一の販路だったからである。二年間の苦しい時期と生産量の減少のあと、ジョージアは代替市場を見つけたが、それは品質の良さで勝ち取っていかなければならない市場だった。

二〇〇六年一月、ロシアがジョージアへの天然ガス供給を停止したため、冬をのりこえるためにアゼルバイジャンからの輸入を倍増させなければならなかった。次いで二〇〇六年秋には、ロシア当局によるジョージア人在留者に対する大規模な追放キャンペーンがおこなわれた。ロシアの諸都市でまさに一斉検挙が実施され、正規の書類をもっていた者をふくむ数千人のジョージア人が強制送還された。その輸送は、貨物機がもちいられるなど、きわめて劣悪な状況でおこなわれた。第二次世界大戦中のユダヤ人一斉検挙に匹敵するこの正真正銘の排斥は、プーチンの個人的復讐であり、ジョージアでロシアのスパイ四人が逮捕されてマスコミで騒がれ、ロシアに追放されたことへの反応だった。元KGBは依然として、ロシアのスパイにあたえられる損害を屈辱のきわみとみなしていた。虐待の多くの事例と何人もの死亡が人権保護団体によって指摘され、欧州人権裁判所は二〇一四年にロシアを非難し、ジョージア国民がこうむった損害への明確な補償の手段についてジョージアと交渉するため、一二か月の期間をあたえている。しかしながら、経済、移住、エネルギーでの脅迫によっても、クレムリンからの解放政策を続けるジョージアの決意をくつがえすことはできず、不幸にも戦争はますます避けがたいものとなった。

五日間戦争――長いプロセスの結果

紛争地帯に駐留していたロシア「平和維持軍」は、けっして中立ではなく、ジョージアに対してまさに神経戦を開始した。平和維持軍は二〇〇五年から、分離独立派の民兵との合同軍事演習をおこなうようになった。ロシアと分離独立派の結託は、ロシアの職業軍人とFSB幹部が南オセチアの「閣僚」に任命されたことで頂点に達した。南オセチア首相ユーリ・モロゾフは、ロシアの民間銀行を通じて南オセチアへのロシアの経済的・財政的援助を得る任務を帯びている。安全保障会議議長アナトリー・バランケヴィッチは、ロシア軍大佐で、ロシア連邦国防省職員である。国防大臣ヴァシーリー・ルネフは、元はロシア中部のペルミ州(オーブラスチ)【現在はペルミ地方(クライ)】軍事委員、シベリア駐留ロシア軍副司令官であった。内務大臣ミハイル・ミンザエフは、元北オセチア警察特殊部隊隊長。国家保安大臣ボリス・アトエフは、元カバルダ・バルカル共和国ロシアFSB副長官である。そして、ロシアにつながる道路や天然ガスパイプラインなどのインフラ整備によって、クレムリンはこの地域の併合をじわじわと進めていた。こうして二〇〇四年から二〇〇五年にかけて、ロシアの関与が明らかになり、厳密に地域的なファクターは副次的な位置に追いやられた。たとえば「南オセチア大統領」エドゥアルド・ココイトゥイは、公式にはロシア政府との「協議のため」、平均して月に二回はモスクワに出向いていた。

二〇〇四年には、当事者間で結んだあらゆる協定に違反して、ロシア軍がツヒンヴァリの約二〇キロメートル北に位置する小村ジャヴァに軍事基地を設置しはじめた。南オセチアの「軍人」は、バランケヴィッチの指示で行動し、ジョージア当局が管理する地域にある戦略的目標(ダム、高圧線)に対して何度か破壊活動をおこなった。ロシアの「平和維持軍」は、GRU(ロシア連邦参謀本部情報総局)牽制班の策動を援護する役割を果たし、将校たちは南オセチアからのテロやその他の破壊活動を組織的におこなっていた。そして二〇〇六年一〇月、ジョージア当局は、数名の死者が出た二〇〇四年のゴリ警察庁舎襲撃事件の首謀者であるGRU将校アナトリー・シソエフを逮捕した。

二〇〇六年一一月、ロシアは南オセチアで独立についての住民投票を実施し、九九パーセント以上が賛成の意見だった。国際社会からは無効とみなされたが、ロシアは現地に「監視員」を派遣し、下院議長はこの結果をたたえた。住民投票とその完全報道は、全面的にロシア連邦にゆだねられ、このできごとの重要性を示すため、ツヒンヴァリに国際報道センターが設置された。このプロパガンダの手段は、ロシア連邦大統領府の地域間関係局の副局長によって運営されていた。

ロシアの将校たちに統治され、過度に軍事化された南オセチアは、年を経るにつれて、サアカシュヴィリ政権を不安定化し、ＮＡＴＯとの接近を妨げるための、クレムリンの主要な手段のひとつとなっていった。その目的のためにロシアは、アブハズ人とオセット人の紛争を「緩和」するプロセスに着手した。

分離派民兵とジョージア軍との紛争が一週間にわたり激化したあと、二〇〇八年八月七日に本格的な侵攻が始まった。二〇二二年二月のウクライナでもそうだったように、ロシアは二〇〇八年七月から軍事演習という口実で、ジョージア北部国境に数万人の兵士を集結させた。月末には終わることになっていた演習は延長され、部隊は通常の宿営地にもどることはなかった。同時に、黒海艦隊の軍艦がクリミアで軍需物資を積み込んでいた。その後、オセチア分離派の指導者ココイトゥイが、「南オセチア共和国軍は、その全領土と歴史的なオセチアを解放する用意ができている」と表明した。それと並行して、分離派「政府」は、この出来事を完全報道するためにツヒンヴァリに派遣されたロシアテレビ局の数十台のカメラの前で、民間人のロシアへの避難を命じた。

侵攻の前の週に、さまざまな武装グループが「志願兵」を装って南オセチアに集まっていた。八月七日にはすでにロシア第五八部隊の正規縦隊となっていた。だがこれがジョージアと交戦状態にあることを認めたのは、ロシア「平和維持軍」に最初の死者が出て、ジョージア軍がツヒンヴァリに進軍したあとの八月八日になってからだった。二〇一四年と二〇二二年のウクライナと同様に、プーチンはジョージアで起こっていることを「戦争」という言葉で呼ぶことを拒否し、「ジョージアに平和を課す作戦」を想起させることを選択した。

ジョージアの戦争から引き出されなかった教訓

ロシアとジョージアの停戦は八月一二日から一三日にかけての夜に署名され、二〇〇八年後期の欧州理事会議長だったフランス大統領ニコラ・サルコジが立会人となった。六項目の合意には、戦闘の即時停止、八月八日以前の位置まで軍隊を撤退させる、人道支援への自由なアクセス、難民と国内避難民を通常の居住地にもどす、南オセチアとアブハジアの安全保障のあり方を決定するための国際交渉フォーラムを創設する、この地域に欧州連合が結成した停戦監視団（EUMM）を派遣する、ということが規定されていた。

首都トビリシへのロシア軍の進軍によって窮地に追いやられたジョージアには手を打つ余地がなかった。ジョージアは、この協定にジョージアの領土一体性の尊重に関する補足項目を入れるべきであると考えたが、戦場での軍事的勝利を外交的勝利に変えたかったロシアは、これを拒否した。ロシア政府は、南オセチアとアブハジアの将来に関する文言を、できるだけあいまいな表現にすることを望んでいた。場合によってはあり得るこれらの地域の併合や独立承認のために、自分たちにつごうのいい解釈ができるようにしておくためである。ウクライナにおける二〇一五年二月のミンスク２や、二〇二二年の侵攻後の最初の数か月がそうだったように、西側諸国のパートナーはジョージアに、ロシアの火力に対してあまり強硬な姿勢をとらずに、不完全ではあっても合意を受け入れるよう助言した。ジョージアはそれを受け入れた。

ひとたび協定が署名されると、ロシアは独自の計画に従って行動しつづけ、二〇二二年になっても、六項目のうち五項目は依然として実行されていなかった。実行された唯一の措置は、活動的段階の戦闘の停止だった。そのため、ジョージアの難民や国内避難民は故郷にもどることができなかったので、ココイトゥイはジョージアの村々の完全な破壊を公然と要求し、それを正当化した。また、欧州連合の監視団はロシアの支配下にある地域、つまり現在の南オセチアとアブハジアの全域を視察することを認められなかった。ジョージアによって統治された地域にしか入れなかったのだ。したがって、ジョージアが懸念していたように、ロシアは国際交渉を待つことなく、合意から二週間後にはアブハジアと南オセチア独立の一方的な承認を宣言した。当時は、二〇一四年のクリミアのように、「独立」というオプションが、「併合」というオプションより優先したが、それは単に西側諸国によるコソヴォ承認に対抗しようとするプーチンの意図によるものだった。たしかに当時彼は首相に「すぎず」、メドヴェージェフが大統領の座を占めていた。しかし交渉にかかわっていた誰もが全員一致で、指揮していたのはプーチンであり、メドヴェージェフはお飾りの人物にすぎなかったと断言している。何人かの外交官は、メドヴェージェフに電話をかけると、決まってプーチンから応答があったことを認めている。プーチンはジョージア大統領に対してきわめて辛辣で、ニコラ・サルコジとの会談の際に、「サアカシュヴィリを逆さづりにする[13]【文字通りに訳せば睾丸で吊す】」と脅したほどだった。結局ロシアは自軍を八月八日以前の位置に撤退させることを拒否し、合意を無視して両地域に新たな軍事基地を建設した。

クレムリンによるジョージアへの侵攻と、結んだ合意に従わないことに対して、西側諸国の政府はどのような反応を示しただろうか。非難宣言と、モスクワとのいくつかのプラットフォーム――NATO・ロシア理事会や欧州評議会議員会議へのロシアの参加――のごく一時的な停止を除けば、ロシアはたびたびの明らかな国際法違反になんの代償も払わなかった。欧州連合は、なんらかの経済制裁を可決するための全加盟国の同意を得ることができず、バルト三国とポーランドはドイツやフランスを説得するだけの力をもたなかった。さらに残念なことに、通常はロシアに対して強硬なアメリカも動かなかった。ジョージア侵攻からわずか数か月後、オバマ政権は「リセット」、つまり「再スタート」と、プーチンとの関係を白紙にもどす政策を提案した[14]。二〇一二年、ソウル核安全保障サミットで、オバマはメドヴェージェフに対して、大統領二期目には「より柔軟な対応」をすると約束した。公式にはまだロシア大統領であるメドヴェージェフは、急いで「このメッセージをヴラジーミルに伝えた[15]」。

一方、欧州連合は公式文書や宣言の中で「ロシアによる占領」や「民族浄化」という用語を使用せず、「分離派地域」や「国内避難民が永続的居住地にもどる権利[16]」について語ることを選んだ。二〇一一年、アメリカと欧州連合はジョージア政府に圧力をかけ、ロシアの世界貿易機関（WTO）加盟への拒否権を解除するよう文字通り強制した。そのため、すでにWTO加盟国であるジョージアは、主権国家に適用される、貿易制度の単一性を尊重するという国家間貿易の基本的規則に、ロシアが違反していることに対して、抗議しようとした。経済界の影響を受けたヨーロッパやアメリカの政府は、WTO加盟がロシアとの貿易を促進することになり、規則を守るよう義務づけられたロシアは、とくに自由貿易を妨げる強制的手段の乱用をひかえざるを得なくなると考えたのである。ジョージアはブリュッセルとワシントン双方からの圧力に屈し、ロシアはいつものように国際規則を無視しつづけた。

民主主義の大国が採用した宥和と恒久的な婉曲化という政策は、ロシアとの真のパートナーシップの開始という結果をもたらさなかった。西側との関係を最初から対立的なものとみなしていたロシアは、いかなる譲歩、いかなる対話の試みも、弱さを認めることであり攻撃に移る機会ととらえていた。ベスランの学校で流血の大惨事があった夜、ロシア大統領が「弱者は打ち負かされる」と宣言したことがそれを示していた。二〇〇八年のジョージアでの戦争から、二〇二二年の二度目のウクライナ侵攻までの間、ロシアは西側諸国の衰退と弱体化を確信し、和解の申し出を受け入れるのではなく、西側に対抗する世界の主要勢力となった。さらに、他の独裁政権と同様に、プーチン政権も権力を維持するために外部の敵を探し求め、その役割を西側諸国に割りあてたため、歩みよりはまずありえない。それにもかかわらず、ブッシュからメルケル、オバマをへて、マクロンまでの歴代指導者たちは、国際関係をお金のかからないゲーム、連続的な特別作戦とみなしていた人物との合意点を見いだす可能性について、ほとんど盲目的な信念を抱きつづけた。しかし、西側の宥和政策は、平和的共存の代わりに、好戦的なロシアをウクライナ、シリア、アフリカでの新たな戦争に向かわせ、西側諸国に対する強制的外交やハイブリッド戦争をおこなわせることになったのだ。

第9章　意識の軍事化、戦争への準備

ガリア・アッケルマン

小規模だが訓練も装備も勝っていたジョージア軍[1]に対してロシア軍が苦戦したあと、二〇〇八年一〇月に決定されたロシアの軍事改革について、また、幸いまだ量産されてはいないがロシアで超高性能の終末兵器が作られていることについては、多くの著者が言及している。とはいえ、たとえ専門職化された軍隊や超近代的な武器であっても、世論がそれを支持しなければ戦争に勝つことはできない。しかし、軍人と民間人に二七〇〇万人の犠牲者を出した第二次世界大戦のあと、ロシアの人々は口癖のように「もう戦争が起こらないのであれば、どんなことにも耐える用意がある」と言っていた。実際、一九四五年以降は、代理戦争――朝鮮、ベトナムなど――や、「正常化」作戦――一九五三年の東ベルリン、一九五六年のハンガリー、一九六八年のチェコスロヴァキア――を除けば、一九七九年から一九八九年までのアフガニスタン侵攻は別として、ソ連は戦争には直接参加しなかった。アフガニスタン侵攻は、ブレジネフが「親マルクス主義」アフガニスタン人によって設立された政権への軍事支援をあたえたものであり、この政権で最もよく知られているのは、ヌール・ムハンマド・タラキー、ハフィーズッラー・アミーン、バブラク・カールマルである。[3] アフガニスタンの泥沼からソ連軍を撤退させるというミハイル・ゴルバチョフの決定は、簡単な報告書だった。つまり過酷な環境下にある戦争は、占領国の世論に支持されていないかぎり勝つことができない、ということを確認したにすぎなかった。ソ連のメディアは、「国際的な義務を果たした」ソ連軍の「英雄的精神」を称揚することを義務づけられていたが、グラスノスチが実施されてからは、この戦争に対する真の認識が知られるようになった。たとえば、のちにノーベル文学賞を受賞するスヴェトラーナ・アレクシエーヴィッチの著書『亜鉛の少年たち――アフガン帰還兵の証言』[4]［奈倉有里訳。岩波書店。二〇二二年］が、それを示している。著者は母親、妻、兵士たち自身の証言を書き取った。彼らにとってこの戦争は悲惨なものであっただけでなく、理解できないものだった。一九八九年にソ連で出版されたこの著書は、対照的な反応を引き起こした。一部のインタビュー対象者にとって、ソ連兵たちの行動はかつてのナチスドイツのようだった。

権力の座に就いた最初の日から切望していたであろう帝国再建の計画に着手する前に、ロシアとジョージアとの戦争でその布石を打ったプーチンは、ロシア国民のメンタリティーを徹底的に変えて、とくに若い世代に、祖国の名において武勲と犠牲の心構えをさせる必要があった。ほとんど見せかけの権限をもっていたメドヴェージェフの幕間（二〇〇八―二〇一二年）のあと、プーチンは正式に大統領の地位を取りもどし、意識の軍事化を目的とするさまざまな措置を開始した。二〇一二年五月に始まった新たな任期――モスクワのボロトナヤ広場での抗議デモに対する前代未聞の鎮圧に象徴される――の最初の措置のひとつは、大統領令によるロシア軍事歴史協会の設立だった。国家が出資するこの機関の会長は、熱烈な「愛国心」で知られる元文化大臣ヴラジーミル・メジンスキーがつとめることになった[5]。

協会の目的は、「国家と社会の力を強化して、ロシアの軍事史を研究し、それをゆがめようとする試みに抵抗し、愛国心をはぐくみ、軍務の威信を高め、軍事的歴史的遺産を保存する」ことである。プーチンは次のように述べている。「今日の子どもたち、そして一般にすべての市民が、勝利者の後継者、孫、ひ孫であることを誇れるように、あらゆることをしなければならない。国家や家族の英雄たちのことを知り、それがわれわれの生活の一部であることを誰もが理解できるようにしなければならない」。この協会はただちに数人の「タカ派」、とくに国防大臣セルゲイ・ショイグの管理下に置かれた。ロシアのあらゆる地域に支部をもつこの協会は、国防省や文化省と連携して若者向けの軍事歴史キャンプを主催し、戦死した兵士の遺体捜索活動をおこない、ロシアのさまざまな戦争の英雄の記念碑を建て、「勝利の道」と題された戦闘のあった場所への無料ツアーを実施しはじめた。また戦闘の大規模な再現もおこなった。

たとえば、二年におよぶ激しい戦闘の末になしとげられた、一九四三年八月のミウス線敵陣突破の再現である。この戦闘の重要性はクルスクの戦闘に匹敵すると考える歴史家もいる。この戦線は、ドンバス地方のミウス川沿い一〇〇キロメートほどにわたる、要塞化され地雷原で隔てられたドイツ軍の三つの防衛線によって構成されていた。この戦いについては、二年間でソ連が八三万人、ドイツが約一二万人というきわめて大きな人的損失を出したこと、そして戦闘が長期にわたったことから、あまり知られないままになっていた。ミウス線は、生存者が「小スターリングラード」と呼ぶほどの地獄だった。ロシアのテレビ局第1チャンネルで二〇一八年八月に放送された再現は以下のようなものだった。「戦車、装甲車両、制服の兵士、そしてもちろん火薬。（中略）軍事的愛国クラブのメンバー数十人は、ほんとうの戦場で動き回っているという感覚をおぼえた。（中略）彼らはこの再現のための準備に長い時間をかけた。塹壕を掘り、待避壕やトーチカを建設し、有刺鉄線を設置するなどした。ミウス線でドイツ軍が築いた巨大な要塞がどのようなものかを視聴者に示すためだ。（中略）そこからヒトラーはカフカスへの攻撃を開始しようとしていた。ドイツ軍は高地を占領していた。赤軍の兵士たちは平地の射程内を進んでいた。赤軍は三度目の試みでようやく高地を奪取することに成功した」

なぜこのように大規模で費用もかかる再現をおこなうのか。指導員たちが主張するように、数百人の若者たちが「知って記憶にとどめる」ためだろうか。この戦闘が選択されたのは他の理由からだというのは当然推測できる。ミウス川は、大部分を親ロシア分離派が支配するドネツィク州とルハーンシク州を流れている。ドイツのファシストとの戦いは、おそらくウクライナの「ファシスト」に対する分離派の戦いのレプリカとして再現されたのだろう。ロシア軍事歴史協会内での訓練の主な課題はおそらくそこにある。つまり若者にも、それより上の年代の者にも敵をはっきりと示すことで、来るべき戦争に関心を向けさせるということだ。

軍事歴史協会の活動のもうひとつの不気味な例は、ロシア北西部カレリア地方のサンダルモフでおこなわれた発掘だった。ここは大粛清時代の一九三七年から一九三八年にかけて、ウクライナ知識人の精華をふくむ多くの人がNKVDによって処刑された場所である。人権団体メモリアルの歴史家ユーリ・ドミトリエフは、いくつかの共同墓穴を発見してこの事件を再現し、銃殺された数千人の人々の名誉を復権させた。だが、いつわりの、ばかげた口実で一五年の懲役刑に処せられた。[6] それは、軍事歴史協会の発掘者が二〇一八年から二〇一九年にかけて新たな発掘調査を実施して墓所を「発見」し、犠牲者たちが大粛清で処刑されたソ連人ではなく、一九三九年から一九四〇年までのフィンランドとの戦争の際にフィンランド人によって処刑されたソ連軍捕虜であることを「証明」するのを、「邪魔」されないようにするためだった。しばしば新たなカティンの森事件として特徴づけられている事件である。[7]

若者を取り込むことを目的とする組織は、軍事歴史協会だけではない。二〇一五年一〇月の大統領令で、もうひとつの軍事愛国組織ユナルミヤ（青少年軍）――文字通りには「若者の軍隊」――が創設された。その各部門は、軍事部隊、軍事学校、士官学校、空軍、海軍、軍のスポーツクラブに所属していた。ユナルミヤのメンバーの制服、バッジ、シンボル、ベレー帽の製作には政府からの資金が提供されていた。その紋章と旗は、ソヴィエト共産党の赤旗、ソヴィエトの赤い星、そして帝政ロシアの双頭の鷲とポスト共産主義ロシアの双頭の鷲を同時に想起させる図案化された鷲を組み合わせたものだった。プーチンのロシアではありがちなことだが、このポストモダニズムの旗は、帝政時代の歴史とソヴィエトの歴史が、同じ愛国的情熱によって結びつけられ、同列に置かれている。創設から数か月後、この運動はユナルミヤ創設者、セルゲイ・ショイグの公然の野心のもとですでに活動していた。つまり武器によって祖国を守ることができる若い世代の愛国者を教育するという活動だ。現在すでにユナルミヤには、八歳からの一〇〇万人のメンバーがおり、武器の扱い方やカラシニコフ銃の撃ち方を学ぶだけでなく、実際に戦争を味わっている。二〇一六年五月にロシア全土からモスクワに集まったユナルミヤ代表者の最初の大集会で、ショイグは次のように約束した。「君たちはあらゆる活動に参加することができる。航空機に乗ったり、パラシュートで降下したり、軍艦で航海したり、潜水艦で潜水したり、（中略）ミサイル以外ならなんでも発射することができるだろう。あらゆる戦闘マシンに乗ることもできる」[8]

悲観的な人々はユナルミヤをヒトラーユーゲントになぞらえる。ヒトラーユーゲントとは違い、そしてそれはひじょうに大きな違いであるが、ユナルミヤへの加盟は任意である。とはいえ、類似点は気にかかる。どちらの場合も、軍事化と若者の精神的取り込みのプロジェクトだということであり、ユナルミヤの団歌がそれを証明している。

肩をならべてロシア軍が前進する。
軍隊生活は楽ではないが、
われわれはロシアに忠実に仕える。
執拗な攻撃の中で、われわれはロシアの国旗を守り、
われわれの生まれた家、われわれの歌を守った。
そしてもし不幸がおとずれたら、そのときわれわれは守るだろう

われわれの肉体とともにある祖国よ、わが友よ。[9]

このあと取り上げる「不滅の連隊」がそうであるように、この団歌では過去と現在が融合している。ここでの「われわれ」は、ロシアの国旗、生まれた家、歌を守ったソ連兵士と、命にかえて祖先の偉業を繰り返す覚悟のあるユナルミヤのメンバーの両方を指している。ナチスドイツでは、このような教化が有効だった。ヒトラーユーゲントは、戦争の最後の日まで祖国と総統のために、帝国の最後の防衛戦を死守した。少年兵がみなそうであるように、彼らは勇敢だった…

ロシアでは数年前から、とくにクリミア併合以降、戦争への準備がつねになされてきた。それはプーチンが二〇一四年の戦利品をなんとしてでも守りたいからだ。[10] 理論的、実践的教育をふくむ「初期軍事準備」という科目は学校の必須科目ではないが、大多数の学校で教えられている。しかも二〇一五年以降、そうした学校の多くは、優秀な生徒のみを受け入れる士官候補生クラスを創設した。彼らは放課後、軍事史や軍事訓練の基本、とくに射撃、戦闘技術などの実習を学ぶ。こうした生徒たちが軍の高等教育機関に入ることを望む場合は、優先的に受け入れられる。このような慣行は最近あらわれたものではなく、より大きな規模でおこなわれていたソ連の伝統へのいわば回帰である。そして二〇一四年三月、プーチンはGTO―「仕事と防衛の準備」と訳すことができるロシア語の頭文字―の地位と実践を回復する大統領令に署名した。それはソ連の伝統であり、彼はその名を保持することを決めたのである。それは射撃をふくむ一連のスポーツ競技だった。二〇一六年には、国内のすべての学校、すべての教育機関の生徒が対象となった。二〇一七年からは、六歳から七〇歳までのあらゆる市民が参加できるようになった。理論的にはこうした競技は任意だが、実際には、学童や学生は参加を義務づけられることが多く、軍隊への統合を容易にする事実上の身体的訓練となっている。

子どもたちの取り込みは実際はもっと早く始まる。たとえば、さまざまな軍事的職業や戦車や軍艦が紹介されている、一歳から三歳までの幼児向けの塗り絵の本を書店で買うことができる。三歳からは、男の子向けの「戦闘の技術的手段」と題された大きな塗り絵の本が取って代わる。その表紙の四分の一には、図版の「戦車、砲牽引車、ロケットランチャーの最新モデルが子どもたちの注意を引きつける。わが国の軍事技術者によって設計された、わが軍の誇り、強さ、力である巨大で重厚な装甲車。このような軍備があれば、どんな敵でもこわくない[11]」、と書かれている。スペツナズ[12]のような特殊任務部隊だけを取り上げた塗り絵もある。こうした本は、第二次世界大戦やロシア軍をテーマとする大量の長編小説、中編小説、詩、通俗書、漫画に比べればとるにたりないものだ。結局、時がたつにつれて、「ソ連」と「ロシア」の違いは重要ではなくなるように思われる。そして子どもたちがこの軍事化された世界で心地よく感じるために、軍服を提供する以上に良いことがあるだろうか。ウクライナに軍事侵攻した二月二三日や、戦勝記念日である五月六日の祝賀行事はなくてはならないものだ。一般に、上着、星の装飾があるバックルのついたベルト、男の子はズボン、女の子はストレートスカート、縁なし帽、人造皮革のブーツで構成された服装は、過去の兵士や将校のイメージを表現しており、軍務に就いて「社会主義」の祖国を守った祖父や曾祖父のことを子どもに想起させるとみなされている。こうした製品は多くのオンライン販売サイトで提供されている[13]。制服、おもちゃの武器、手榴弾の形をしたケーキを提供する専門のサイトが勧めているように、ミリタリー・パーティーを企画することもできる。14

大流行している最新の軍事愛国的なテーマパークに子どもたちを連れていくのも良しとされる。その最大の施設――正式名称はロシア連邦軍「愛国者」の軍事愛国文化レクリエーション公園――は、ドンバスでの戦争が進行中だった二〇一四年秋、モスクワ近郊のオジンツォヴォ地区で開業した。五〇〇〇ヘクタール以上のこの公園の仕様はきわめて印象的で、航空博物館、機甲戦闘手段博物館、大砲博物館、スポーツ施設などがある。敷地はいくつかのゾーンに分けられ、ゾーンごとに、歩兵、空軍、海軍、宇宙、戦略ミサイル、空挺部隊などの軍隊のカテゴリーが紹介されている。軍用車両が展示され、戦闘にみたてた訓練をしたり、さまざまなアトラクションを楽しめるようになっている。装軌車両や装甲車両を輸送するための特別な鉄道線まで建設されている。

二〇二〇年には大勝利七五周年を記念して、ドームをそなえた高さ一〇〇メートルに達するロシア軍の主要教会が公園内に建設された。この教会は、「死に対する生の最大の勝利をたたえるロシアの精神的象徴」と説明されている。まったく異教的実践であるそのサイズは象徴的であり、「大祖国戦争」の歴史に関連する最も重要な数字にちなんでいる。メインドームの円筒形石材の直径は一九・四五メートル――一九四五年、「大祖国戦争」の勝利――、ドームの直系が二二メートル四三センチなのは、一九四五年五月八日二二時四三分にドイツが無条件降伏証書に署名したからだ。鐘楼の高さは七五メートルで、これは二〇二〇年が「大祖国戦争」の終戦七五周年だったことによる。戦争で一四一八昼夜の戦闘が続いたから小ドームの高さは一四・一八メートル、などとなっている。「勝利の道」と名づけられた遊歩道も教会のまわりを一四一八歩でめぐり、訪問者はヒトラーの本物の衣装や帽子などの「遺品」（原文のまま！）を鑑賞することができる。[15]

しかし、大人も子どもも祝う国家をあげての最大の行事は、「不滅の連隊」である。[16] 二〇一二年にトムスクの三人のジャーナリストによってはじめられたこの行進には、当初「各家庭のなかに〝大祖国戦争〟を生きた世代の記憶をとどめておく」という高尚な目的があった。トムスクの住民は、五月九日の戦勝記念日に、戦争に参加した先祖の写真を掲げた行進に招待された。「不滅の連隊」という呼び名が他のイニシアティブとの違いを示していた。先祖はみな不滅の地位を得たということであり、地方や全国のメディアの熱意がこの運動をたちまち広めた。クレムリンやその取巻きたちはすぐに厳粛であると同時に祝祭的なこの行進を利用した。イデオロギー的な理由にくわえて、金銭的な利益もかかわっていた。クレムリンは多くの愛国団体や地方当局に資金をばらまいたからだ。二〇一五年、不滅の連隊は戦勝七〇周年の全ロシア祝賀プログラムに組み込まれ、軍事パレードのあとにモスクワの街路や赤の広場を初めて行進した。父親の肖像画を掲げたヴラジーミル・プーチンを先頭に、五〇〇万人近くが行進に参加した。

ウクライナで「特別軍事作戦」が展開していた二〇二二年、一二〇〇万人以上の人々がこの行進に参加し、やはりプーチンが最前列にいた。「不滅の連隊への参加者の増加は、ナチズムの台頭、近年ウクライナや西側諸国でじわじわと進行している〝再ナチ化〟への、われわれの答えだ」とロシアのコンスタンチン・ドルゴフ上院議員は明言した。有力なロシアのオンライン紙ヴズグリャドのインタビューを受けた議員はこうつけくわえた。「今回の行進は初めてウクライナの解放地域で実施された。これはウクライナで作戦をおこなうという決定が正しかったことを示している。彼ら（ウクライナ当局）は不滅の連隊の開催を禁じていたが、今やわれわれはロシアの保護下で、通常の生活をとりもどしたのを目の当たりにしている」[17]

結局ロシアは、この奇妙な儀式を通じてナチに対する勝利を再確認し、彼らの精神的優位性を全世界へ、まずは西側諸国へ、次に世界の他の国々に対して伝えているのである。大勝利を源泉とするこの内在的無敵は、愛国心の異教的神格化であり、ソヴィエト連邦への永遠の回帰である。不滅の連隊に参加する生ある者たちは、天の住人たちと同様に永遠である。そして、この戦いは神によって認められたものなので、天の住人たちは偉大で不屈の祖国を守るために、生ある者たちにふたたび戦う力をあたえるのである。

かつては無名の作家で哀感をそそる民族主義者だったが、今では尊敬される人物となったアレクサンドル・プロハーノフは、軍事パレードと不滅の連隊の行進で感じたことを次のように語っている。「とりわけ不滅の連隊という名前の神秘に感動を覚えた。一〇〇万人の人々の波が次々に、ときには涙で顔をぬらし、ときには熱狂につつまれ恍惚として行進していく。（中略）この行進は巨大な宗教的行進を彷彿させる。兵士の肖像は、光を放つ高貴なイコンのようだ。（中略）ドン川、ドニエプル川、ヴィスワ川、オーデル川を突破した兵士たちは、ヨーロッパ諸国の首都に突入し、ねばねばした巨大なナチという爬虫類をふみつけ、剣で貫き、手で絞め殺した」[18]。プロハーノフによれば、ロシア人は昔も今も偉大な民族であり、無敵で永遠である。「われわれは闇からの攻撃を受ける宿命にある。この闇にあらがうために、この闇を地上から追いはらい地上に光をとりもどすために。そのために神はわれわれをロシアとして創造された」。ここにはロシア政権の帝国主義的、反動的な本質を高尚化するイデオロギーのすべてがある。悪の「ナチ」に対して善が勝利するという崇高な神秘が、ウクライナでふたたび演出されているのだ。

このような意識の動員、社会の軍事化、ロシア人がおこなうべき神聖な戦争という救世主的な考えが、きわめて有能で高い報酬を得ている多くの宣伝活動家たちによって社会に植えつけられているのは言うまでもない。彼らはロシアの主要な国営放送局によって提供されるテレビのあらゆるスペースを占有している。ロシア１、チャンネル１、ＮＴＶ、ＲＴＲプラネタのほか、それほど大きくないテレビ局もだ。そうした放送を見たことがない人々にとって、彼らが西側諸国、とくにウクライナに対する憎悪をどれほど拡散させたかを想像するのはむずかしい。彼らの話を聞くと、プーチンを支持する人たちがパラレルワールドに生きているような印象を受ける。国際的な制裁を受けているおもな宣伝活動家の何人かは名指しするに値する。最もよく知られている人物だけでも、ヴラジーミル・ソロヴィエフ、ドミトリー・キセレフ、オルガ・スカベイエヴァ、マルガリータ・シモニャンなどが挙げられる。彼らを特徴づけているのは、ロシア軍によるウクライナでの戦争犯罪など、ロシアがおこなっていることについて、事実をゆがめてウクライナや西側諸国を非難するための、驚くほどの攻撃性と実質的手腕をもって発せられる嘘の洪水である。かつてはリベラル派で表現の自由の支持者だったこうしたジャーナリストの変化は、プーチン政権のロシアの変化に一致している。

ヴラジーミル・ソロヴィエフは、一九九〇年代初めにアメリカで暮らし、実業家として名を上げたが、現在は著名なメディアパーソナリティである。彼の放送時間は週八時間から三〇時間の間で変動する。ほとんど毎日放送される「ヴラジーミル・ソロヴィエフとの夕べ」という番組の司会をしており、二〇一四年以降は、ウクライナを占領してウクライナ国家を消滅させ、ロシア国境をリヴィウ市まで移動させてウクライナの「ファシスト」や「ナチ」を排除し、アメリカの「主人」に打撃をあたえるようアピールしてきた。二〇一八年にはこう言っていた。「ロシアはつねに永遠の悪からの解放を世界にもたらしている。ロシアはナポレオンを止め、モンゴルの侵略を止め、スウェーデンのカール一二世を止め、ヒトラーを止めたのだ！」二〇一九年には次のように脅している。「ウクライナはモスクワと団結したときにはつねに勝利した。ロシアへの反抗を試みたときにはけっして勝てなかった。（中略）結末はいつも同じだ。熊（ロシアの象徴）を過小評価すべきではない。（中略）われわれは長い間待っているが、攻撃に移れば情け容赦はしない」

ドミトリー・キセレフもまた大物である。プロのジャーナリストである彼は一九九〇年代には親欧米派とみなされていた。彼は過去に背を向け、今ではクレムリンの主要なスポークスマンである。彼が西側諸国について語るときの無作法で滑稽きわまる口調をここに再現することはできない。ロシアはアメリカを放射性の灰に替えることができると主張したのが彼である。ゴルバチョフのソ連がドイツ民主共和国とその秘密警察の長官ミーシャ（マルクス）・ウルフを裏切ったことに悲痛の念を表明したのも彼である。二〇二二年の戦争のかなり前に、ウクライナはもはや存在しない、「仮想国家」にすぎないと宣言したのも彼である。彼は次のようなきわめて示唆的な文章を書いている。「その活動の重要性において、二〇世紀の先人でプーチンに匹敵するのはスターリンだけである」

フランスでも何冊かの本が出版されている著名作家、ザハール・プリレーピンも挙げておこう。彼は二〇一六年に、分離派に味方してドンバスで戦うために武器をとった。二〇一七年二月におこなわれ、ズヴェズダ誌に掲載されたインタビューで、ドンバスでの戦争の目的がキーウ（キエフ）を攻略することにあると認めた。なぜなら「キエフはロシアの都市だからだ。ウクライナ地方のロシアの都市だ…われわれの目的はウクライナ全土だ。それ以外の目的はあり得ない」

このように、現在の戦争はプーチン政権のプロパガンダによって何年も前から準備されていたのである。テレビニュース、政治放送、トークショーを問わず、政治ジャーナリズムの論調はますます攻撃的になり、第三次世界大戦が間近に迫っているかのようだった。そして今、その論調はさらにヒートアップした。「口のなかに血の味を感じながら生活する」[19]のは不可能だと、国外へ出ることを選んだ人々はみな――政治哲学者セルゲイ・メドヴェージェフのように――、祖国に対する裏切り者、変節者とみなされている。誠実な市民の義務は、「正義の戦争」をしている祖国と軍隊への支持を表明することだからだ。今後、反対の声を上げることは不可能だ。独立系メディアはすべて閉鎖されるか、あるいは国外に脱出せざるを得なくなっているが、情報を得るためにはＶＰＮを備える必要がある。ソ連時代には、西側のラジオの受信妨害があった…

ロシア国民は、いつまでこのゆがんだ鏡の宮殿で暮らすことになるのだろう。二〇一七年、ヴォルゴグラード（旧スターリングラード）の中心部にある世界で最も大きな第二次世界大戦の記念碑、ママエフ・クルガンの前で児童合唱団が歌った歌が、ロシアのインターネットで大成功を収め、広まり続けている。そのタイトルは、「ヴォヴァおじさん」だ。ロシアの子どもたちは家族や親しい人の中で最も年長の人たちを、名前の愛称に「おじさん」や「おばさん」をつけて呼ぶ。ヴォヴァはヴラジーミルの愛称である。軍服を身につけた子どもたちや青少年は、男の子も女の子も、「ヴォヴァおじさん」にいわば忠誠の誓いを立て、彼のために死を覚悟している。[20]

北欧の海から南の境界まで、
クリル（千島）列島からバルト海沿岸まで、すべてはわれわれのものだ。
この土地が平和であってほしいが、もし最高司令官が
最後の戦いにわれわれを呼んだなら、ヴォヴァおじさん、
われわれはあなたとともにいます！

幼年期から害されてきたこうした意識は、普遍的な価値観、ヒューマニズムにもどることができるだろうか。それを願うべきだが、しかし覚醒は時間がかかって苦しいものになるかもしれない。

第*10*章　プーチン、「ハイブリッド戦争」と西側諸国の動揺

ニコラ・タンゼール

西側諸国が体現しているとされる原則――自由、人権、法治国家――に対するプーチンの戦争は、徐々にあらゆる領域にわたる戦争となり、一部の国々、とくにウクライナでは総力戦となった。この戦争は、さまざまなレベルであらゆる大陸にかかわっていることから、その範囲を広げている。また、組織的な汚職から公然たる戦争まで、サイバー攻撃から情報戦争まで[1]、テロリスト型の攻撃から権力者層や知識階級への浸透まで、エネルギー兵器の利用や飢餓の利用は言うまでもなく、多様な要素を操ることから、その深度も増している。この多方面にわたる戦争には、たしかにかつてのKGBのやり方の継続が見られるが、その規模には3つの違い――あるいは「改善」――がある。第一に、インターネット時代になって、その影響力が増幅されている。第二に、民主的で繁栄している西側諸国の破壊という共産主義のイデオロギーの継続である破壊のイデオロギーは、確実にめだたなくなって、

より侵入しやすくなっている。最後に、西側諸国の政権交代に関して、自分たちに好都合な、イデオロギーの近い政権に置きかえようとする買収工作が顕著になっている。

「ハイブリッド戦争」や「ハイブリッド脅威」という用語は、クレムリンによる戦争の多面的特徴を示すのによくもちいられる。ハイブリッドという用語そのものは誤りではないが、その使用は、ふたつの対照的なリスクからわれわれを守ることにつながらなくてはならない。そのひとつは、何十万人もの人々を殺害し、今も殺害しつづけている「熱い」戦争を忘れるというリスクだ。民主主義が反応し、行動すべき現実を忘れてはならない。もうひとつは、プーチンの戦争の一部の行為、とくに影響力のある行為を過小評価するというリスクである。それはたとえば戦争と明確に呼ばずに、その重要性を十分に認めないことだ。

また、重要な観点、つまりクレムリンが期待する結果という観点を見失ってはならない。開始された戦争に属さない行為は、結局のところ戦争行為を前にした自由民主主義のあらゆる行動を断念させるという目的だけをもつ。それがプロパガンダ、影響力のあるエージェント、核による脅迫などのおもな目的である。プーチンはこれまでのところそれほど失敗しているわけではない。二三年前、第二次チェチェン紛争の始まりから、彼はあらゆる戦争に勝利し、すくなくとも二〇二〇年までは、自由主義諸国からの大きな反撃を受けなかった。

犯罪の法則

フランス人ジャーナリスト、ルー・ビュローが二〇一四年からのウクライナ戦争を描いた映画「塹壕 Tranchées」で塹壕戦を想起させたように、塹壕戦をふくむ通常の戦争の側面はあったとしても、この戦争を通常の戦争として特徴づけることはむずかしい。いずれも民間人に対する大規模テロが主要な要素となっており、それが戦争犯罪となってあらわれている。とくにアンナ・ポリトコフスカヤ[2]、ナタリア・エステミロワ、スタニスラフ・マルケロフ、ボリス・ネムツォフがそれについて調査したが、全員暗殺された。組織的かつ意図的なその性質から、政権によって犯された人道に対する罪の存在を結論づけることができる。

このことは、規模は小さいとはいえジョージアでの戦争にもあてはまる。欧州裁判所は二〇二一年一月二一日の判決[3]で、二〇〇八年八月のロシアによる侵攻のあらゆる側面について、全面的な権限を認めたわけではなかったにしても、人道に対する罪であるとの判断を下している[4]。こうした犯罪の組織的な性質は、シリアでも顕著であった。バッシャール・アル＝アサド政権やイランの側についたプーチンの軍隊は、イスラム国そのものよりも多くのシリア民間人を殺害した[5]。ロシア軍は組織的かつ意図的に、病院、医療施設、市場、学校、そしてホワイト・ヘルメット（シリア民間防衛隊）などの救急隊員を攻撃対象にした。ウクライナでは、二〇一四年以降、そして二〇二二年二月二四日以来はさらに大規模に、ふたたび民間人、集合住宅、病院も標的としている。非武装の民間人の殺害は今では常態化している。マリウポリだけでも、直接的あるいは、治療、食料、水の不足によって間接的に殺害された人の数は五万人近くにのぼると推定されている。[6] ドンバスやクリミアの占領地域やヘルソン地域では、不可避の失踪や拷問が日常化している。とくにクリミアでは少数民族タタール人に対する迫害がおこなわれており、スターリン時代のタタール人に対する大規模な国外追放が思い起こされる。シリアやいくつかのアフリカ諸国、そして今やウクライナで、事実上ロシア国家と結びついている民間軍事組織ワグネル・グループや、チェチェンの独裁者ラムザン・カディロフが派遣したチェチェン戦闘員が犯した残虐行為も、それにつけくわえる必要がある。

このような一連の犯罪[7]は、法的に定義された四つのカテゴリーに分類される。つまり戦争犯罪、人道に対する罪、集団殺害（ジェノサイド）罪、そして平和に対する罪として知られる侵略犯罪である。これらの犯罪はそれぞれ時効がなく、しかも犯罪と刑罰の間に公式の分類体系もない。戦争犯罪、人道に対する罪、集団殺害罪は国際刑事裁判所で裁かれるが、侵略犯罪は特別法廷の管轄となる。言及したすべての国で犯された犯罪は、組織的性格が明らかになれば、法律的観点から人道に対する罪とみなされる。このことは、チェチェン、シリア、そしてとくに二〇二二年以降のウクライナでは明白である。集団殺害罪は、それに気づいた国家が予防措置をとることを義務づけており、特定の国民的、宗教的または「民族的」集団を根絶しようとする意図がある場合にはっきりと特徴づけられる。子どもを強制移送して親から引き離すことも、一九四八年一二月九日に署名された集団殺害罪の防止および処罰に関する条約（ジェノサイド条約）の第二条e項によってジェノサイドとみなされる。このことは、三〇万人の未成年者をふくむ約二〇〇万人のウクライナ人を「避難」——実際は自国領土に移送――させたプーチン政権のロシアに適用することができる。[8]

つまり、ニュルンベルク裁判で定義された平和に対する罪または侵略犯罪が、ウクライナで確認され、二〇二二年以降はさらに顕著になっている。この犯罪には他のあらゆる犯罪もふくまれており、個別の犯罪について正確な指揮系統を明らかにしなくてもロシアの指導者たちに責任を負わせることが可能である。国際司法裁判所は、二〇二二年三月一六日にロシアに対して侵攻を停止するよう要求しており、ウクライナが開始し、ほとんどの西側諸国が支持する訴訟手続きは、ロシアの指導者たちの告発につながるかもしれない。しかしこうした犯罪を確認するだけでは十分ではなく、その意味を理解しなければならない。実際のところ、「犯罪はメッセージである」。プーチンはメッセージを送っていたが、西側諸国の指導者たちがそれを理解しようとしていないのではないかと疑っていた。

「臆病」、「軟弱」、「同性愛者」と形容される西側諸国に対して、彼が証明しようとしたのは、彼が自己実現的予言を現実のものにすることができるということだった。この「デモンストレーション」の最たるものは、おもにシリアでおこなわれた。チェチェンでの紛争はメディアであまり報道されることがなく、当時はソーシャルネットワークで伝えられることもなかったが、おそらくチェチェンよりもシリアの方がより重要だっただろう。シリアでは、二〇一五年秋から、ロシア政権が多くの子どもたちをふくむ何万人もの民間人を直接殺害した。しかもフランス国防大臣は当時、ロシア軍の攻撃の九〇パーセント以上が、バッシャール・アル＝アサドの敵対者を対象としたものであり、イスラム国のテロリストに向けられたものは一〇パーセント以下であることを認識していた。しかし民主主義国家の指導者たちは、こうした人道に対する罪や戦争犯罪について言及しなかった。バッシャール・

アル＝アサドに対して「自制を示す」よう圧力をかけることを、プーチンにあえて要求することもなかった。クレムリンの指導者自身が、最も深刻な犯罪を命令していたにもかかわらずだ。[9] 彼らは表面上はプーチンとの親密な関係を維持し続け、二〇一八年には、ロシアで開催されたＦＩＦＡワールドカップのボイコットを拒否した。

要するに、政権の本質そのものであるこうした犯罪は、世界の意識から故意に遠ざけられていたのである。そのことが、プーチンにウクライナでの行為を継続させ、エスカレートさせる動機づけとなったように思われる。犯罪に対する無関心は、彼のプロパガンダの勝利の第一段階とみなされたのかもしれない。

サイバー攻撃、機密漏洩、プロパガンダ——われわれの脆弱さを利用する

プーチン政権の戦術はまず、西側諸国の弱点を利用することをねらっている。それを次々に深刻化させて、指導者たちの臆病さにつけ込むことをねらいとしている。こうした弱点のひとつは、ロシアにすべてが許されると思わせている非対称性である。反対に西側諸国はドクトリンを変えることができない。独裁政権に新たな兵器をあたえることになるとしてもだ。ただし、民主主義諸国はその基本原則を損なわずに反撃への歩を進めることは可能であったし、とりわけクレムリンの陰謀に対して警戒を緩める必要はなかった。いくつかの点、とくに汚職との闘いについては、法的に汚職として定義されていなかったり明確にするのがむずかしいこともときにはあるが、西側諸国は法律に反する行為

を禁じることなく黙認して、むしろ彼らの価値観に譲歩したのだと主張することもできるだろう。

ロシアによるサイバー攻撃は、電子メールやデータベースへのハッキングと同様に正真正銘の戦争行為である。サイバー攻撃は公共インフラに大きな損害をあたえ、国家の機能を損なう可能性がある。ハッキングは、特定の政治家に対する敵対的な広報キャンペーンの基盤となる可能性がある。ロシアは、他者が犯したハッキング行為を利用したり、場合によっては、ウィキリークスのケースがそうだったように[10]、共同戦線を張ったりするかもしれない。標的を絞った「機密漏洩」、そしてそれにともなう情報操作が、ロシアによる自由世界に対する攻撃の要素のひとつとなっている。内容としてはとくに陰謀論を強化し、「エリート」に対する敵意をあおることを目的としている。民主主義国家の「悪しき慣習」とされるものを暴露し、民主主義国家と独裁政権、なかでもプーチンの独裁政権と見分けがつかないものにしようとしているのだ。

当然ながら、サイバー攻撃とプロパガンダの境界はあいまいであり、どちらもクレムリンのトレードマークとなっている。サイバー攻撃はロシア政権に特有のものではないが、これに立ち向かうには技術的手段が必要である。その手段はかなり増強され、分散され[11]、れっきとした西側同盟の反撃の要素にまでなっている。一方プロパガンダは、とくに最もゆるやかで侵襲性の高い要素では、反撃にも相当もちこたえる。プロパガンダは先駆者であるソ連からその特性を取り入れているが、標的を定めたイデオロギー的特性を放棄してから、独創的になり、はるかに大規模になっている。それには三つの要素がある。すなわち不安定化、混乱、極小化である。

不安定化は、「アジ宣伝」として知られたソ連政権の行為の直接的延長である。それは抗議運動の言説——たいていの場合、別のところにある——を増幅させ、必要があればそれを操作して、民主主義国家にトラブルと動揺の種をまくことである。クレムリンによるこうした情報操作の戦略は、きわめて充実した報告書で明らかにされた[12]。ロシア政権は、直接支配下に置いているメディア、ソーシャルネットワーク、電子メールサービス、インターネット上のビデオチャンネル、そして西側諸国にあるロシアの中継所——共犯あるいは「役に立つ愚か者」——の助けを借りて、多くの視聴者にアメリカの「ウォール街を占拠せよ」、ドイツのペギーダ（西洋のイスラム化に反対する欧州愛国者）、フランスの「黄色いベスト運動」のようなさまざまな運動を知らせることができた。こうした反欧米の不安定化の操作は、アフリカでもおこなわれていることが多くの資料で裏付けられている。反ワクチン運動や新型コロナウイルス危機のときの厳しい保健措置への反対の背後にも、クレムリンのネットワークがあった。ロシア政府は、アメリカやヨーロッパの極右など、特定の「反体制」運動や政党を、資金面もふくめて広く支援してきた。直接的な関係が容易に確立されることはないにしても、ロシア政権はつねに極左のいわゆる「タンキスト（戦車兵）」といわれるイデオロギーを当てにすることができた。それはアメリカの帝国主義や大西洋同盟はすぐに非難するが、領土拡張政策、人権侵害、独裁政治の犯罪には寛容なイデオロギーである。

この不安定化は、民主主義諸国の統治をより複雑にして穏健な政権を非合法化し、ロシア政権により好都合と思われる極右や極左を増大させることを目的としている。また、欧米のいわゆる「独裁政権」——とくに新型コロナウイルス危機の際、フランスでは「保健独裁」ということがいわれた——と正真正銘の独裁との混同を強化することにもなる。その目的はつねに、みずからの犯罪を相対化することにある。プーチンは、ロシアの刑務所での身体的、心理的拷問の日常的な慣行に口出しできないように、嘆かわしい状態にあることが多いのはたしかであるフランスの刑務所についての批判的な報告書を利用することが可能だったのだ[13]。反ユダヤ主義と関連していることが多い陰謀論は、多くの例が示すように、黄色いベスト運動[14]や、保健衛生上の制約に対する抗議運動などと同じロジックの一環をなしている。それは、たとえば製薬会社のような「グローバル化したエリート」が人々に対してたくらんでいる陰謀を示すということである。陰謀論的なレトリックの使用は、多くがクレムリンの勢力圏内にある「再情報」サイトとされる多くのサイトの、発射台としての役割を果たす。そうしたサイトは、「主流メディア」に対して代替の真実を提示することをねらいとし、「グローバル化したエリート」によって支配されているとみなされる伝統的なジャーナリズムに対して、方法論的な疑いとは全く関係のないシステマティックな疑いという武器をもちいる[15]。事実や科学的に確立された真実について、個人が何かを信用することを妨げ、確信から引き離すこともねらいとしている。こうした土壌でクレムリンは、ウクライナの「ナチズム」、二九八人が死亡した二〇一四年七月のロシア製「ブーク」ミサイルによるマレーシア航空機ＭＨ１７撃墜事件、シリアでの化学攻撃、アレクセイ・ナヴァリヌイの毒殺など、さまざまなテーマのプロパガンダを展開している。一般に「ホワットアバウティズム」と呼ばれ、クレムリンが犯した犯罪に言及されたときに、すぐ西側諸国が犯した過ちを想起させる手法も、同じように混乱に導くやり方の一環である。

誰もが心に留めておくべきだが、プロパガンダの真の目的は、かならずしも同意を促すことにあるのではなく、犯罪の影響力や重要性を過小評価させることにある。そうすることで、指導者や世論の行動への決意が弱められることになる。「穏やかな」宣伝活動家はたえず西側諸国とロシアを対立させ、クレムリンが感じているとする「脅威」の感情を訴え——まさにプロパガンダの目的で訴えているものである[16]——、プーチンの戦争の「理解」につながるモスクワが受けているという「屈辱」に言及し、西側諸国の「悪しき行為」を強調する。ドンバスやクリミアの「係争中」の領土についても同様であり、あたかも国際法は重要ではないかのように言及される。またいわゆるロシアの「利害地域」については、フランスの社会学者がソ連について示したように、[17]特定の政権が言い出したことではないかのように言及される。したがってプロパガンダは一石二鳥である。一方で、「複雑で矛盾がある」——ソ連時代の古典的表現——ものとして状況を示すことを目的とするこうした発言のすべては、時効にかからない犯罪についての考察を避けることになり、結局のところ、ロシアの戦争を正当化することになる。また一方で、プーチンのイデオロギー的勝利に貢献し、指導層や世論の中で国境に関する国際法と人道法というふたつの国際秩序の構成概念を、失効させる訳ではないにしても、副次的なものにする。

NATOを弱体化する？

NATOは、プーチン政権によって作られた強迫観念のようなものであり、一部のプロパガンダの中心的要素である。それは大西洋主義的組織を「真の」脅威とみなしていることを意味しているわけではなく、反対にすべては順調に始まったように思われるのに、脅威とみなしているふりをするほうが得だということである。実際、ロシアとＮＡＴＯの協力関係は「平和のためのパートナーシップ」によって一九九四年にスタートし、一九九七年五月二七日にボリス・エリツィンが署名したＮＡＴＯ・ロシア基本文書によって正式に認められた。ヴラジーミル・プーチンは、二〇〇〇年に就任した当初は協力的姿勢を示しているように思われ、二〇〇二年五月二八日には、アフガニスタンでのテロとの戦いを背景として、チェチェンにおけるロシアの戦争犯罪には目をつぶり、ＮＡＴＯ・ロシア理事会が発足した。ジョージアに対するロシアの攻撃がこの理事会の存在に終止符を打ったのだが、二〇〇七年二月一〇日にミュンヘンでロシア大統領がＮＡＴＯの拡大を「挑発」であると述べたスピーチは、すぐに忘れられたように思われた。そして協力関係は二〇一四年のロシアによるウクライナ侵攻まで継続し、それ以降も、コミュニケーションのチャンネルは開かれたままだった。

ロシアの言説は三つのフィクションを根拠としている。第一は、ＮＡＴＯを中・東欧諸国に拡大しないという約束がなされていたとするフィクションである。しかしこの説を裏付けるいかなる公式文書も存在しない。第二は、ＮＡＴＯによるロシア包囲網というフィクションである。欧州連合と同様にＮＡＴＯがつねにロシアとの協調路線をたどろうとつとめてきたことにくわえ、ＮＡＴＯはかつても今もまず防衛組織であり、いかなる非侵略的国家も脅かすことはない。第三は、ウクライナを介したＮＡＴＯの脅威というフィクションである。このことは、二〇二二年の新たな侵攻の口実とされた。しかし二〇〇八年のブカレスト首脳会議で、ドイツとフランスは、ウクライナへのロードマップ（メンバーシップアクションプラン―ＭＡＰ）の付与を明確に阻止し、ウクライナは一九九四年のブダペスト覚書に従って中立国となっていたが、この覚書は二〇一四年にロシアによって侵害された。

実際のところ、現実はクレムリンが提示するイメージの逆である。NATOはつねにモスクワに手を差し出しており、協力的で民主的なロシアであればおそらく最終的にはNATOに加盟することになったかもしれない。最近までNATOは、良識の範囲を超えて、可能な妥協をすべて受け入れてきた。二〇〇八年のウクライナとジョージアの加盟を阻止し、NATOの未来を展望する文書でロシアがそれ以後ヨーロッパの主要な脅威とされることになったとはいえ、二〇一四年以降も慎重な対応をし、加盟国と非加盟国（ウクライナ）を明確に区別して、二〇二二年二月二四日以降も直接的介入をおこなわなかった。ロシアの新たな戦争によって、スウェーデンとフィンランドはNATO加盟を決意し、この戦争のあとにはウクライナの加盟申請は真剣に再検討されるかもしれないし、再検討されるべきだろう。すくなくとも、緊急の必要性は明らかになっている。

第11章　プーチンと周辺地域の攻撃

ニコラ・タンゼール

プーチンの支配欲は世界的なものだ。ロシア政権は、伝統的な「勢力圏」とみなされる旧ソ連の領土にかぎらず、その範囲をはるかに超えて、動揺や、無秩序、腐敗の種をまこうとしている。この意志は旧ソ連の外交政策を延長したもののようにも見えるが、しかしそこから逸脱してもいる。ソ連は、資本主義・自由主義体制に対する世界的な闘いの一環として、中立的とされる国々の好意的な同意を得ながら、できるだけ多くの政権をマルクス・レーニン主義の独裁制へと転換させようとしていた。世界各地の共産主義運動を支援することで、彼らが政権を掌握する準備をしようとしていたが、その任務は西側に好意的とみなされる一部の政権の腐敗した粗暴な性質によって容易になったのかもしれない。プーチンの意図が、西側諸国に敵対する政権をぐらつかせる、あるいは強化することにあるのは確かだが、かつては口実とされたこともあったイデオロギー的基盤はすべて消滅した。リベラルな国際秩序の基礎をきずくとされる原則と闘うということに変わりはないが、その計画はもはやある秩序を他の秩序におきかえるということではない。今や、徹底的な破壊と永続的な不安定化をもたらすということなのである。[1]

実際、三つのことが変化した。まず、共産主義のイデオロギーは、その魅力も、対象とする相手も失った。現在のロシアは、コミンテルン時代のソ連が多かれ少なかれそうだったような、イデオロギーの拠点ではない。まだ漠然とそれを標榜していると思われる政権――ベネズエラのチャベスやマドゥロのボリバル主義――、あるいはそこからいくつかの要素を取り入れている政権――かつてのイラクのバアス主義、現在はシリアのみだが、共産主義とも世俗主義とも関係がない――でさえ、もはや幻想をあたえることはない。それでもイデオロギーの近さについて語るとすれば、それはむしろ極右ナショナリズム、反ユダヤ主義、修正主義、民族主義などのさまざまな勢力が挙げられるかもしれない。[2]プーチン政権のロシアとの関係は、汚職の協定[3]や犯罪の組合をほうふつさせる。

第二に、ロシア政権がこうした国々を掌握する手段は、アメリカとのいわば戦略的な同等性を主張できたソ連時代よりも少なくなっている。クレムリンは地域の組織的中継地ももっていない。プーチンは、北京との暫定的な同盟――ミャンマーでそうだったように――によって、特定の政権を軍事的に支援して、そこで捕食的行動を展開することはできるが、永続的な同盟を押しつけることはできない。とはいえ、デジタルツールのおかげで、はるかに侵襲的で有害なプロパガンダの手段をもっている。[4]

最後に、別の意味で作用する要因として、プーチン政権のロシアには、冷戦時代のアメリカとその同盟国のような断固として対峙すべき敵がもういないということだ。東西の壁が崩壊したあとに広まった敵不在説によって長い間眠りについていた同盟は、ロシア政権の重大な脅威と犯罪を前にして視線をそらしていた。ロシアの戦略的、経済的影響力の弱さが、西側諸国の臆病さといわば均衡を保っていたのだ。ロシアは、国民の福祉を無視して開発したいくつかの手段を利用して、犯罪的な政権を支援し、自国につごうの良い運動に対して適切な時期に決定的な支援をあたえた。一九五六年のブダペストや一九六八年のプラハやワルシャワのように、軍事介入したり秩序を回復するための作戦を実行したりするのではなく、西側諸国に敵対する政権を支持したり、かつての勢力圏の一部を維持したり、多少なりとも支配することを望んでいる地域から民主主義を取り除いたりするために、必要最低限のことをしてきたのである。そして戦う相手がいなくなったプーチン政権のロシアは、強国として姿をあらわすことができたのである。

旧ソ連共和国のあいまいな領土

プーチン政権がジェノサイドのような大量殺戮[5]の戦争を開始したウクライナのほかにも、クレムリンの当主はかつてソヴィエト帝国の支配下にあった国々を従属させようとし、多少なりとも成功を収めている。元KGB将校だった彼は、KGBの消滅に対する心痛を隠すことはけっしてなく、それを「二〇世紀最大の地政学的惨事[6]」と表現していた。彼は旧ソ連諸国に独自の道をたどる意志をもたせないようにしようともくろんでいる。

ベラルーシのケースは最も悲劇的な例である。独裁者アレクサンドル・ルカシェンコは、手荒なやり方で国家を統治しながらも、長らくモスクワと一定の距離を保とうとしていた。散発的に形だけの開放性を見せることで、ウクライナ、ジョージア、モルドヴァ、アルメニア、アゼルバイジャンと並んで、欧州連合との東方パートナーシップの署名国のひとつとなった[7]。欧州の主唱者たちは、このパートナーシップを欧州連合の待合室と考えていたわけではなく、経済援助の分野で多くの利点をともなっていた[8]。こうした国々が制度を整え、適切な改革を実施することによって、法治国家へと前進することを期待して設置されたものだったのである。そしてルカシェンコはしばらくの間、両国の融合というロシアの提案に好意的に応じることに消極的な姿勢を示していた。

抑圧が激しくなり、二〇二〇年八月の大統領選挙で複数の候補者が出馬を妨げられると、ベラルーシの人々は自由を求める一連の平和的なデモ[9]に参加したが、その中心人物たちが逮捕されて重い禁錮刑を宣告された。大規模な不正行為でけがされた二〇二〇年の選挙は、ルカシェンコの勝利宣言にいたり、ただちに異議が申し立てられ、西側諸国からは認められなかった。おそらく実質的に大統領に選出された主要な対立候補であるスヴャトラーナ・ツィハノウスカヤも、多くの反体制派の人物も、国外脱出を余儀なくされた。抑圧は激しくなり、数人の犠牲者も出て、約一三〇〇人の反体制派が逮捕されるにいたった。ただちにロシアの特殊部隊が体制強化のためにやってきて、ベラルーシKGBによる弾圧を支援した[10]。同様に重要なのは、まだ自由だったあらゆるメディアが閉鎖を余儀なくされて、国外に脱出しなかったメディアの主宰者たちが投獄される一方、ロシアのニュース専門局ロシア・トゥデイ（RT）が、ベラルーシ国営テレビの編集部を管理するスタッフ数名を派遣してきたことだ[11]。

こうした全面的な抑圧という状況下で、おそらくはクレムリンの支援を受けたベラルーシ情報機関による航空機のハイジャックが、世界の世論に衝撃をあたえた。二〇二一年五月二三日、ギリシアのアテネとリトアニアのヴィリニュスを結ぶライアンエアーの定期便が、ベラルーシ戦闘機により目的地を変更してミンスクに着陸するよう強制され、反体制派ブロガーのラマン・プラタセヴィチとそのパートナーであるソフィア・サペガが逮捕された。数日後、明らかに拷問を受けたあと、プラタセヴィチはベラルーシのテレビで、強制による自白の言葉を述べた。この事件のあと、欧州連合はベラルーシの航空機による領空の飛行を禁止するとともに経済制裁をおこない、政権の重要人物に対する断固たる制裁も強化された。国家による誘拐にいたったこのハイジャック行為は、この政権が手段を選ばない政権であることを明らかにした。

二〇二二年二月二四日のロシアによるウクライナ侵攻の前に、ベラルーシはロシアとの合同演習に参加し、一部のロシア部隊はベラルーシにとどまった。ウクライナに対する大規模攻撃が開始されると、ルカシェンコはクレムリンのプロパガンダを援用して、戦争に反対の意思を表明したり、戦争と呼んだりしたベラルーシの市民を非難しはじめた。ベラルーシ領土からウクライナに対して数発のミサイルが発射されたが、軍司令官の一部による反対、部隊の準備不足、破壊活動——とくにロシアの戦車や部隊を前線に輸送するはずの列車の破壊——だけが、これまで、ルカシェンコが全面的に自国を戦争に巻き込むのを阻止してきた。

ベラルーシ大統領は、プーチンの失脚がみずからの失脚につながること、ウクライナの勝利によって自分の立場が維持できなくなることを知っている。どちらの場合でも、ロシアがベラルーシに提供している軍と安全保障の支援は無に帰すだろう。反対に、ベラルーシの野党は当初、国内の民主革命を国際的視野に組みこまないように、ロシアに反対しないように気をつかっていたが、今日でははっきりと、ベラルーシの圧政からの解放と、モスクワの束縛からのウクライナの解放を結びつけている。同様に、この革命はヨーロッパの価値観によってマイダン革命を想起させかねなかったが、欧州連合への道すじを考慮に入れないように気をつけていた。ウクライナとモルドヴァの欧州連合への立候補が公表されて以来、たしかにベラルーシはそのような動きを準備しているが、それはこの国が自由で民主的になったときのことだ。二年以内に、ベラルーシ国民はウクライナ国民と同じように、欧州での正当な地位を獲得するだろう。

ベラルーシのほかにも、ヴラジーミル・プーチンはモルドヴァの領土の一体性も脅かしている。一九三九年八月二三日の独ソ不可侵条約（および秘密の協定）にもとづいてスターリンが占領、併合、ソヴィエト化したこの旧ルーマニアの地方からは、多くのエリートが強制移送された。モルドヴァは一九九一年に独立を回復したが、一九九二年には「沿ドニエストル共和国」と対峙することになった。トランスニストリアとも呼ばれるこの地域は、ソ連のもうひとつの残存地域であり、ロシア軍の支援を受けて分離独立した[12]。その国旗にはソ連国旗にあった鎌と槌の図柄が描かれている。沿ドニエストル共和国は国際的な承認を受けておらず、ヨーロッパで対立の原因をはらむ中心地であり、無視されることもしばしばである。約一七〇〇人のロシア兵によって占領されているこの地域は、いつでも「反ロシアの挑発」を主張することができるプーチンの好戦的意図のための潜在的拠点となっている。

二〇二〇年一一月一五日のモルドヴァ大統領選挙では、親欧州派のマイア・サンドゥが、任期満了した親ロシア派の大統領イゴル・ドドンを大差で破り、親欧州派政党が勝利した二〇二一年七月の議員選挙で体制を堅固なものにした。二〇二〇年六月末に、モルドヴァが欧州連合への加盟国候補として承認されたことによって、決定的な転換が具体化する。旧ソ連の棺に打ち込まれたこの新たな釘は、プーチンが主張し続ける旧「勢力圏」の自由解放への意志を証明している。ウクライナでのロシアの勝利、あるいはそれに相当する紛争の凍結状態は、モルドヴァを不安定化させる試みを強化し、この地域に駐留する部隊を利用しようとするクレムリンの意欲をかきたてることにしかならない[13]。逆に、ウクライナと連合国の勝利は、凍結した紛争の解決を容易にするかもしれない。

カフカスにある三つの旧ソ連共和国のうち、ジョージアは、ロシア軍によって領土の二〇パーセントが支配されているため、その境遇が最も深刻であるとみなされることが多い。だが、犠牲者の数を比較すると、最も多くの人命を奪われた国はアルメニアである。その死者のほとんどがロシアではなく、隣国アゼルバイジャンによる犠牲と思われるにしてもだ。この状況は、かつての敵国であると同時に、ソヴィエト帝国の構成国でもあった両国のパラドックスを端的に示している。つまり共通する困難な遺産があり、一九九一年以降凍結状態を解かれた対立が利用され、プーチンの大統領就任後にさらにそれが悪化したのだ。

アルメニアとは異なり、アゼルバイジャンはロシアの支配下に置かれていないため、モスクワとは異なるタイプの同盟を模索することが可能である。アゼルバイジャン政府は、あらゆる反対意見の抑圧[14]と西側諸国に積極的に影響力をおよぼす政策[15]を旧ソ連から受け継ぎ、国内外の汚職にかんして、プーチン政権を部分的に模倣してきた。トルコ政府との緊密な関係、イスラエルとの確固たる軍事的関係[16]、イルハム・アリエフ政権による重要な人権侵害に対するアメリカや欧州連合の相対的な沈黙――部分的にはこの国が炭化水素に関してロシアに対する抑止力をもつという理由からだ――によって、アゼルバイジャンは容易に西側陣営に入れそうだが、しかし状況はそれほど単純ではない。というのも、アリエフ一族は、ロシアがそれを受け入れ、そのことがみずからの利益になると考える状況でしか権力を維持できないことを知っているからだ。しかもプーチンは、望んだときにナゴルノ・カラバフでの紛争を終わらせることができ、一方アゼルバイジャン軍には戦闘の継続に必要な潜在力があった。アゼルバイジャンがアルメニアに軍隊を差し向けることができたのは、クレムリンの公認があったからだと考えるのが自然だ。最終的に、二〇二〇年秋の戦争は、ロシアとアゼルバイジャンという主要な二か国[17]――そして付随的にトルコ――の勝者をもたらした。またアルメニアと西側諸国というふたつの敗者を生み出したが、西側諸国はみずからの失策によってであった。

実際、アルメニアは日々刻々とモスクワの保護下に移されている。アルメニアは長きにわたり、支配と隷属と同義である旧植民地大国ロシアと、自由、解放、繁栄を期待させる西側諸国の間でうまく立ち回ろうと努めた。しかし西側の同盟国は二〇二〇年の戦争以前にはアルメニアをほとんど放置しており、アルメニアのために戦略を立てることにあまり熱心ではなかった。東方パートナーシップは、経済的な観点からも、ましてや戦略的な観点からも、ヨーロッパにしっかり定着しているわけではない。二〇二〇年のナゴルノ・カラバフでの紛争によって、アルメニア領内のロシア軍駐留部隊が強化されたが、ロシアの情報機関はすでに国境を管理していた。二〇二〇年一一月一〇日の停戦協定によって、一九一〇人のロシア軍兵士がこの地域に駐留することが認められ、ナゴルノ・カラバフは事実上ロシアの管理下におかれた。しかし、この地域のロシア人関係者は一万人にのぼると指摘する人もいる。この支配の最も明白な象徴のひとつは、かつてロシアの支配に反対していたアルメニア首相ニコル・パシニャンが、二〇二二年一月初めに起こったカザフスタンでの反政府デモ弾圧のため、集団安全保障条約機構[18]（ＣＳＴＯ）の部隊派遣をみずから発表しなければならなかったことだ。二〇一八年のビロード革命がもたらした希望は、遠い記憶となった。

　旧ソヴィエト帝国の一部である中央アジアの諸地域は、大部分がモスクワの影響下にあるが、それぞれの間には顕著な違いがある。トルクメニスタンは、この地域における北朝鮮のような成功例と思われるが、その他の国々は、権威主義的でしばしば超抑圧的ではあっても、クレムリンとは一定の距離を保つべきであることを理解しており、二〇二二年三月のロシアのウクライナ侵攻を非難する国連投票では棄権あるいは欠席した。とはいえ、ロシアの保護から完全に離れることはまだできていない。カザフスタンの新大統領カシムジョマルト・トカエフは、ロシアによるカザフスタン介入の恩恵を受けたにもかかわらず、ロシアと距離をおく姿勢を強く示すことをためらわなかった。ロシアに対する制裁政策を支持し、戦争に対する抗議デモを容認し、ウクライナとの緊密な関係を維持し、ドネツィクとルハーンシクの疑似共和国の承認を拒否した[19]。二〇二二年一月の反政府デモ弾圧のあと、彼の立場は国民から一定の評価を得ているように思われる。とはいえ、ロシアがカザフスタンの自治権拡大政策に対して、強力に反撃する能力を有しているかは定かではない。強国になることをめざすカザフスタンは、他の同盟や、モスクワに向けられなくなっている投資を受け入れる能力が必要であることを理解している。

この地域の他の国々、とくにキルギス、ウズベキスタン、タジキスタンは、抑圧的な独裁政権——キルギスは短期間の民主主義を経験したあと——を維持しているので、西側陣営との同盟を求めることは考えにくい。とはいえ、ウクライナ戦争で、ロシア政権が安全保障の面でも、経済的な面でも、当てにならないことが明らかになった。これらの国々は、モスクワへの経済的依存によって、暴発寸前で抑圧されている国民の不満を増幅させかねない不安定な状態にいたることも望んではいない。プーチンがウクライナで大きな敗北をきっすれば、むずかしい選択を迫られることになるが、かつての植民地支配者にその選択をゆだねないことは確かである。戦争はこの抗しがたい変化を加速させたに過ぎない。

バルカン半島の再細分化

ソ連にとってチトーの旧ユーゴスラヴィアは、はかなく消えた帝国の夢だった。セルビア大統領スロボダン・ミロシェヴィッチの敗戦後[20]の新ユーゴスラヴィア崩壊は、モスクワにとってよくない知らせだった。モスクワは、おそらくセルビアの戦犯ミロシェヴィッチを、ヨシップ・ブロズ・チトーよりも信頼できる同盟者とみなしていたからだ。部分的にスロヴェニアとクロアチアに属する地域となり、部分的に欧州連合の管轄地域とされ、一部の国々がＮＡＴＯ、したがって西側陣営に加わったことは、プーチンにとって帝国へのプロジェクトの決定的な後退のように感じられた。バルカン半島西部が、再統一される代わりに、ヨーロッパの自由の旗印の下で平定されるのは、阻止されるべきプロジェクトだった。

この地域の一部を支配するという政策において、クレムリンは、この地域最大の国家セルビアというこのうえない同盟国をえた[21]。政府がヨーロッパ寄りに変化することを望むセルビアのリベラル派の期待は、アレクサンダル・ヴチッチが二〇一四年に首相に就任し、二〇一七年に大統領となったことでくずれさった。彼はもともとウルトラナショナリストだったが、きわめて過激な発言はおこなわなくなり、二〇一二年に欧州連合への加盟候補国の地位を得たセルビアを、ヨーロッパ寄りに変化させると公式に表明してもいる。しかし、彼の現在のスピーチには、過去の強烈な名残が見られる。彼はミロシェヴィッチや、ボスニアのセルビア民族主義者の犯罪を断罪することを拒否している。戦争終結に決定的な影響をあたえた一九九九年のNATO爆撃に言及しつつ、反大西洋主義のレトリックを繰り返しもちいている。とくにセルビアが独立を認めていないコソヴォに関して、意図的に扇動的な言説を展開しているが、これは偽りの対称性の効果によって、ウクライナとの戦争を正当化しようとするモスクワと、ヨーロッパにいるモスクワの宣伝活動家たちによって決まってもちいられているテーマである。結局、こみ入ったレトリックにもかかわらず、彼は事実上ロシア政権を支持しており、汚職やマフィアグループとの闘いに消極的であることは言うまでもない[22]。二〇二一年五月、安全保障同盟条約の共同署名者であるセルビアとロシアは、共同軍事演習もおこなっている。さらにセルビアは、ロシアや中国とともに、ミャンマー軍事政権に兵器を販売している国々のひとつである。両国の情報機関は緊密な関係を維持しており、ロシア情報機関は二〇一六年からセルビアに拠点を設けている。セルビアはかつてワルシャワ条約機構にも加盟していなかったが、今はCSTOのオブザーバーの地位を獲得している。セルビアは、ロシアの天然ガスに関して依存的な立場に置かれてもいる。結局、ロシアのウクライナ侵攻を公式に非難することはなく、ロシアへの制裁も拒否したが、表面上は中立を保っている。[23] 注目すべきもうひとつの事実がある。モスクワ総主教庁は、ウクライナ正教会を認めていないセルビア正教会をすくなくとも支持しているということである。ミロシェヴィッチの政策を支持し、虐殺をおこなう前に戦闘員を祝福していたこのセルビア正教会は、モスクワの便宜のためにこの地域を不安定化する手段にもなっている。モンテネグロでの抗議運動[24]――二〇一七年のNATO加盟はモスクワを激怒させた――では積極的に活動していた。議会選挙がおこなわれた二〇一六年一〇月一六日、国内の親ロシア派野党議員の支援を受けたクーデター未遂が発生したが、ロシアによるものとされ[25]、非難された。

最も緊迫した状況にあるのがボスニア・ヘルツェゴヴィナだ。その構成体のひとつである、セルビア人を主体とする共和国（スルプスカ共和国）の指導者で、ロシアの公然たる支持者であるミロラド・ドディクは、スルプスカ共和国の分離独立を推進しており、共和国議会は拘束力のない決議を可決した。セルビアもロシアも、この方向へのあと押しをしており、大セルビア（ヴェリカ・スルビヤ）計画は大ロシア計画と強く共鳴している。これは、ボスニア・ヘルツェゴヴィナのNATO加盟、そしておそらく欧州連合加盟を阻止するということでもある。スルプスカ共和国の分離独立[26]は、一九九五年のデイトン合意に反するだけでなく、クレムリンの不断の戦術目標であるバルカン半島の再細分化の前兆となりかねない。

自由と権利に対する犯罪の前線

プーチンの野心は旧ソヴィエト帝国の伝統的地域に限定されることなく、世界的なものとなっているように思われる。とはいえそれはかならずしも征服によってなされるものではなく――貧しい大国にはしょせん不可能である――、まともな秩序をすべて破壊することによって、要するに犯罪によってなされるものである。犯罪の共謀関係においてシリアほどひどい国はない。ロシアはイランとともに、バッシャール・アル＝アサド政権による住民の大量殺戮の企てに加担している。民主主義国家が二〇一一年にこの政権を制止することを拒否し、二〇一五年秋からはロシア――とくに新型兵器の実験をおこなったロシア軍によって続けられた人道に対する罪[27]――を制止するのを拒否したことは、プーチンが他の場所で続けることができるという合図をあたえたようなものだった。同時に彼は、トルコとヨルダンが最も多くの難民を受け入れたとはいえ、ヨーロッパに向かう大規模なシリア難民の流れを利用し、陰謀論者を使って反移民政策を掲げる極右政党を強化したのである。

リビアでは、国家の混乱状態が長引くことを望み、陸軍元帥ハリファ・ハフタルの正当な政権に対する反乱を支持している。ロシアは、共同演習をおこなっているアルジェリアなど軍部が統治する国々や、アブドルファッターフ・アッ＝シーシーのエジプトなど、ソ連のかつての取引国とも良好な関係を維持している。アフリカでは、ロシアのプロパガンダが大規模に展開されており、クレムリンは反欧米政権（中央アフリカ共和国）、軍事クーデター政権（マリ）を支持し、アフリカの他の国々にも影響力を強化している。キューバやベネズエラの独裁的で抑圧的な政権についても同様である。プーチンは、ミャンマー軍事政権の血なまぐさい弾圧を支持することもためらわなかった。

ロシアは、伝統的な軍隊や軍事諜報機関の直接的介入のほかにも、多くの国で民間軍事会社ワグネルの力を借りている。ワグネルはプーチン政権と密接な関係にあり、二〇一五年からの非公式経営者がエフゲニー・プリゴジンである。サンクトペテルブルクの元マフィアであるプリゴジンは、とくに軍隊用の集団給食を請け負う大きな契約によってプーチンの「シェフ」と呼ばれた。集団給食の事業は友人から獲得したものである[28]。とめどなく残忍な行動様式をもつ傭兵組織ワグネルは、シリアからマリ、ベネズエラから中央アフリカ、モザンビークからリビア、スーダンからベラルーシにいたるまで二〇か国以上で活動している。ワグネルの傭兵は、彼らが介入した多くの国々で、裁判抜きの処刑、レイプ、拷問、略奪[29]などをおこなっており、いかなる職業倫理にも従わない。ロシア正規軍はシリアやウクライナで人道に対する罪や戦争犯罪を犯したが、ワグネルの行為はそれよりさらにおとる。ヴラジーミル・プーチンは、ワグネルとロシア国家との直接的な関係を否定してきたが、二〇二二年の新たなウクライナ侵攻以来、ワグネル・グループはロシアの刑務所や中央アジアの一部の国々で兵員を徴募しており、志願者にロシア国籍の取得を約束してさえいることから、関係性は否定しようもなくなっている。ワグネル・グループは、ロシアの軍事基地への宿営や戦闘機の恩恵も受けている。ワグネル指導者のドミトリー・ウトキンは、二〇一四年からウクライナで活動し、ネオナチとの親近性やクレムリンにいたこと[30]で知られているが、グループの戦闘員のなかには、はっきりとナチへの共感を示すタトゥーを入れている者もいる。

プーチン政権の不安定化活動とその犯罪の全体像は、帝国的あるいは帝国主義的政権という観点で単純に理解できるものではない。元KGB工作員である彼はおそらく、ソ連崩壊で失われた勢力圏を取りもどし、一九九一年以前の時代と同じように多くの国を服従させ、属国化する活動を続けようとしているのだろう。しかし、それしか見ないのは間違っている。かつてサンクトペテルブルクのごろつきだったプーチンがきずきあげようとしているものは、犯罪の領域の延長にある。彼は永続的な支配の確立、あるいは「千年帝国」をきずきあげることは考えていない。彼はなによりもまず、可能な限り法と人間の尊重によって支配される世界を打ち立てようとする文明世界の主張に逆らって、自分が大きな抵抗もなしにすべてが可能ですべてが許される無法地帯へと、世界を変えることができると示したいのだ。そして、もはやプロレタリアートが支配者として統治するより良い世界というフィクションによって支えられてはいない、完全かつ本質的に犯罪的な政権の頂点に立っている。たしかに彼は、一部の独裁者たちが西側諸国に対して抱いている憎悪を利用することもできる。独裁者たちは西側諸国を悪事をなしとげるうえでの障害とみなしているからだ。しかしプーチンの計画は自由世界の破壊のさらに先にある。それは犯罪を完全に支配するということだ。今こそそれを理解し、阻止すべきときだ。ウクライナに対する戦争でプーチンが完全かつ全面的に敗北すれば、まだモスクワに完全には依存していない一部の国が、おそらくより良い同盟国に希望を託すことになるだろう。

第12章　プーチンとウクライナの強迫観念

ミコラ・リアブチュク、イリナ・ドミトリシン

現在進行中のロシア・ウクライナ戦争の帰趨にかかわらず、ヴラジーミル・プーチンの人物像とその歴史上の立場は、この重要なできごとによって最終的に決定されるだろう。レーニンの立場がボリシェヴィキ革命と解きほぐせないほど結びつき、スターリンの立場が大粛清やグラーグと結びつき、ヒトラーの立場がナチズムやユダヤ人大量虐殺と結びついているようにである。プーチンは、真の革命家と同じように、現実について独自の空想的ヴィジョンを創造したが、現実をゆがんだヴィジョンに適応させるために、きわめて乱暴な手段を講じることもした。

ジェノサイドと呼ぶこと

プーチンが平和的な隣国に対して開始したいわれのない戦争から五か月間で、ロシア軍は四万人の兵士を失ったとされるが、これはアフガニスタンの戦争で九年間に失った数の二倍である。[1] ロシア経済は、国際的な制裁の影響で二〇〇〇年代の水準まで縮小した。[2] 民主主義のわずかな名残は、最後の独立系メディアやＮＧＯの閉鎖によってとどめを刺され、[3] あらゆる反抗を罰するための過酷な禁錮刑がロシア刑法に導入された。強化されたプーチンの独裁は、狂信的愛国心と好戦主義を義務的イデオロギーとする、正真正銘の全体主義に変貌した。[4] 戦争によってロシア大統領は、文明世界には受け入れられない国際的なのけ者となったが、このことはもっと早く認識されるべきだった。

戦争が自国の領土内でおこなわれているウクライナ側の損害はより大きなものだ。すくなくとも四〇〇人の子どもをふくむ数千人の民間人が無差別爆撃とロケット弾攻撃で殺害され、七〇〇万人の難民が国外に逃げ、さらに六〇〇万人が国内避難民となった。国民のおよそ三分の一が故郷を離れなくてはならなかったのだ。民間インフラ、学校や病院、道路や橋、工場や倉庫、ショッピングセンターや集合住宅に甚大な被害が出ている。キーウでの手痛い敗北のあと、ロシア軍は焦土戦術をとり、ウクライナ南東部の町や村全体を破壊しつくした。

さらに、ロシア軍は民間人の誘拐、拷問、虐殺、レイプ、略奪をおこない、住民を「選別収容所[5]」に入れて、子どもたちをふくむ多くの住民をロシアの辺境地に強制移送した。[6] こうしたことから、人権擁護者だけでなく、国際社会の不安をかき立てることになり、戦争犯罪、人道に対する罪、集団殺害罪について、文書化され、法的根拠にもとづいた告発を引き起こした。数百件の戦争犯罪容疑が、ウクライナの検事と各国の検事が協力しておこなう捜査の対象とされ[7]、一方、政治指導者やジャーナリストは、この恐ろしい数の暴行が特有の性質をもっているかを明確にしようとする議論をさらに進めている。ロシア軍が犯した数々の残虐行為や、クレムリンの指導者たちが宣言したウクライナを「脱ウクライナ化する」という意図は、ジェノサイドとみなすことができるのだろうか[8]。

著名なイギリス人弁護士で、『ニュルンベルク合流——「ジェノサイド」と「人道に対する罪」の起源[9]』〔園部哲訳。白水社。二〇一八年〕の著者であるフィリップ・サンズは、ジェノサイド（大量虐殺）という犯罪は意図の証明が必要であるが、一般的に行為者によって意図が明確に表明されることはないため、証明するのが困難あるいは不可能であると述べている[10]。多くの場合、大規模な残虐行為をジェノサイドと認定するか否かは政治的意図の問題となる。偉大なポーランド人法律家ラファエル・レムキン——一九四四年にジェノサイドという言葉を生み出した——によって作成され、一九四八年に採択された「集団殺害罪の防止および処罰に関する条約（ジェノサイド条約）」は、加盟国にこの犯罪の防止と処罰を義務づけるだけでなく、この犯罪を「国際的」なものとして規定し、国際社会に介入する権限をあたえている。「平和的手段が不適切で、国家当局が明らかにジェノサイド、戦争犯罪、民族浄化、人道に対する罪から国民を守る義務を怠った場合には（中略）、安全保障理事会を通じてしかるべき時に断固たる手段で集団行動をとること[11]」と定められている。しかし、安全保障理事会の常任理事国は、いかなる決定にも拒否権を発動することができるので、実際のところ、常任理事国やその支持国に対しては、国連の委託によるいかなる「集団行動」も不可能となる。この文書は、大量殺害活動を非合法化し、場合によっては戦争犯罪の調査や処罰を容易にするので、なによりも象徴的な重要性をもっている。

国際弁護士のグループとともにロシアの戦争犯罪についてウクライナ政府に助言しているフィリップ・サンズは、侵略犯罪に焦点を当てるべきだとみている。なぜなら侵略犯罪はきわめて明白で、明らかに違法だからだ。そして、とくに国際司法裁判所が侵攻の停止を命じ、ロシアがそれを無視したあとでは、ジェノサイドの犯罪よりはるかに証明が容易である。[12] とりわけ、「侵略犯罪は、数百万人の人間にあたえられた恐怖の主要な責任者に確実に的をしぼることのできる唯一の犯罪」である。フィリップ・サンズは、プーチンとその側近たちが、ウクライナで犯した戦争犯罪と人道に対する罪の個人的責任者であることを証明するのはおそらく可能であるとしている。しかしさまざまな証拠がロシアの階層の頂点にまで到達するかはまったく確実ではない。[13]「わたしが懸念するのは、三年から四年後に国際司法裁判所で戦争犯罪と人道に対する罪での刑事訴訟がおこなわれたとしても、被告が中級幹部であるかもしれないということだ。最高幹部は裁判を免れてしまうかもしれない[14]」と彼は説明する。

大量殺害の意図——「国家あるいは民族・人種集団の全体的または部分的破壊」、この場合はウクライナ国家——は、ロシアの「包括性」という説を主張する親モスクワの宣伝活動家によって激しく否定されている。その主張によれば、いかなる占領者も、「占領された」人々にパスポート、国籍、市民権、その他「占領」国のあらゆる社会的利益をあたえることはないというのである。実際彼らは、ロシア軍が侵攻した地域のウクライナ人を「被占領者」ではなく、「被解放者」とみなしている。ウクライナ人がなすべきことは、「ナチ」とされるウクライナのアイデンティティ、「人為的」とされるウクライナ語、「裏切り」とされる欧米志向、真のスラヴ人にとって「無縁」とされる自由民主主義体制を捨てることである。ウクライナ人が「解放」されることを望んだことはなく、ロシア国籍を得たいと思ったことはなく、自分たちの言語を放棄しようと思ったことはなく――旧帝国のロシア化の圧力のもとでさえも――、そして不完全な民主主義をプーチンの完璧な独裁体制に置きかえようとしたことは一度もなかったとしても、それは重要ではない。ほとんどのウクライナ人はロシアの「寛大な」申し出を拒否しているため、他の手段で説得を受けている。爆撃され、裁判抜きで処刑され、投獄され、レイプされ、拷問され、強制移送され、「選別」収容所で「再教育」されているのだ。

現地の状況の変化によって、懐疑論者さえもロシア軍が犯しているかつてない規模の戦争犯罪と人道に対する罪を認めざるを得なくなっている。ウィーンの中央ヨーロッパ大学の歴史学教授、マイケル・イグナティエフは、「誰かがジェノサイドという言葉を使うときはつねに慎重だった」が、ウクライナが明らかに「国家としてだけでなく民族としての存在」が脅かされているという最近の展開が、彼の見方を変えたことを認めている。ボルティモアのジョンズ・ホプキンズ大学准教授で、『ふつうのユダヤ人――ホロコースト中の選択と生存 Ordinary Jews. Choice and Survival during the Holocaust』[15]の著者であるユージーン・フィンケルもまた、つねに「ジェノサイド」という言葉を使うことに抵抗してきたと述べている。しかし、キーウ近郊のブチャでの数百人ものウクライナ民間人の虐殺が「例外ではなかった」ことが「ますます明白に」なり、それがモスクワの公式レトリックで明確に認められると、彼の見解は変化した。彼は、二〇一四年からクレムリンの広報機関となっているロシアの国営通信社RIAノーヴォスチで公開された、ティモフェイ・セルゲイツェフの有名な論説記事、「ロシアはウクライナで何をすべきか」を引き合いに出している。その記事は、「ウクライナ人問題の最終的解決」について公然と語るものだった。フィンケルは次のように述べている。「ジェノサイドのスペシャリストであるわたしは、経験論者であり、レトリックはつねに排除している。活動家たちはいたるところでジェノサイドの主張をおこなっているので、わたしはその主張についてきわめて慎重に検討する。だがここではそうではない。ここには行動があり、意図がある。進行中のジェノサイドである。純度が高くシンプルでだれの目にも明らかだ」[16]

ロシアの指導者たちのジェノサイドの意図はつねに、「非ナチ化」、「ロシア語話者の保護」、「NATOの前進を阻止する」、「ボリシェヴィキによって横領された領土の返還」、「人為的に分断されたロシア民族の歴史的統一の復活」など、『一九八四年』で独裁主義体制の世界を描いた、オーウェル的な言葉に包まれている。最近まで、彼らはあけすけな言い方をしないようにかなり慎重になっていた。ジェノサイドへと扇動する汚い仕事——ウクライナ人を揶揄・嘲弄し、ヘイトスピーチを広め、彼らを地上から抹消するよう呼びかけ、キーウを核兵器で攻撃すると脅すこと——は、よく知られた議員のヴラジーミル・ジリノフスキー、ネオファシスト哲学者のアレクサンドル・ドゥーギンなどといった政治的義勇兵に任せていた。彼らはたしかにクレムリンと、そしておそらく情報機関と近い関係にあったが、公式言説の「穏健な」イメージを突飛な言葉で損なわないように、近づきすぎないようにしていた。もっともらしい否定は、あらゆる「特別軍事作戦」において、ロシア政権が好むやり方である。

状況が変わったのは三月末のことだ。プーチンのキーウへの電撃戦が失敗し、「世界で二番目に優れた軍隊」がむしろ屈辱的な形で、この地域からの撤退を余儀なくされたのである。ロシア軍は「解放者」として迎え入れられると思っていたが、ウクライナ人は武器をとった。「ロシアを愛する善良なウクライナ人」と「民族主義の悪いエリート」という宣伝活動家の二分法は、二〇一四年のクリミア侵攻・併合で大きく揺らいだ。今日ではそうした二分法は消滅している。ロシア人は節度を失ったように思われ、一時的に占領した地域で民間人の虐殺や拷問をおこない、とりわけ、いわゆる「ナチ」[17]としてウクライナ人の絶滅を公然と呼びかけるあからさまなジェノサイド的宣言を増やしている。

ティモフェイ・セルゲイツェフの論説記事[18]はその本質を示すものであり、著名な歴史家で、第二次世界大戦中の中・東欧での大量犯罪のスペシャリストであるティモシー・スナイダーは当然のことながら、これを「ジェノサイドのマニュアル」、つまり「ウクライナ国家そのものを完全に排除するための明白な計画[19]」であるとした。「ロシアのマニュアルは、わたしがこれまで見た中で最もはっきりとしたジェノサイド的文書である。ウクライナ国家の排除と、ウクライナとかかわりのあるあらゆる組織の廃止を訴えている。ウクライナの〝人口の大半〟は〝ナチ〟、つまりウクライナ人で構成されていると仮定している。（中略）〝ナチ〟の独自の定義をしていて、〝ナチ〟とはロシア人になることを拒否するウクライナ人である。（中略）ナチとはウクライナ人であり、ウクライナ人はナチであるというこのばかげた方程式では、ロシア人が何をしてもファシストではあり得ない。（中略）そしてロシアは、〝非ナチ化〟[20]の名のもとにファシスト的政策を適用している」。ウクライナ人が「ナチ」であるという主張は侮辱であり、「殺害を正当化するためのヘイトスピーチ」である。ウクライナ人は活発な民主主義を実践し、国内に極右少数派グループはいるが被選挙資格を満たしておらず、自由で公正な選挙で大多数の支持をえてユダヤ人の大統領を選出したのである。[21]

スナイダーが言うように、セルゲイツェフの論説記事は明らかにウクライナの抵抗に対するリアクションである。戦争が始まった当初クレムリンは、国家を守ろうとするのは少数のウクライナ人たちだけであり、容易に排除できると考えていた。今日、プーチンのチームによって進められた戦争の公式ストーリーは、ナチの少数派に支配されたロシアを愛する「善良な」多数派という概念を放棄し、反対に、「国民のかなりの部分、おそらく大多数は、政治的にナチ政権に吸収された」ということになっている。言いかえれば、セルゲイツェフが言う「人々は善良であるが、政府は悪である」という前提は、もはや機能していないのである。「この事実を認識することが非ナチ化政策とそのあらゆる措置の基盤である」。この措置には、一方では、武器をとったすべての人々、指導者や活動家、「きわめて厳しくあからさまな手段で罰せなければならない活動的なナチ」の物理的根絶がふくまれる。つまり、「ナチ犯罪者」とみなされる人物を、NKVDのやり方で秘密裏に処刑するのではなく、公開処刑するという考えが、ロシアのメディアで盛んに議論されている。他方で、処罰の「措置」は、「ナチズムの共犯者であるという罪を負った」国民の大多数に「抗しがたい痛手をあたえる」必要がある。このプログラムでは、「政治的分野だけではなく、文化や教育の分野においても批判的に、ナチ的態度に対するイデオロギー的抑圧（抹殺）による再教育と厳格な検閲[22]」が想定されている。

セルゲイツェフによれば、非ナチ化の期間はすくなくとも、新しく生まれた世代がこのプロセスの中で成長して成人になるまで続くことになる。このプロセスには無条件の管理が必要なので、この期間を通して国家は占領下におかれることになる。したがって、「非ナチ化された国家は主権をもつことはできない。国家を非ナチ化しながら、ロシアは自由主義的アプローチをとることはできない。非ナチ化された罪人は、われわれの非ナチ化の目的に意義を唱えることはできない」。そして次のように結論づけている。

「非ナチ化は必然的に非ウクライナ化でもある。つまり、小ロシアと歴史的に新しいロシア（マロロシアとノヴォロシア）の領域に住む人々の自己同一化において、民族構成の大規模な人為的誇張を拒否することである。ナチ政権から解放された地域で、完全に非ナチ化された国家機関の呼称として、〝ウクライナ〟という名を維持することはできないだろうと思われる。（中略）自然の国境にもどし、あらゆる政治的機能を剥奪すべきである。（中略）歴史が示すように、ウクライナは国民国家として成り立っていない。（中略）ウクライナを〝建国〟する試みは、必然的にナチズムにつながった。ウクライナ性とは人為的な反ロシア構造であり、固有の文明的内容物はもたない。それは自然の摂理に反した異質の文明の下位要素である。したがって、非ナチ化は、〝NATOはノー、EUはイエス〟というようなやり方で中途半端におこなうことはできない。集団として西側そのものが、ウクライナのナチズムの立案者であり、根源であり、スポンサーである。（中略）したがって、ウクライナの非ナチ化は必然的に、非ヨーロッパ化でもある」[23]

著名なホロコースト専門家であるユージーン・フィンケルは、セルゲイツェフの文書を次のように定義している。「国家集団そのものの破壊を目的とした、これまで見た中で最も明白な意図の表明のひとつだ。（中略）これはなんらかの知的な空想ではなく、国家機関による明白で具体的な意図の表明である。国連の（ジェノサイドの）定義は問題点が多いが、この場合は完全にあてはまる」[24]。セルゲイツェフの「マニュアル」が「野蛮な知的空想」――ロシアのメディア、文学、ポップカルチャーにあふれている――ではないという一番の証拠は、現地の現実にある。ウクライナの占領地域でのロシアのあらゆる政策は、定められた方法に厳密に従っている。

最新の展開として、セルゲイツェフの文書は、他の多くの明瞭すぎる「ジェノサイドのマニュアル」と同様に、ロシア政府のウェブサイトから突然消えた。とはいえ、ウェブアーカイブでは、英語やその他の言語に翻訳されたものが今もアクセス可能である[25]。これは、あらゆる非難すべき行為についての強固かつ執拗な否定にもかかわらず、モスクワがジェノサイドの非難を受ける可能性を真剣に受け止めており、しゃべりすぎてプーチンのもっともらしい否定を台無しにする「過激な意見の持ち主」とは距離をおこうとしていることを示している。

政治的な観点でいえば、ウクライナの歴史、領土、アイデンティティに関する大統領の執拗な主張によって、またウクライナの存在そのものと国家として存在する権利の明確な否定によって、ロシアがウクライナでおこなわれているジェノサイド的戦争を正当化していることについては、ほとんど疑いの余地がない。大きな拘束力をもったいくつかの協定によってロシアみずからが認めたものをふくめ、一九九一年の国境線で国際的に認められた隣国が、フェイクカントリー、西側の陰謀、ナチの打倒、強制的「再教育」によって治療されるか「特別軍事作戦」という手術[26]によって除去されるかすべきロシア国家という身体の疾患として、拒絶されている。ウクライナは歴史的誤りであり、ウクライナは存在せず、存在する権利もないというプーチンの確信は、多くのロシア指導者たちによっても繰り返されている。なかでも、元大統領であり元首相であるドミトリー・メドヴェージェフは最近、「ウクライナ的なものはいつわりだ。ウクライナはこれまでも今も存在していない」[27]と発言している。

アメリカのラトガーズ大学政治学教授であるアレグザンダー・モティルは、こうした表明を、ウクライナ人に対するロシアのジェノサイド的政策の「明確に表明されたイデオロギー的、政治的根拠」とみなしている。彼によれば、「ウクライナ人は存在しないという意見と、ウクライナ人は存在すべきではないという意見の間にはほんのわずかの違いしかない」[28]。しかし法律的観点では、独裁者が特定の集団のジェノサイド的根絶の書面による命令を残すことはめったにないので、この「わずかな違い」は乗り越えがたいものに思われるかもしれない。プーチンは、ばかげた婉曲的表現で現実をふたたびもっともらしく否定できることを期待して、自分はウクライナ人ではなく「ナチ」の根絶を命じたのだと法廷で主張できるかもしれない。このような場合、弁護士は状況証拠に頼らざるをえなくなるため、犯罪だけでなく、こうした犯罪を直接的、間接的に可能にし、容易にし、促進した公的政策も考慮に入れる必要があるケースがほとんどである。

ロシアがウクライナ侵攻で犯した数々の国連ジェノサイド条約違反に関する詳細な報告書は、適正な方向への第一歩となるかもしれない。高名なふたつのシンクタンクの指導のもとで、国際専門家チームが作成したこの報告書は、事実を詳細に調査したのち、次のように説明している。「ロシアは

（a）ジェノサイド行為の直接かつ公的な扇動、（b）ウクライナ国家集団を部分的に破壊する意図が推測できる図式について国家的責任を負っている」。そして、「ジェノサイド条約の第一条にもとづき（中略）（それ）を防止する法的義務がすべての国家に課せられている、ジェノサイドの深刻なリスクの存在[29]」について結論づけている。

進行中の紛争の結果がどうなるかはまだ不確かであり、ジェノサイドの性質についての法的判断もまだ不確かであるが、この戦争は間違いなくロシアの歴史の中で最悪のもののひとつである。しかしロシア国民はこの侵攻を、プーチンの政治的キャリアと同様にほとんど満場一致で支持している。しかしふたつの疑問が残っている。ロシアとウクライナの紛争を引き起こし、それをほぼ不可避のものとしたのは何か、そしてロシア大統領のいかなる個人的特性、イデオロギー的傾向、政治的選択が紛争とその異常な暴力性という特異な特徴の原因となったのか、という疑問である。

疑わしい「兄弟関係」

ブチャ虐殺からまもない二〇二二年四月、フランス大統領エマニュエル・マクロンは、ウクライナでのロシアの悪行を「ジェノサイド」と呼ぶことを拒否し、多くのウクライナ人の激しい怒りを招いた――アメリカ、ポーランドの大統領や、イギリス首相はためらうことなくそう呼んでいた。しかし、リアルタイムでの残虐行為の目撃者であるだけでなく、犠牲者でもあるウクライナ人にとって、ジェノサイドという言葉はおそらく、彼らの苦しみと受けた被害の大きさを表すことのできる唯一の強さをもつことばである。フランス大統領の議論は傷に侮辱をくわえただけだった。「今日、わたしはこのような言葉（ジェノサイド）をつかうことに慎重でありたい。このふたつの国民（ロシア人とウクライナ人）は兄弟だからだ[30]」。ウクライナ外務省はこの発言に失望し、不適切な比喩だと述べた。なぜならそのいわゆる「兄弟」がウクライナの子どもたちを殺害し、民間人を撃ち、女性をレイプし、ウクライナ領土にあるあらゆるものを破壊しているからだ。一部の解説者は、あまり外交的とはいえない言い方で、ウクライナ人の「兄弟」はロシア人ではなく、むしろチンギス・カンの遊牧民族だと答えた。ウクライナ大統領ウォロディミル・ゼレンスキーは、ロシアとウクライナの「兄弟関係」を、聖書に出てくるカインとアベルにたとえて定義していたことは忘れがたい[31]。

「兄弟関係」という神話とそこから生じるあらゆるイメージは、ウクライナ国家の存在をもはや否定できなくなっていたボリシェヴィキたちが——君主制主義の先人たちがそうしていたように——展開したものであり、とくに一九一七年のウクライナ人民共和国宣言によってウクライナ人が政治の舞台に登場したあと広められた。実際には、「民族国家の問題」について、「ひとつで不可分のロシア[32]」という考えを熱心に擁護していた君主制主義者より日和見的だったボリシェヴィキが、内戦に勝利した。レーニンはウクライナの左翼指導者たちにある程度の自治権をあたえることでこの民族国家を味方につけた。

プーチンは、ボリシェヴィキがソヴィエト諸国、とくにウクライナを「でっち上げ」、それによって「ひとつで不可分のロシア」の下に時限爆弾を置いたと非難しているが、彼は明らかに間違っている。逆にボリシェヴィキは世界社会主義連邦というユートピア的プロジェクトに「諸国民」を取りこむことでロシア帝国を救ったのであり、君主制主義者たちはまさにプーチンと同じように、現実——そこには現代につながる意味がふくまれる——を認めることを拒否したのである。とはいえソヴィエトの「兄弟関係」は耐えがたいものであった。なぜなら、それは平等性ではなく類似性を優先していたからだ。つまりロシア人が「長兄」あるいは「兄」——スターリンが言ったように「平等な者たちの中の年長者」——の役割を勝手にわがものとし、「家族」内の強力な階層制と、政治的、文化的優位性を確立したのである。

この植民地的モデルにおいて、ウクライナ人は「年下の兄弟」の役割をあたえられていた。ロシア人にとってウクライナ人は、カラフルな衣装、民謡、こっけいな方言をもつ、わずらわしいがおもしろい、村の従兄弟たちだった。彼らは善良かもしれないが概して愚かなので、兄弟によるたえまない注意——そしてときにはげんこつ——が必要だ。プーチンをふくむほとんどのロシア人は、教養があって都会的なロシア人の親に対して、村の土百姓の役割を演じることを受け入れ、従順で卑屈であるかぎりにおいて、ウクライナ人を愛した。（ポスト）植民地学の学生たちは、この状況をロビンソン・クルーソーとフライデーの関係にたとえるかもしれない。ロビンソンは、未開人が主人の優位性を認め、自分自身の文化、言語、誇りを主張しないかぎりにおいて、フライデーを「愛する」。しかしフライデーが、言葉では言い表せないとしても、ロビンソンと対等であること、ほんとうの名前で呼ばれることを望み、さらに自分自身の文化的権力や政治的権力を主張するなら、彼は気がふれたか、あるいはもっと悪いことに、別のロビンソン——アメリカ人、ドイツ人、ポーランド人、あるいはフリーメーソンのユダヤ人——によって育てられ、操作されているように思われるということだ。

この「兄弟関係」という特殊な論法のおもな事例は、当時モスクワ大学教授で何世代ものロシア将校たちが使用した地政学教科書の著者でもあったアレクサンドル・ドゥーギンによって、八年前に示されている。二〇一四年八月、ロシアのドンバス侵攻に対するウクライナ人の激しい抵抗に失望した彼は、ソーシャルネットワーク「フコンタクテ」の自身のページに激しい言葉で次のように述べた。「これがウクライナ人であるとはわたしには信じがたい。ウクライナ人は優れたスラヴ民族だ。だが下水口からあらわれた雑種の種族がいる。（中略）われわれはウクライナから愚か者たちを一掃しなければならない。愚か者たちの大量殺害は必要かつ不可避だ」

当時としてはかなり過激な発言だったが、ユニークでも例外的でもなかった。というのも、二〇〇五年以降、独立したウクライナの人為的な性質、とくに反ロシア的な性質を論証するとされ、ウクライナを支配かつ、または排除するためのさまざまな手段を提案する「学者たち」からの同様のアピールによって、極右の周辺部がしだいに飽和状態になっていたからだ。実際、ドゥーギンは二〇一四年五月のあるインタビューで、同様の発言をし、ビデオ演説でもこのアピールを繰り返した。「ウクライナ人は殺され、殺されて、殺されなければならない。もはや議論することはない。わたしは教授としてそう断言する」[33]。しかしこの発言は、過激主義という点では注目に値するものではなかった。ジリノフスキーの好戦的言説はもっと暴力的であり、キーウやチョルノービリ原子力発電所を標的とした核攻撃を呼びかける他の知識人たちの言説はもっと練り上げられていた[34]。今日、こうした発言や呼びかけはすべて月並みな話題となっており、ロシア国家によって厳しく管理された一般大衆向けのメディアで日々増殖している。

しかしドゥーギンの誹謗文書は、不都合な現実を受け入れることができず、現実のウクライナ人の存在を認めることもできず、長年ロシア人が大切にしていた虚像を捨て去ることができないロシアの帝国的意識の無能さを範列的に示すものとして興味深い。ドゥーギンとクレムリンの当主との個人的な接触があるかは不明だが、彼を「プーチンの頭脳」と呼んだ専門家たちが、きわめて反動的、メシア思想的、帝国主義的傾向のある、同じ思想学派への精神的共通点や執着を強調したのは、すくなくとも正しかった。[35]主として、ロシア国外へ亡命したキリスト教ファシズムの哲学者イワン・イリイン（一八八三―一九五四）にさかのぼる学派である。イリインは一九二八年以降、ロシアのファシズムの展望に熱狂し、一九三三年にはヒトラーとその国家社会主義に敬意を表したが、その後すぐに、スラヴ人に対する彼の軽蔑的な態度に失望した。

イリインの著作はソ連では禁じられたが、一九九〇年代に復活している。おそらく、国家神秘主義、メシア思想、能力主義、不信心で合理主義的、自由民主主義的な西側への報復などといった怪しげな思想によって、国家再生の希望をあたえられていた多くのロシア人の帝国主義的怨念と共鳴し合ったのだろう。[36]それを達成するためには、強力で全体主義的な指導者――イリインは「ロシアの生ける機関、自己贖罪の手段、ロシアを「神のしもべと地獄の軍勢との歴史的戦い」に導く「ツァーリ」と説明している――が権力を握らなければならない。エリツィン政権のロシアでは候補者は不足していなかったが、そのような役割の候補者を抜擢することのできる機関はそれほど多くなかった。ＫＧＢはどこよりも伝統的な能力を維持していた。

二〇〇五年、プーチンはイワン・イリインに敬意を表し、彼の遺骨をスイスからモスクワに移す手続きを支援した。翌年、彼は連邦議会での年次演説でこの「有名なロシアの思想家」への恩義を認め、その後何度も繰り返して彼を、模範的な愛国者であり優れた予言者であると紹介している。二〇一四年には、地方知事たちにイリインの著書『われわれの使命 Notre mission』や、ヴラジーミル・ソロヴィヨフの『善の正当化――道徳的哲学論 La Justification du bien. Essai de philosophie morale』、ニコライ・ベルジャーエフの『不平等の哲学 La Philosophie de l'inégalité』を読むように勧めた。さまざまな違いはあるが、この三つの著書には重要な共通点があった。それはいずれも「ロシア思想」、つまり「ロシア国民、ひいてはロシア国家の歴史的唯一性、特別な使命、世界的な目的について述べた一連の概念」であるということだ。これらの著書は、ロシアのメシア思想の神秘性にくわえ、主として世俗主義、合理主義、自由民主主義を対象とするきわめて強い反西洋的感情を共有していた。三人とも「ロシア国民の不可分性」を固く信じていたが、「ウクライナ問題」に執着していたのはイリインだけだったと思われる。

一部の著者は、プーチンのアレクサンドル・ソルジェニーツィンに対する心の広さを主張している。ソルジェニーツィンは、亡くなる直前の二〇〇七年に、プーチン大統領から授与されたロシア文化勲章を受け取った。それ以前は、ゴルバチョフやエリツィンからの同様の申し出を拒否していたのである。プーチンが、ソルジェニーツィンの表現の自由の擁護や、スターリン主義と強制収容所への一歩も譲らぬ批判に共感していなかったのは確かだ。プーチンはソルジェニーツィンの思想を選択的かつ日和見的に受け入れ、彼の激しい反西洋主義とソンダーウェグ（「特別な道」）の推進について強調した。作家の新帝国主義はより穏健でより繊細なものであったが、プーチンは、とくにソ連時代末期に表明された次のような反ウクライナ的立場から、それを最大限に利用しようとしたのである。「一九世紀あたりから存在し、ロシア語ではない独自の言語をもつ分離されたウクライナ人という言説は、すべて最近になって作り上げられた嘘である」[37]

ロシア、ウクライナ、そして一般的な政策にかかわるプーチンのヴィジョンは、こうした思想家たちに啓発されたものではなかった。プーチンにとって彼らは、好都合な論拠を提供してくれる存在、特定の感情をはっきりと述べたり、特定の考えを合理化したりするのを助けてくれる存在だった。しかし、プーチン自身もふくめて、いずれも同じ覇権主義文化の落とし子であり、反西洋主義的怨念、陰謀論、神秘主義的ナショナリズム、メシア思想、そして今の「ウクライナ否定」へと深く傾いている。こうした特有の文化はすべて特定の信念や仮説にもとづいており、特有の経験から発展している。現代では、そうした文化は「帝国的学識」と呼ばれるものを中心に構成されている。「帝国的学識」とは、帝国臣民の精神を育成し、従順な人々に対する帝国の支配を確実にする、帝国の歴史と民族学の一連の記述のことである。三世紀の間にロシアの「帝国的学識」は、大学、教科書、大衆文化の中で国際的レベルで制度化され、事実上、明白で非の打ち所のない共通の認識となった。

ウクライナにかんしてこの「学識」では、ウクライナ人はロシア人の民族的サブグループに過ぎず、ウクライナの歴史は永遠の「千年王国」ロシアの地域的付属物でしかないと明記されている。この主張を証明するため、ウクライナ人とロシア人の言語的、文化的、宗教的類似性が過度に主張され、一方で重要で決定的な違いは無視された。第一に、ふたつの国家はまったく異なった政治文化を発展させ、ウクライナ人は一八世紀までポーランド・リトアニア共和国（ポーランド王国およびリトアニア大公国）というまったく異なる政治制度の中で暮らしていたのである。

今から三世紀前、ピョートル大帝のもとでモスクワ大公国がロシア帝国に変わったとき、「帝国的学識」にインスピレーションをあたえたロシアの想像力は、ウクライナ人を「小ロシア人」とみなした。そして同時に、ウクライナの領土と歴史をわがものとした。皮肉なことに、ピョートル大帝による「ヨーロッパ化」プロジェクトに参加した、かつての「ポーランド」領の教養あるウクライナ人たちが、みずからの象徴的地位を高めるために、キエフ（キーウ）とモスクワの政治的連続性という考えを導入したのである。そして、一三世紀に消滅した、キエフを中心に存在したルーシにちなんで、新たな帝国のために「ロシア」という名前を生み出したのだ[38]。こうした「伝統の創造」はほとんどの国家でおこなわれていることではあるが、ルーシの唯一の後継者としての「ロシア」の創造は、はるかに直接的で正当な後継者であるふたつのグループ、ウクライナ人とベラルーシ人に、きわめて悲惨な結果をもたらすことになった。継続の神話は、当時ポーランド・リトアニア共和国に属していたルーシの歴史と領土をわがものとすることによって、モスクワ大公国からロシア帝国に変わるのを容易にした。そしてウクライナ人やベラルーシ人の存在そのものを拒否して非合法化し、「大ロシア」の地域民族サブグループへとおとしめた。

ウクライナ人がみずからの独自の文化、言語、アイデンティティを推進しようとするあらゆる試みが、そこに危険な分離主義の芽があるとみなした帝国によって厳しく弾圧されたことは、驚くにはあたらない。そうした意味で、ロシアのウクライナに対する戦争は、何世紀も前からさまざまな形で続いているといえるかもしれない。言語や出版物の禁止、活動家への弾圧、一九一八年から一九二〇年にかけてのウクライナ人民共和国の軍事的解体、一九三二年から一九三三年にかけての飢餓による大量殺害、信用できない原住民の大量追放、ロシア人植民者のたびたびの流入、そしてもちろん大規模なロシア化政策もおこなわれた。この戦争では、一九二〇年代や一九九〇年代のようにロシアが日和見的に短期間の休戦を受け入れたこともあるが、ほとんどの場合、ロシアは戦争をやめなかった。ロシアは「キエフ大公国」の神話をけっして手放さず、帝国の古いアイデンティティに代えて現代的な国家のアイデンティティを発展させることもなく、独立した民主的でヨーロッパ的なウクライナの存在をけっして受け入れなかったからだ。

ヴラジーミル・プーチンは新たな戦争をはじめたというより、古くからの戦争を再開し、拡大させただけだ。当初、それはソフトパワー、汚職、裏工作にもとづくものだった。その後、西側諸国の影響力がはるかに大きくなると、しだいに政治的対決や経済的脅迫などのハードな手段へと移っていき、最終的には全面戦争に向かった。おそらく彼の個人的背景や心理的特性が、この戦争のスケジュールや手段、修辞的枠組みになんらかの役割を果たしたのだろう。しかし紛争の本質的原因は、ロシア帝国のアイデンティティと、それとは異なる「ヨーロッパ的なもの」と考えられるウクライナの国家アイデンティティとの間の、根本的で実存的な不一致にある。

独立したウクライナの存在そのものにかんするプーチンの強迫観念は、個人的なパラノイアではなく、ウクライナが帝国プロジェクトから欠如していることを、外科的手段でただちに治療すべき出血している傷、大きく開いた穴として感じている、手負いの帝国意識の典型的なあらわれである。プーチンのウクライナに関する声明や文書を注意深く読むと、いわばスラヴ民族統一の『わが闘争』であるように思われる。「総統」——スターリンの呼称にならえばヴォーシュト（指導者）——のメッセージは、次のようないくつかの単純な考えに要約される。ウクライナは存在しない。それはロシアの敵によってでっち上げられたものだ。ウクライナ人は本質的にロシア人である。それを否定する者は「反ロシア人」であり、ナチによってユダヤ人が人類に対する、そしてとくに「ゲルマン世界」に対する実存的脅威とみなされていたのと同様に、「ロシア世界」全体に対する実存的脅威である。

皮肉なことに、彼の戦いの影響は、プーチンやその他の者たちが望んでいたのとは逆だった。ウクライナはダイナミックな政治国家として頭角をあらわし、かつてないほど強固で安定した市民アイデンティティをもち、民族や言語や地域などのあらゆる分裂や独自性を力強く埋め合わせてきた。結局のところ、西側世界はウクライナ国内の分裂や制度の非効率を克服し、陳腐化したと思われたNATOは発展を続けるための最高の励ましを得た。そしてプーチンの寵児である「ロシア世界」は瓦解した。ウクライナ人はロシアを最大の敵として圧倒的多数で認めただけでなく、ウクライナのロシア正教会さえも親クレムリンのモスクワ総主教庁とは完全に関係をたった。

国民国家としてのウクライナは、歴史的にも政治的にも、帝政ロシアとは相いれないように思われた。歴史的には、モスクワの人々はウクライナ人とベラルーシ人を構成要素の一部としてみなし、別の国民として存在する余地を残さないアイデンティティを発展させてきた。政治的には、ロシアは一九九〇年代後半の混成的な体制から、強固な専制に移行し、しだいに独裁的、全体主義的になっていった。言語、宗教、そして「共通の」歴史というきわめて神話的な解釈にもとづいた反動的で時代遅れのアイデンティティの促進に取り組んだ。一方、ウクライナは権威主義への誘惑を拒絶し、民主主義を守り、開かれた社会の中で競争力のある政治制度を発展させた。市民の国家アイデンティティを強化し、なによりも将来に目を向けて、歴史的なポーランド・リトアニア共和国――およびその一部であったウクライナ――がモスクワの王国（ロシア・ツァーリ国）と異なっていたように、プーチンのロシアとは異なるものとなった。帝政ロシアの人々がウクライナなしでは自分たちのアイデンティティは不完全であると感じていた一方で、ウクライナ人は侵入的な友情の発露によってみずからの存在が脅かされていると感じていたので、両者間の紛争はほとんど避けがたいものだった。しかしこの紛争の形態は歴史を通じて変化してきており、おそらく現在の形態は運命づけられたものとはいえないものだろう。あるいは特定の状況がこのプロセスに決定的な役割を果たしたのかもしれない。

「最終的解決」に向けて

ヴラジーミル・プーチンの政治的変化について広く知られているのは、彼が西側に対して肯定的な傾向をもち、就任当初は「建設的な協力」を求めていたが、とくにNATOがロシア国境に向けていわゆる「拡大」をするなど、西側のパートナーにだまされ、裏切られ、侮辱されたとする解釈だ。彼が意見を変えてしだいに対立することを選択するようになったのは、そのあとだという。[39] それを信じる者はみな、二〇一四年の偽装ロシア軍によるドンバス侵攻直後に出版されたティモシー・ガートン・アッシュの簡潔な回想録を読むといいかもしれない。イギリスの歴史学者である著者は、一九九四年にケルバー財団[40]【ドイツのハンブルクを拠点とする財団】が主宰する円卓会議が開かれていたサンクトペテルブルクで、プーチンと初めて会談したときのことを思い起こしている。彼は次のように書いている。「わたしはうとうとしていた。小柄でずんぐりしてネズミのような顔をした男――どうやら市の副市長だったようだ――が突然話をはじめた。ロシアは〝歴史的につねにロシアに属していた〟地域をふくむ〝広大な領土〟を、自発的に旧ソ連の諸共和国に割譲したのだ。そしてもちろん、現在外国で暮らしている〝二五〇〇万人のロシア人〟をその境遇のままにただうち捨てておくということはできない。世界はロシア国家〝および大国としてのロシア国民の〟利益を尊重するべきだ、と彼は言った[41]」

そのあとの議論で、T・G・アッシュはいやみな指摘によって発言者を戒めた。「もしイギリス国籍を、すべての英語話者をふくむものとして定義するなら、われわれは中国よりやや大きな国家をもつことになるだろう」と。しかしこの忠告は未来のロシア大統領にほとんど影響をあたえなかったとしか思えない。とはいえ、当時はまだ、政治的歴史修正主義は、ソ連崩壊後のロシアにおいて主流のプロパガンダにはなっていなかった。一九九三年の下院選挙でヴラジーミル・ジリノフスキーが劇的な勝利を収めたあと、修正主義的なレトリックが流行し、あらゆる政治領域に広まったのである。プーチンはおそらく本心から個人的な不満や確信について話したのだろう。一方、リベラル派市長アナトリー・サプチャークの補佐役として、彼はおそらくより穏健な方針に従わなければならなかったはずだ。

T・G・アッシュは、ケルバー財団がドイツ語でフォルク（Volk）と訳しているナロード（国民・人民・民族）という言葉が、「プーチンによる〝ロシア人〟の拡張的でフェルキッシュな定義、あるいは今や彼が〝ルースキー・ミール（ロシア世界）〟と呼んでいるもの」と完全に一致していると指摘している。そして冷笑的に次のように結論づけている。「二〇年後に、サンクトペテルブルク副市長は、戴冠することとなく全ロシア人のツァーリとなり、クリミアを力ずくで占拠し、ウクライナ東部に秘密裏に暴力の種をまき、一九世紀のフェルキッシュなヴィジョンを、二一世紀の国家の政策として明白に示すことになるだろう。今日のクレムリンは、西側諸国によって展開され、国連によって神聖化された人道主義、すなわち「保護する責任」について、独自のゆがんだ解釈をしている。ロシアは国外にいるすべてのロシア人を保護する責任があり、だれがロシア人であるかを決めるのは自分だとプーチンは主張しているのだ」

新帝国モデル

プーチンが今日ウクライナでおこなっているジェノサイド的戦争や、その他の国々への攻撃は、すでに一九九四年に運命づけられていた、あるいは過去に奇妙な修正主義的な発言をした者は三〇年後に必ず近隣諸国との血なまぐさい戦争を開始することになる、などと過去にさかのぼって主張するのは行き過ぎだろう。とはいえこのエピソードは、プーチンが西側による「侮辱」とされるものによって意見を変えたわけではけっしてなく、たんにこの独自の気質がつねに働いていたからだということを示している点で注目に値する。このエピソードは、一九九四年のロシアにおいても、現在のロシアにおいても、恥知らずな修正主義が「常態」であったことを示している。プーチンは、こうした「政治的に間違った」見解をあらためる必要があるとは考えなかった。このような疑わしい議論を外国からの招待客に話すことに気まずさを感じることもなく、自分の上司や市役所のリベラルなイメージを損なわないかと心配することもなかった。ロシアでは、民族的侮辱の言葉をもちいたり、反ユダヤ的ジョークを思い出したり、性差別的男性優位論者の「勝利」を自慢したりするのが「常態」でもあった。当時、この「常態」に注目しようとせず、ロシアの民主化という幻想にしがみついていた西側諸国は、プーチンによって促進された「常態」の新たな幻想と新たな勝利へのお膳立てをすることになったのである。

大統領就任当初の国際政治に関する穏やかな口調や、西側諸国に対するむしろ協力的な態度は、国内の諸問題――オリガルヒを抑制して彼らの財産を再分配する、市民の自由を制限して反対派を排除する、チェチェンでのジェノサイド的戦争を終わらせる――を解決して、同時に国際的な不名誉を回避するという現実的な必要性によって決定された。一九九九年に起きた高層アパートの爆破テロは、無名の中堅ＫＧＢ将校が「タフガイ」というイメージを利用して、当時きわめて競争が激しかった政治環境の中で大統領選挙に勝利することを可能にした。この事件は暗黙のうちに「たいして意味のなかったこと」として認識され、話題にするのを避けられていたが、ダモクレスの剣のように、おもな受益者たちの頭上につねにぶら下がっていたのである。

プーチンが大統領に就任した当初、ドイツの国会議員たちは連邦議会での彼の演説に盛んな拍手を送った。ジョージ・Ｗ・ブッシュは目の奥を見て「真の民主主義者」を見いだした。そしてプーチン自身も、ロシアがＮＡＴＯに加盟する――もちろん、モスクワからの条件つきで――かもしれないと思わせた。チェチェンでロシアが犯した戦争犯罪にかんする批判をやわらげるために、プーチンは国連安全保障理事会でアフガニスタンへのNATO介入を支持し、軍事装備の輸送のためにロシアの航空路を提供した。その年におこなったアメリカ訪問で、彼は「ロシアは今日の世界におけるNATOの役割を認識しており、ロシアはNATOとの協力関係を拡大する用意がある。そしてわれわれが〝関係の質〟を変え、ロシアとNATOの〝関係のフォーマット〟を変えれば、NATOの拡大は課題ではなくなり、もはや問題にならないだろうと思う[42]」と述べた。そして、バルト三国がNATOに加盟することに反対するかという質問に対して、彼はこう答えた。「当然のことながら、われわれは何をなすべきかを人に言うことはできない。独自の方法で自国の安全を強化したいのであれば、特定の選択をすることを禁じることはできない[43]」

二〇〇二年五月に、ウクライナとNATOとの関係の深化についてたずねられたが、大統領は依然として冷静だった。「わたしには、ウクライナがNATOや西側同盟国全体との相互関係を拡大するプロセスから手を引くことはないという絶対の確信がある。ウクライナにはNATOとの独自の関係がある。NATO・ウクライナ委員会がある。結局のところ、決定はNATOとウクライナによってくだされなければならない。それはこのふたつのパートナー間の問題である[44]」。その二週間後、ロシア・NATO首脳会議のあとの記者会見でも、クレムリンの公式サイトが報じているように、自身の言葉をくりかえしていた。「ウクライナのNATO加盟について、ロシア大統領は、ウクライナが独立してこの決定をおこなう権利があると述べた。大統領はそのことがロシアとウクライナの関係を悪化させる可能性があるとは考えていない[45]」

もちろん、この発言は文字通りに受け取るべきではない。なぜならこの発言は政治的信念やイデオロギー的信念を反映したものではなく、むしろ「可能性の技術」を追求する純粋な御都合主義であり現実主義であるからだ。一方で、プーチンはまだ西側諸国と公然と対決する用意ができておらず、まだロシアの特別な利益が「考慮に入れられる」ことを望んでいた。つまりロシアの一定の勢力圏が公式あるいは非公式に認められることを望んでいたのである。彼にとってそれはつねに「質」と「関係のフォーマット」によって示されるものだった。その一方で、バルト三国のNATO加盟については、西側とバルト三国ですでにこの主題についての合意がなされているので、困難な戦いになることを理解していた。ウクライナの加盟に反対して戦うのは、逆の理由でほとんど意味のないことだった。なぜならプーチンは、西側諸国がこの加盟に関心をもっておらず、ウクライナも予測可能な将来にこのような手続きを開始する用意ができていないことをよく知っていたからだ。

　ウクライナのNATO加盟の見通しに関するプーチンの国内での発言は、国際社会での演説ほど好意的ではなかった。このころ彼にはおそらく懸念する理由があったのだろう。実際、ウクライナ大統領レオニード・クチマは、一九九九年の再選後、元ウクライナ国立銀行総裁ヴィクトル・ユシチェンコを首相にすえて親欧米派とされる政府を樹立し、必要不可欠の改革をおこなわせた。ロシア政府は、一九九九年一二月から二〇〇〇年四月まで石油の供給を停止する形で彼に警告を送った。クレムリンは経済的、政治的譲歩を要求し、とくに「あまりにも親欧米的な」[46]外務大臣と軍事諜報機関長官の解任を求めた。

　二〇〇〇年一一月、キーウで大きな政治スキャンダルが発生してクチマ大統領の評判を落とし、間接的には国家全体に深刻な損害をあたえた。秘密裏に録音された大統領と政府高官との会話は、反体制派ジャーナリストのゲオルギー・ゴンガゼの殺害をふくむ、数多くの犯罪行為に大統領が関与していたことを示唆していた。この録音の資金提供元が地元のオリガルヒなのかあるいはロシアの治安機関なのかは不明だが、クチマのイメージはまちがいなく傷ついた。国内で非合法化され、国際的に排斥されたクチマは、モスクワに頼るしかなくなった。一方、ユシチェンコは二〇〇一年五月に首相を解任され、二〇〇二年に議会選挙でクチマの選挙ブロックに最も良い結果をもたらしたヴィクトル・ヤヌコーヴィチが公認となった。それ以後彼はキーウにおいて、ドネツィクですでにもちいた周知の「剛腕」でクチマの不安定な大統領職を支えることになるとみられていた。侮辱に追い打ちをかけるように、録音にはクチマが顧問らと共謀して、アメリカの制裁を回避し、ウクライナのレーダーシステムをサッダーム・フセインに売却するというエピソードがふくまれていた。レーダーは実際には売却されておらず、イラクで見つかることもなかったにもかかわらず、西側同盟国に対する不誠実とみなされる事実そのものが、ウクライナ大統領を国際的に孤立させた。

西側諸国との関係を改善し、ロシアの締めつけから身を守るため、レオニード・クチマは、二〇〇二年五月の国家安全保障・国防会議で、ウクライナがＮＡＴＯに加盟する意思を表明した。二〇〇三年六月には、この意思をウクライナ国家安全保障の基本原則に関する法律に明記し[47]、イラクへの派兵に同意して二〇〇六年まで現地でＮＡＴＯと協力した。運命のいたずらというべきか、この法律を議会で可決しなければならなかったのは、当時首相だったヴィクトル・ヤヌコーヴィチであり、ＮＡＴＯ当局者との会合でもウクライナ代表をつとめたのだった。

プーチンはこうした動きを日和見主義によるものと考え、ウクライナが宣言したヨーロッパ・大西洋統合を過度に心配してはいなかった。とはいえ、彼はいつものように、アメとムチを使ってウクライナをつなぎとめておこうとした。二〇〇三年、彼はウクライナ大統領を独立国家共同体（CIS）の指導者の座に就けた。CISはソ連解体後に、「文明的な離婚」の枠組みとして――ウクライナから見て――、あるいは潜在的な国家連合として――ロシアから見て―設立されたもろい組織である。九月に、クチマはクリミアでロシア、ベラルーシ、カザフスタンの大統領による首脳会議を主宰し、共同経済圏創設に関する協定に署名した。ロシアが主導する「ユーラシア」統合というもうひとつの挫折したプロジェクトは、集まった参加者全員によって暗黙のうちに阻止された。

ムチの方が信用できるらしく、二〇〇三年一〇月、ロシアは――まったくの挑発により――ケルチ海峡で、ロシアのタマン半島とウクライナのトゥーズラ島との間に長さ四キロメートルの堤防を建設した。このプロジェクトはおそらくクレムリンの承諾を受けずに地元当局によって開始されたものであり、ウクライナが警告を発したとき、クレムリンはまったく無視する姿勢を見せた。ウクライナの国境警備隊が武器で攻撃すると威嚇したあとでようやく建設が中止され、プーチンはなくてはならない平和の守護者という役割を愛想よく演じた。「悪人」役は、大統領府長官アレクサンドル・ヴォローシンに割り当てられた。西側の制度的規準ではそれほど重要な立場にはないが、ソ連崩壊後の国家ではきわめて重要な人物だった。彼は明らかに個人的な即興によるものではないスキャンダラスな発言をした。「ロシアはケルチ海峡をけっしてウクライナに渡さない。クリミアがウクライナのものであるだけで十分だ。（中略）われわれをばかにするのをやめるときだ。必要とあれば、われわれは自分たちの立場を守るために可能なことも不可能なこともすべておこなうだろう。必要とあれば爆弾を落とすだろう！」[48]

一見したところ、これはジリノフスキーの言説の模倣だが、実際には、一九九四年のプーチンの修正主義的発言――T・G・アッシュによって伝えられたもの――を首尾一貫して踏襲しており、二〇〇七年のミュンヘン安全保障会議での好戦的な演説を予示していた。今日では多くの人がこれを新たな冷戦の最初の宣言とみなしている。ヴォローシンの攻撃的発言は、ロシアの高官や公人による反ウクライナ発言には長い歴史があり、ヴラジーミル・プーチンによっても、ボリス・エリツィンによっても叱責されたことがないことを考えれば、それほど驚くべきことではない。彼らのうちの誰も、法的拘束力はないが、象徴的に重要な、ロシア議会のきわめて醜悪な表明を告発しなかった。たとえば、一九九二年五月、ロシア下院は、一九五四年のウクライナへのクリミア割譲には「いかなる法的価値」もなく、「RSFSR（ロシア・ソヴィエト連邦社会主義共和国）の憲法（基本法）および法的手続きに違反して」採択されたと宣言した。一九九三年には、「セヴァストポリのロシア連邦としての地位を確認する」決議をおこない、その三年後には、ロシアがセヴァストポリに対して主権を行使する権利があると宣言した。一九九六年に圧倒的多数で採択された最も驚異的で潜在的に危険な下院の決定は、一九九一年にソ連の解体を認めたベロヴェーシ合意を破棄する決定だった。それは、すべての議会がそれぞれ承認し、ゴルバチョフ大統領によって既成事実として受け入れられた合意に線を引いて抹消するということだった。

二〇〇四年末、ウクライナで反権威主義的なオレンジ革命が起こったとき、キーウの親欧米傾向に対するプーチンの寛大な態度は消え失せた。一二月、プーチンはNATOとの新たな接近についてウクライナに警告をおこなったが、欧州連合に対しては前向きな姿勢を示した。「もしウクライナがEUに加盟するとしたら、NATOの拡大とは反対に、国際関係システムの強化につながるプラスの要因となるだろう[49]」。しかし、一〇年後、彼はもはやこの欧州連合の「拡大」をプラスとは考えていなかった。二〇一四年一一月にウクライナと欧州連合の首脳会談で署名が予定されていたが、その数日前に、アメとムチ、買収と恐喝を駆使して、ヤヌコーヴィチ大統領に欧州連合との協力協定を破棄させたのだ。二〇〇四年に欧州連合とNATOに対して――見たところ――異なる態度をとっていたのは、おそらく安全保障上の懸念というよりも、ウクライナがこれらの組織に加盟する可能性がありそうもなかったからだろう。NATOに関しては可能性がきわめて低く、EUに関してはゼロに近かったのだ。

オレンジの脅威

ロシアの状況と政策は二〇〇五年に大きく変化し、タイプの異なる安全保障上の懸念が表面化した。ソ連崩壊後の東ヨーロッパの一部の国で起こった一連の反政府デモや暴動、「色の革命」は、プーチンに一九八九年の劇的なできごとや、ドレスデンでのつらい個人的体験の記憶をよみがえらせた。そこで起こったオレンジ革命はおそらく、ウクライナに対して、そしてあらゆる民主化運動の主要な出資者であり扇動者とみなされていた西側諸国に対して、より強硬な政策へと変化する転換点となったのだ。多くの専門家にとって、秘密の目的——ウクライナの独立を失わせ、キーウにルカシェンコのような従順な指導者を立てること——のために開始された組織的活動は、「オレンジ」候補のヴィクトル・ユシチェンコが二〇〇五年の大統領選挙で勝利し、「反ロシア」、「ナショナリズム」とされる西側志向の内閣を組織した直後に始まった。

注目すべきことに、ユシチェンコはクレムリンとの直接対決を避けた。最初の海外訪問で（ブリュッセルへ向かいがてら）モスクワに行き、プーチンが自分の対立候補であるヴィクトル・ヤヌコーヴィチを個人的に支援するためキーウを訪問し、ウクライナの選挙に介入したことについて恨みを抱いていないことを請け合った。そして、ウクライナはブリュッセルとの関係と同じくらいモスクワとの関係を重視していると彼に確言した。しかしプーチンの恨みはあまりにも根深かったので、友好的、相互的で互いに利益のある関係を築こうというユシチェンコの申し出を受け入れることはなかった。彼はヤヌコーヴィチの勝利のためにあまりにも多くの投資をしたので、自分のお気に入り候補が国民の投票ではなく、西側の陰謀と裏切りによって負けたのだと思い込んでいた。ウクライナは依然として混乱していて不安定ではあったが、「国民の意志」という言葉が規範的にも実践的にも意味をもつ民主主義の国だった。ところが、プーチン政権の当初から、ロシアはしだいに権威主義的になり、自由な表現や自由な政治的競争の機会はますます少なくなっていた。ソ連崩壊後の空間をつねにみずからの「正当な勢力圏」とみなしてきたクレムリンの当主は、ロシア国内と同様にこの空間での民主主義を恐れる十分な理由があった。

それ以来、ウクライナの生まれたばかりの民主主義は、ロシアの権威主義の強化だけでなく、ソ連の全体主義の遺産、とくにロシアで再評価されつつあるスターリン主義にくみする歴史政策とも対立するようになった。長きにわたり抑圧され疎外されてきたウクライナの言語や文化を再活性化させようとする文化政策は、モスクワによる、国内でも「近い外国」でもロシア化政策を維持し強化しようとする試みに直面した。国家から分離されたすべての教会の法的平等を支持するウクライナの宗教政策は、クレムリンの傘下にあるロシア正教会が特権をあたえられて事実上の独占的地位を享受している「宗規上のテリトリー」に関して、モスクワの要求と対立した。

一九三二年から一九三三年にかけてスターリンによって組織され、四〇〇万から五〇〇万人のウクライナ農民を餓死させた人為的な飢饉（ホロドモール）というデリケートな問題もあった。ソ連時代には「何も起こらなかったこと」とみなされていたこの飢餓は、言及を避けられ、これに言及しているものはすべて「反ソ連のプロパガンダ」とされた。この悲劇の記憶を復元し、犠牲者に敬意を表することが個人的な義務であると感じたヴィクトル・ユシチェンコは、二〇〇六年に、「ウクライナ国民の国民的記憶の回復と保存」のための閣僚会議に属する特別機関、ウクライナ国立記憶研究所を創設した。その主な任務は、スターリン時代の犯罪について調査して被害者の有罪宣告を取り消すことであり、ホロドモールの研究が、研究所の中心的な位置を占めていた。同年、ウクライナ議会は、ホロドモールを「ウクライナ人のジェノサイド」と認定する法案を可決し、外国議会に同様の決議を採択するよううながした。一一月の第四土曜日をホロドモールの犠牲者を追悼する日として毎年記念行事をおこない、また大統領の提唱によってキーウにホロドモール・ジェノサイド博物館が建設された。

この問題がひじょうにデリケートなものであることを意識しているヴィクトル・ユシチェンコは、

ふたたび、この問題についてロシアとロシア人を非難することを注意深くさけた。「(ジェノサイドをおこなった) 全体主義、共産主義、スターリン主義の体制は、民族的アイデンティティをもっていなかった」[50]と彼はなんども繰り返し主張した。しかしそれも功を奏さず、ロシアの指導者たちはまだ納得していなかった。彼らはスターリン主義の再評価と再活性化に熱中するあまり、自分たちの政権をソヴィエトの「輝かしい過去」と同一視しすぎていた。モスクワでは、ウクライナによるホロドモールの追悼が、ウクライナのナショナリズム、反ロシア、そして「ナチズム」のさらなる証拠とみなされていたことはまちがいない。

ウクライナのイニシアティブへの対応と、ロシアに「オレンジ(革命)」病が広がるのを防ぐという明らかな目的から、ドミトリー・メドヴェージェフ大統領は二〇〇九年に、「ロシアの利益を損なう歴史改ざんの試みに対抗する」ための特別委員会を創設した。そのおもな任務とは？「ロシア連邦の国際的威信を傷つけることを目的とした歴史的事件の改ざんに関する情報を要約し分析すること」である。「ナチズムの再評価」を犯罪化することを目的とした法案は、ソ連の戦争犯罪、ヒトラーとの同盟、ナチズムとスターリン主義の比較などについてのあらゆる議論を禁止することを骨子として、下院に提出された[51]。

二〇〇七年、ロシアのソフトパワーを外国に送り出すため、プーチンの命令により政府財団「ルースキー・ミール(ロシア世界)」が創設された。そして二〇〇八年には、一般に「ロシア連邦交流庁」と呼ばれる、「独立国家共同体、在外同胞、国際人道協力局」が、ロシア外務省管轄の連邦政府機関として発足した。このふたつの機関は、かつてのソ連の伝統にならって、転覆活動をおこなっていた国々での隠れみのの役を果たす組織として利用された。[52] 二〇二一年四月、ゼレンスキー大統領はウクライナでのロシア連邦交流庁の活動を終わらせた。二〇二二年七月、[53] ルースキー・ミールは、ロシアによるウクライナ侵攻に加担した他の多くの組織や個人とともに、欧州連合からの制裁を受けた。[54]

ウクライナのNATOとの協力は、つねにモスクワのいらだちのおもな理由となっているが、それはロシアのいわゆる「安全保障上の脅威」というよりも、近隣諸国を威嚇して操るロシアの能力に影響をおよぼす真の脅威のせいである。二〇〇八年、ウクライナはNATO加盟への第一歩である行動計画の受け入れを求め、クレムリンが設定した「レッドライン」を越えた。ロシアはウクライナの立候補を却下するためにNATO諸国での影響力を総動員したが、その主要な役割は、ロシアとの個々の貿易関係で利益を受けているフランスとドイツにゆだねられた。プーチンは、二〇〇八年四月二日にルーマニアの首都ブカレストで開かれたNATO首脳会議で演説し、「人為的」国家――ジョージ・W・ブッシュとの個人的な会話で「国家ですらない」と述べたとされる[55]――という、ウクライナについてのきわめて帝国主義的な独自のヴィジョンを初めて公式に表明した。

それは嘘と一部分だけの真実と不実な操作が混じりあったもので、今日では、ウクライナに関する彼の疑似歴史的「エッセイ」や挑発的なスピーチでよくもちいられるようになっている。彼の誹謗文書は、しばしば気づかれないままになっている根本的な嘘を中心に構成されていた。それは国家を、政治文化、市民の誠意、権利の平等、共通の未来についての共有されたヴィジョンによってではなく、共通の民族性、言語、宗教、そして神話化された過去によって結ばれた共同体として定義する一九世紀の旧弊な概念だった。

ウクライナはこの時代遅れのモデルとは一致していなかった。言語、民族、宗教の役割は二次的なもので、市民の忠誠心や行動の主要な決定要素とはみなされない、困難な政治国家の建設に、当初から取り組んでいたからだ。それでも当時は、プーチンの概念的な誤りを誰も気にかけていなかった。それがロシア国家を後ろ盾とするれっきとしたウクライナ嫌悪の理論となり、大量虐殺が実行されるにいたって初めて認識されたのである。

ブカレスト首脳会議の数か月後、ロシアはジョージアに侵攻してその領土の二〇パーセントを併合したが、国際的な反応はなく少しの制裁も受けなかったことで、「近い外国」への同様の作戦へのゴーサインと解釈した。二〇〇九年八月、当時ロシア大統領の役割を演じていたドミトリー・メドヴェージェフは、隠しきれていない脅迫、ほのめかし、虚偽の主張に満ちた不吉なメッセージをヴィクトル・ユシチェンコに送った。その中で彼はウクライナの政策をあらゆる分野にわたって痛烈に非難していた。非難は、歴史、記憶、文化、言語、宗教のことから、「ロシアの立場をよくわかっている」にもかかわらずNATOに加盟しようとしていること、二〇〇八年のロシア侵攻時にジョージアを支持したこと、「主としてエネルギー分野におけるロシアとの既存の経済関係」[56]を断絶したこと——これは、ウクライナとロシアのオリガルヒの小さな派閥に利益をもたらしていた、エネルギー分野での腐敗したシステムに終止符を打とうとするウクライナ政府の試みを暗に意味している——にまでおよんでいた。さらには次のような非難もなされていた。最悪なのはウクライナの前代未聞の行動であり、それは主権国家のみに許されるものだ。ロシアのスパイふたりを追放し、セヴァストポリのロシア軍司令官たちに対して、ロシア艦隊への租借契約の条項により部隊数が制限され、兵器の輸送も限定されていると無礼なやり方で伝え、定められた場所以外に移動する場合はウクライナ当局と協議するように義務づけた。

このメドヴェージェフのメッセージは当時、二〇一〇年一月に予定されていた大統領選挙の前に、ウクライナの親ロシア派勢力を激励する試みとみられていた。キリル一世モスクワ総主教がウクライナを一〇日間歴訪したのも、明らかに同様の目的だった。しかしその特殊な背景に注目した人たちもいた。メッセージはソチにあるメドヴェージェフ邸から撮影されたビデオ録画の形をとったもので、背後には黒海があり、遠くを軍艦が航行していた。そして、ロシアとウクライナの関係が正常化するまで「新しいロシア大使のウクライナへの派遣は延期する」という決定がなされたことは、こうした状況の中では悪い兆候だった。

プーチンの最後のチャンス

二〇一〇年二月、親ロシア派候補とされるヴィクトル・ヤヌコーヴィチが、「オレンジ」革命派の対立候補、ユーリヤ・ティモシェンコを第二回投票で破ると、ウクライナでの「平和維持活動」の試み――とくにクリミアでおこなわれる可能性が高い――は延期された。ただし獲得票数は僅差で、四九パーセント対四六パーセントであり、五パーセントはおもに「オレンジ」陣営に由来する票だった。ヤヌコーヴィチは、大統領に就任して新政権を発足させるとすぐに、ドミトリー・メドヴェージェフと、物議をかもした「ハリコフ合意」を結んだ。四月には両国の議会で議論もなしに取り急ぎ承認されることになったこの合意のおもな目的は、ロシアの天然ガスの価格を引き下げる代わりに、クリミアの艦隊基地に関してロシアの借用期間を二〇四二年まで二五年間延長し、さらに五年間延長する更新選択権もあたえるということだった。この合意はさまざまな面から批判された。多くの手続き上の違反があることから違憲と判断されること、通告された「割引価格」は自由市場をそこない、ウクライナをロシアとの不透明なエネルギー取引関係に陥らせることになるので経済的に有害であり、またヤヌコーヴィチの「統合をめざすロシアの圧力を回避する」ための過剰な譲歩は、圧力を増大させ、促進させることにしかならないので政治的にも有害であるとされた。実際、彼は政権の「内部強化をはかるためにウクライナの独立の一部を抵当に入れた」のであり、「ロシアとのパートナーシップを実現可能で安全なものにする歯止めを捨てた[57]」のである。

結局、ハリコフ合意は、「前大統領ヴィクトル・ユシチェンコによって二〇〇五年から採用されてきた政策の方向転換」、とりわけ「一九九一年の独立以来ウクライナがたどってきた道のりの根本的な見直し」を認めていた。これを承認したことで、ヤヌコーヴィチはロシアの意図についての認識が明らかに欠如していること、ロシアの影響力の強化を許した慎重さの欠如と信じがたい無邪気さを証明することになった。西側諸国は「安定」に向けた新たな一歩としてそれを歓迎するだろうという彼の考えの浅さはいうまでもない。一方、メドヴェージェフと「彼の」首相であるプーチンは、国際的な不名誉を受けることもなく、「ジョージア戦争の勝利で得られたものよりも大きな地政学的利益を得た[58]」のである。

とはいえロシアが、ヤヌコーヴィチ・チームの主要メンバーの個人的利益を侵害したのは行き過ぎだったようだ。実際、ウクライナのオリガルヒたちは、ウクライナでロシア正教会に特権をあたえること、ロシア語の地位を向上させること、ホロドモール記念行事で「ジェノサイド」への言及を避けること、さらには、教科書で第二次世界大戦の代わりに「大祖国戦争」というスターリン主義的表現にもどすことなど、モスクワにイデオロギー上の譲歩をあたえることはほとんど気にかけていなかった。一方で彼らは、ロシア企業にウクライナの資源への無制限なアクセスを認めることは望んでおらず、ウクライナのナフトガスがロシアのガスプロムと合併することも、ガス貯蔵施設やパイプラインなどをロシアと共有することも望んでいなかった。ヤヌコーヴィチはそれとなく反抗し、レオニード・クチマの有名な「マルチベクトル」政策を追求して自分なりの役割を果たそうとした。しかし、彼にはかけひきの能力と余地が欠けており、欧州連合との協力協定の締結に最終的に失敗したのは、彼の弱さを物語っているが、それは彼がみずからまねいたものだった。

黒海の天然ガス・艦隊協定は、短期的にはたしかにヤヌコーヴィチに政治的、経済的利益をもたらしたが、長期的にはウクライナの安全保障に深刻な危険をもたらした。なぜならハリコフ合意では、二万五〇〇〇人のロシア兵のクリミア駐留が二〇一七年をはるかに超えて延長されており、彼らは二〇一四年のクリミア半島制圧に決定的な役割を果たすことになったからだ。また、一九九七年の不幸なロシア・ウクライナ協定——黒海艦隊の地位および駐留条件に関する分割協定——では、それぞれGRU（情報総局）とFSB（連邦保安庁）に従属する諜報と防諜の一〇個分遣隊をセヴァストポリに置くことが規定されていたので、ロシアの治安機関の転覆活動を合法化することになった。全員が艦隊を犯罪者やテロリストから守るという任務に従事していたわけではなく、SBU（ウクライナ保安庁）元長官のヴァレンティン・ナリワイチェンコによれば、機密情報の収集や、親ロシア派政治家への資金提供、分離独立活動やプロパガンダ、反NATOの抗議活動に従事していたという。イギリスの王立国際問題研究所のジェームズ・シャーが総括したように、ロシア艦隊は、多くの評論家が考えていたようなスクラップ用の古い残骸の山ではなく、「ウクライナの三代の大統領が自国の利益を損なうと考えていた活動の隠れ家であり先導者[59]」であった。

二〇一〇年六月、ウクライナ議会はおそらくロシアの圧力で、国家安全保障戦略から「欧州・大西洋安全保障システムへの統合とNATO加盟[60]」という目標を除外した。七月には、ウクライナが「非ブロックの立場」を維持することを公式に義務づける、内政および外交政策の優先事項に関する法律が採択された。ユシチェンコによって追放されたロシア課報員は、暗黙のうちにウクライナへの再入国を認められた。かなりの数のロシア人が、とくに国防省の指導部やSBU（課報機関）、大統領の警備員など高位のポストに就くためにすぐにウクライナ国籍を取得した。ロシア課報機関に近いとされる政治家ウォロディミル・シヴコヴィッチ――現在は地下に潜伏している――は、安全保障問題を担当する副首相に任命された。したがって、二〇一四年のロシア侵攻の際に、ウクライナ軍と治安機関が完全に崩壊したのは驚くべきことではない。ヤヌコーヴィチがロシアに逃亡したあと、五〇〇〇人の公務員がそれに続き、軍、警察、情報機関の多くの将校が反対陣営にねがえった。

ヤヌコーヴィチの無頓着さのせいで、多くのロシア工作員がウクライナ国家機関に浸透し、その結果、ロシア軍によるクリミアの平和的制圧と、南東部での大規模な武装蜂起の組織化が可能になった。そうなると、二〇一三年冬から二〇一四年にかけてのデモでマイダン広場内や周囲で暴力がエスカレートしたのは、ロシアの「政治技術者[61]」が好む「制御された」―あるいは「操作された」―混乱の戦術として、結局ロシアによって管理されていたのだ、という仮説がきわめて真実らしく思われてくる。こうした「人形使い」のひとりで、プーチンの補佐官であり、主要な助言者と思われるヴラジスラフ・スルコフ――イギリスのジャーナリスト、ピーター・ポマランツェフは辛辣に「プーチンのラスプーチン」と呼んだ――は、よく知られた「ウクライナのホロコースト否定論者」だった。「ウクライナは存在しない。精神の特殊な病気であるウクライナ性があるだけだ」と彼はあざけった。しかし彼の奇妙な理論は、この「病気」を強制的に治すために提案された次のような実際的な処方箋に比べれば、ささいな問題だった。「ウクライナ人にかんしては、武力による兄弟関係の強制が、歴史的に証明されている唯一の方法である。他の方法が考え出されるとは思えない[62]」

二〇一六年に、ウクライナのハッカーグループ「サイバー・フンタ」によって、スルコフのメールサーバーから窃取したとして公開された大量のメールやその他の文書は、二〇一四年のウクライナでの事態の進展、とくにいわゆる「ロシアの春」――ユーロマイダン革命後にウクライナ南部と東部で起こった民衆「蜂起」の発生――の組織と管理に、彼が大きくかかわっていたことを示している。マイダンでの暴力のエスカレートや、その直後のいまだに理解不能なヤヌコーヴィチ大統領の逃亡――野党との妥協に達して、大統領選挙の前倒しにゴーサインを出していたのにである――に彼が果たした役割は、まだはっきりしていない。とはいえ、クレムリンが、二〇〇四年よりもはるかに周到にウクライナでの革命の進展にそなえていて、それを自分たちに有利になるように操作できたことはまちがいない。ウクライナの機関への浸透がはるかに深部におよんでいるだけでなく、スルコフのチームによって推進された「政治技術」ははるかに高度化されており、ユーロマイダン革命中に開始されたプロパガンダははるかに強力であった。その後起こった世界的規模のプロパガンダ戦争がそれを証明している。

ウクライナの「非存在」というくりかえされるモチーフと、起こりうる軍事侵攻を容易にする「国内の深い分裂」と「人為的国境」という補完的モチーフにくわえて、別個のものだが相関関係のあるふたつのストーリーが作り上げられ、政治的、イデオロギー的な観点から侵攻が正当化された。ひとつは「ナチ」にかかわるものであり、西ウクライナを悪魔視している。彼らはキーウでクーデターを起こし、西側諸国の支持を得て正当な政権を倒し、ファシスト軍事政権を樹立していたかもしれないとされている。もうひとつは、ウクライナで抑圧されているとされるロシア人とロシア語話者に関するものである。「ナチ」が権力をにぎれば、彼らはジェノサイド的な絶滅の脅威にさらされていたかもしれないという。このふたつのストーリーはいずれも新しいものではない。「抑圧された」ロシア語話者たちの話は、ソ連が崩壊した当初から、ロシアのメディアや一部の信じやすい西側メディアで広められてきた。ソ連崩壊後の諸共和国にいる何百人ものロシア人入植者やその後継者たちが、突然、現地の言語を学ぶことを余儀なくされたころからだ。「ナチ」のストーリーは、ウクライナの民族運動が「ナチ」の活動とされ、西ウクライナがその温床とみられていたソ連時代にさかのぼるものだ。このストーリーは、二〇〇四年ににせの「ナショナリストたち」が、これみよがしにヴィクトル・ユシチェンコ支持者をよそおって、キーウの中心街を行進したときに検証されている。

このふたつのストーリーは、プロパガンダという点では比較的成功した。国際化した「帝国的学識」

にもとづいて確立されたステレオタイプだけでなく、たくみに操作された半分真実らしい事実にも支えられていたからだ。どちらも「良識」に訴えかけていたが、関連する事実については、ウクライナの特殊性、植民地の過去、植民地後の現在に関するまったくの無知にもとづいていた。「抑圧されたロシア語話者」のストーリーは、それぞれの国家、とくに新たに建国された国家が「ナショナリズム化」する傾向にあり、少数民族を支配的な言語や文化に同化させようとする傾向があるという共通の確信にもとづいていた。この一見もっともなことにおもわれるモデルは、ほぼ完全にロシア化した支配層エリートが独立宣言後も権力を維持し、ロシアの言語や文化が公共生活のほぼすべての領域で支配的な地位を占めていたウクライナにはほとんど当てはまらない。ウクライナのオリガルヒでウクライナ語を話す者は多いが、ウクライナ語を主要言語とする者はひとりもいないということを述べれば十分だろう。また、ウクライナの歴代六人の大統領のうち、ウクライナ語話者と呼べるのは、ヴィクトル・ユシチェンコだけだ。ここ三〇年の間にウクライナ語が広まったのは、「ナショナリスト」のエリートたち――実際には母語のロシア語に慣れている――によって上から押しつけられたのではなく、多数派のウクライナ語話者と支配的なソ連崩壊後のエリートとの複雑な合意プロセスの結果であった。プロセスの緩慢さと一貫性のなさは、しばしば双方の急進派を失望させたが、ロシア語話者とウクライナ語話者がともに自分たちの国であると認識している国への愛着は確かなものとなっている。

「ナチ」のストーリーは、「帝国的学識」によって推進された同様のステレオタイプにもとづくものである。それによると、ウクライナ人はナチの協力者、西ウクライナはウクライナ・ナショナリズムの発祥地、ウクライナ人は遺伝的に反ユダヤ主義者、などとされる。ところがそのようなストーリーが、最も信頼性があり、とりわけ最も破壊的で最も魅力的なものとして国際的に重視され展開されたのだ。二〇〇四年には、ヴィクトル・ユシチェンコに対するヤヌコーヴィチの選挙運動を組織したロシアの「政治技術者」によって取り入れられた。その技術者のひとりが、現在の大量虐殺マニュアル「ロシアはウクライナに対して何をすべきか」の作成者、ティモフェイ・セルゲイツェフだということは注目に値する。その後、二〇一二年には極右非主流政党であるスヴォボーダが、より穏健派の野党を押しのけて主流メディアで宣伝活動をおこなったときにこのストーリーが利用され、入念に練り上げられた。そしてウクライナにおいてこのような極右グループでは前例のない、一〇パーセントの票を獲得して議会に進出したのである。二〇一五年の大統領選挙では、ヤヌコーヴィチが大規模な投票の不正なしに戦える唯一の対立候補としてスヴォボーダの指導者を第二回投票に進ませることが、おそらく主要な構想だったのだろう。

こうした努力は思いがけない形で成果をもたらすことになった。二〇一四年にキーウで抗議運動が起こり、マイダンに関する「ナチ」のストーリーがモスクワのプロパガンダ機関によって取り上げられ、増幅されたからである。このことは、ロシア人はいうまでもなく、多くの外国人をも当惑させた。そして何より悪いことに、伝統的にロシアのメディアに耳を傾けていた南東部のウクライナ人を当惑させ、不安にさせた。一部の住民は、「軍事政権」に対する「民衆蜂起」を先導するためにやってきたロシア工作員の仲間に加わった。工作員のひとりである有名なイーゴリ・ギルキンは、のちにこう豪語した。「実のところ、われわれの部隊が国境を越えていなかったら、すべて消えてなくなっていただろう」。もちろん中立を保った人もすくなくなかったが、多くはウクライナ側に立っていた。そのことがロシアの敗北とノヴォロシア計画の崩壊を運命づけた。ウクライナ軍は混乱していたが、義勇兵の支援によってドンバス地方の大部分を開放することに成功し、主要地域であるルハーンシクとドネツィクを包囲しつつあった。ロシアは共犯者たちを全面的敗北から救うために正規軍を送りこんだ。ロシア軍は武器が十分ではないウクライナ歩兵に圧勝し、キーウに休戦協定を受け入れさせた。

ミンスクで長い交渉が開始されたが、ロシアは「紛争には参加していない」と主張し、ウクライナがドネツィクとルハーンシクの代表と直接交渉するよう求めた。これは傀儡政権の事実上の合法化を意味しており、キーウは受け入れることができなかった。そして交渉は奇妙な形で展開した。ロシアは、フランスやドイツと並ぶたんなる調停者であると主張ながら、「ドネツィク州とルハーンシク州の一部地域の軍事組織」――この会議で公式にこう呼ばれた――を代表して発言していた。

「ミンスク合意」の解釈をめぐる七年間の論争は、予想されたように何の成果ももたらさなかった。紛争のおもな先導者が、「かかわっていない」と主張して会議に参加し、受益者にもなっている場合、有効な交渉などありえないからだ。ウクライナは、「分離派」地域をロシアの条件にもとづいてロシアの管理下に置くことに強硬に反対した。そうなれば、ウクライナは機能不全国家、ボスニアのような連合国家となり、ロシアによるあらゆる転覆活動や操作の影響を受けやすくなってしまうからだ。

ウクライナ国内に有毒な細胞を移植しようとする試みの失敗は、ウクライナの主権を侵害しようとするプーチンのさまざまな試みの失敗と軌を一にしていた。二〇一四年には親ロシア派政党と候補者が選挙で敗北し、二〇一九年の大統領選挙ではさらに、「超民族主義者」とされる現職大統領ペトロ・

ポロシェンコが、「コスモポリタン」で「平和主義者」とされるウォロディミル・ゼレンスキーに劇的な敗北をきっしたことで、ウクライナの政策がロシアが有利になるようなことはなくなった。これはウクライナがもはやあともどりできない地点まできており、親ロシア派が政権に復帰するチャンスは残されていないという明らかな兆候だった。ウクライナは完全に正常な国家となり、国家政策の根本的な方向転換は起こりえないということである。

実際、ポロシェンコ政権下で、事実上の非植民地化をめざし、二〇一五年に採択された「非共産化法」はまだ有効である。いずれは欧州連合とNATOに加盟するという国家目標は今も憲法に明記されている。ウクライナの言語と文化の節度ある推進は、一連の新法と憲法によって支持されている。ウクライナのロシア正教会に、他の教会と比べて大きな特権があたえられることもなかった。二〇一八年にコンスタンティノープル総主教庁の庇護のもとで独立正教会としての地位を獲得したウクライナ独立教会が不利になるようなこともなかった。二〇一四年以降のウクライナは、ロシア、とりわけヴラジーミル・プーチンに対して否定的な姿勢をとり、一方、欧州連合やNATOに対してはおおむね積極的な姿勢を維持している。

さらに追い打ちをかけるように、ゼレンスキーは最も有害な親ロシアの宣伝活動をしているテレビ局を閉鎖し、プーチンに最も近い友人で、ウクライナにおけるロシア政策の主要な推進者であり、大逆罪で告発されているヴィクトル・メドヴェドチュクに居住地を指定した[63]。「われわれはウクライナを失いつつある！」という警戒の声がロシアのプロパガンダのメディアでくりかえされるようになったが、これは重要ではあるが部分的でしかない真実の反映である。なぜなら、ウクライナは一九九一年に、でなければ二〇一四年に、すでに「失われていた」というのが、語られてはいないがまったくの真実のように思われるからだ。

ウクライナ国境での二年間にわたる恐喝と公然たる武装強化をへて、ロシア外務省は二〇二一年一二月一七日、ふたつの草案――「安全保障に関するアメリカ・ロシア連邦間協定」と「ロシア連邦およびＮＡＴＯ加盟国の安全を確保するための措置に関する協定」――を発表し、アメリカとＮＡＴＯ同盟国に対してロシアの要求を全面的に受け入れることしか認めていないこの最後通牒に、直ちに返答するよう求めた。これらの文書の目的は明らかにロシアの「安全の法的保証」を得ることだったが、実際には、ＮＡＴＯを中・東欧諸国から完全撤退させて一九九七年以前の配置にもどし、この地域全体、とくにウクライナをロシアの正当な勢力圏として承認するというに等しい、受け入れがたい要求だった。それは安全保障上の懸念とはまったく関係のないことだった。「ロシアが〝安全保障〟について語るときには、〝ロシアの支配〟と〝不処罰〟を理解しなければならない。なぜならそれが重要なことだからだ。クレムリンにとって、自分が支配していないものはすべて政権を危険にさらす可能性があるのだ」[64]

これらの文書は、交渉の提案というより、隠しきれない宣戦布告だった。ロシアの要求が満たされなければ、ロシアは軍事的・技術的手段によって自国の安全を確保するしか選択肢がなくなるだろう、とクレムリンの高官らは不気味にほのめかした。それから二か月後の二〇二二年二月二四日、その「手段」が実行に移された。それは安全保障の戦争でも、領土戦争でも、報復戦争でもなく、想像力の戦争だった。ウクライナ人は根絶すべき「ナチ」とみなされ、西側諸国は打ち倒すべき敵の陰謀家として想定され、ロシア人は千年にわたる戦いで世界的な悪から人類を救う権限をあたえられた神聖な真理の担い手として思い描かれているのだ。プーチンとクレムリンのエリートたちによって生み出され、熱狂的なプロパガンダによって増幅されたパラレルワールドでおこなわれているこの邪悪で妄想的な戦争は、ロシアの現在や過去の哲学者、作家、博識者、その他の文化人の著作を根拠としている。それはロシアの想像の領域と調和しない現実、したがって今日のウクライナで明白になったような「軍事的・技術的手段」によって力ずくで変えなければならない現実に対する、自傷的な集団妄想の戦争なのである。

第13章　ヴラジーミル・プーチンと情報機関のウクライナでの大失態[1]

アンドレイ・コゾヴォイ

敵を知り己を知れば百戦してあやうからず

孫子

ロシアによるウクライナ侵攻が開始されてから二週間もたたない二〇二二年三月初め、もはや疑いの余地はなかった。住民たちの歓声を受けてキーウに凱旋入場する代わりに、プーチンの栄光の軍隊は大きな損害をこうむって敗走した。アフガニスタン戦争（一九七九—一九八九年）の影が「特別軍事作戦」の周囲にもただよいはじめ、プロの「毒殺者」であるヴラジーミル・プーチン自身が「毒を盛られて」いたという噂がまたたくまに広がった。

この屈辱を見れば、多くの首が飛ぶことは必至だった。本来ならまず、ロシア軍の「経験豊富さ」

をたたえてプーチンを安心させた国防大臣セルゲイ・ショイグと参謀総長ヴァレリー・ゲラシモフに責任をとらせるべきだった。それまでお気に入りとみなされていたふたりの男はひそかに姿を消し、彼らが排除されたかもしれないという噂が広まった。ショイグは、二〇二二年五月九日、赤の広場でおこなわれた戦勝パレードに浮かぬ顔をしてあらわれた。ゲラシモフは、前線を訪問したときに負傷したらしく、彼の不在が際立っていた。公式にはウクライナでの計画には一片の狂いも生じていないことになっているので、見せしめのために彼らを公衆の面前で処罰すれば失敗を認めることになり、逆効果である。ことにショイグとゲラシモフは、自分たちもまた情報機関が提出した報告書にだまされたのだと訴えて「無罪」を主張したのではないだろうか。報告書には、ウクライナ軍は使い物にならず、ウォロディミル・ゼレンスキーは大統領の器ではない道化者だと書かれており、また西側諸国がクリミア併合後の二〇一四年のように分裂状態で消極的であることをあてにしていた。

こうした情報機関は三つの主要組織で構成されている。GRU（参謀本部情報総局）として知られている軍事機関は国防大臣の指揮下に置かれているが、実際はプーチンの指揮下にある。そして、SVR（対外情報庁）とFSB（連邦保安庁）のふたつは、ロシア連邦大統領直轄の非軍事機関である。法的に組織され管理されている西側の情報機関とは異なり、ロシアの情報機関はプーチン体制の骨格、つまり統治の根本原理を構成している。その特殊性は、諜報、情報の収集と分析に携わるだけでなく、ソ連の伝統にのっとって政治警察、反体制派や「裏切り者」の抑圧（さらには排除）の機能も果たすということである。二〇一八年のGRU元大佐セルゲイ・スクリパリと、二〇二〇年の反体制派アレクセイ・ナヴァリヌイのノビチョク中毒は、ロシア情報機関の関与が明らかになった最近のふたつの作戦例である（数ある中の二例にすぎない）。幹部であるシロヴィキ（ロシア語で「力」を意味するシラに由来）は「新貴族」とされるが、この表現は、元FSB長官で現在は安全保障会議書記をつとめ、クレムリン最大の「タカ派」とみなされているニコライ・パトルシェフに由来する。

最終的にウクライナでのロシアの「電撃戦」の大失敗の犠牲になったのは、ショイグでも、ゲラシモフでも、パトルシェフでも、その他のプーチン側近でもなく、情報機関出身の「第二の手先」であり、まずは六八歳の准将セルゲイ・ベセダをふくむFSBの幹部たちだった。ベセダは、二〇二二年三月の汚職および上司に「間違った情報を故意に流した」罪で告発され、自宅軟禁された。四月中旬、巡洋艦モスクワの沈没という状況下で、プーチンが怒りを抑えきれず責任者を追求すると、ベセダはモスクワの著名人専用の刑務所レフォルトヴォに極秘のうちに移送された。一九五四年生まれのベセダは、プーチンと同じく、一九七〇年代のブレジネフ政権下のソ連時代に諜報員としてキャリアをスタートしたシロヴィキであり、そのころ彼は海外、とくにキューバで仕事をしていた。その後FSBの防諜部門に所属し、ゲルマン・クリメンコ将軍の副官となった。クリメンコは、ロシア・アメリカ間の関係が短期間緩和されていた時期に、CIAモスクワ支局のロシア連絡員だった。一九九八年にFSB長官に任命されたあと、プーチンはFSB内に捜査情報調整総局（UKOI）という秘密名をもつ組織を創設した。この組織は二〇〇三年に捜査情報局（DOI）となり、二〇〇四年にベセダが局長に任命され、ロシア連邦の「裏庭」、とくにウクライナでの作戦の指揮をになっていた。

この任命は、クレムリンにとって、「色の革命」がますます懸念される状況の中でおこなわれた。二〇〇三年にはジョージアでバラ革命が、二〇〇四年にはウクライナでオレンジ革命が起こっていた。キルギスとベラルーシも不安定になり、二〇〇五年および二〇〇六年には動乱の影響を受けることになる。優秀なKGB工作員であるプーチンは、民主主義に触発されたこうした運動がCIAによって陰であやつられていると信じ込んでいた。そこで彼は、こうした国々をロシアの影響下にとどめ、彼にとって最大の悪夢であるNATO加盟の可能性を阻止するために、工作員のネットワークを作成・維持する使命をFSBに託した。この数年間で、ベセダは沿ドニエストル――ロシアとモルドヴァの間に位置する未承認国家――や、ジョージア領土内にある親ロシア地域であるアブハジアと南オセチアでネットワークを活性化した。二〇〇八年八月、九日間の電撃戦でロシアがジョージアに勝利したあと、ベセダはその成果を受けて、DOIを統括するFSBの第五局、つまり捜査情報・国際関係局の局長に任命された。その五年後、彼はロシア・アメリカ関係がふたたび活発になったいわゆる「再活性化」の状況下で頭角をあらわし、チェチェン出身のツァルナエフ兄弟が犯したボストンマラソン爆弾テロ事件の捜査に加わった。

出世階段を駆け上っていたベセダだったが、二〇一四年二月、親ロシア派大統領ヴィクトル・ヤヌコーヴィチに対して、「ユーロマイダン」運動あるいは「尊厳の革命」の名で知られるウクライナの抗議活動が起こると、その勢いは減速した。二月二〇日、表向きにはロシア大使館職員の安全を確保するため、実際にはヤヌコーヴィチ政権の崩壊を防ぐため、彼は諜報員代表団のトップとしてキーウにいた。成功が望めなかったため、プーチンは、クリミア併合を準備し、次にクリミアの例にならってルハーンシクとドネツィクに共和国を設立するため、ドンバスの「分離主義勢力」を支援する任務をGRU（参謀本部情報総局）に託した。

ベセダは、ドンバスでの物資補給を担当しつづけたので、完全に任務から遠ざけられていたわけではなかった。ウクライナの資源を略奪することになるその任務を、彼はウクライナから逃亡したオリガルヒ、セルヒー（セルゲイ）・クルチェンコの支援を得て遂行した。この役割によりベセダは、上司であるFSB長官アレクサンドル・ボルトニコフとともに、欧州連合のブラックリストに載せられた。GRUとSVRもウクライナにネットワークを持っていたが、一部の専門家によれば、「特別軍事作戦」の開始前にクレムリンに最も大きな影響力を持っていたのはFSBの第五局である。実際、彼が責任を負ったウクライナ担当部隊は二〇一九年には三〇人だったが、二〇二一年夏には一六〇人になっていた。ウクライナに派遣された諜報員は協力者を募集し、モスクワに敵対する勢力を無力化するという目的を託されていた。ベセダは、その分析によってプーチンに決定的な影響をあたえ、ゴーサインを出すよう説得したとされる。しかし彼はロシア大統領に「故意に」誤った情報を伝えたのだろうか。彼自身も、ウクライナ征服は楽な行軍と思いこんでいたのではないだろうか。いずれにせよ、侵攻の数日前、ベセダの部下がウクライナ人工作員に、ロシアが勝利したあと傀儡政権を樹立させるために来たとみられる「モスクワの男たち」に彼らのアパートの鍵を渡すよう指令を送っていたことが今ではわかっている。

ベセダの弁護のために言っておくと、ロシアの諜報機関内部には、情報の歪曲ではないにしても、すくなくともこの作戦が成功する可能性を過信する傾向があったのかもしれない。実際、ヴラジーミル・アレクセイエフ将軍が第一副長官に任命された二〇一一年以来、軍の諜報機関では「積極的な変化」が生じていた。アレクセイエフは、ショイグの指導のもとでGRUの役割が強化されたことを利用して、ウクライナからの情報の主要な収集者となった。軍の諜報機関に特有のある種の用心深さよりも、特殊部隊スペツナズ隊員だった彼には、さらなる危険を冒したいという欲求がまさったのではないか。それが毒殺行為につながったということもできるかもしれない。その中で最もよく知られているのは、イギリスでのセルゲイ・スクリパリ毒殺事件である。さらに、軍と文民の諜報機関であるGRUとFSBの競争が情報におよぼす悪影響もある。そのことがベセダを、ライバルに陣地を奪われないための「エスカレーション」へと駆り立てたのかもしれない。結局、FSBには「チェキスト文化」が依然として存在しており、スターリン時代の秘密作戦、とくに西ウクライナをソヴィエト化する作戦——まず一九三九年から一九四一年にかけて、次いで一九四四年から一九四五年にかけて——は新たな幹部たちに影響をおよぼし続けている。ブレジネフやアンドロポフの時代にKGB学校でこうした作戦を学んだ世代に属しているベセダは、このような記憶をもっていることで、とくにウクライナ人の「ナチ化」について報告書に偏りを生じさせることになったのかもしれない。

こうした考察は別にして、一九〇四年から一九〇五年にかけての日露戦争で典型的に示されたように、開戦を決断するに当たって、行政機関のトップの役割は決定的なものであった。皇帝ニコライ二世は、顧問官たちがちらつかせていたロシアの極東への拡大という好ましい展望に長い間毒され、日本人を個人的に「サル」と呼んで軽蔑し、能力のない参謀の失策によって日本軍の実体を知らずにいた。そして最終的に屈辱的な敗北と、それに続く革命に直面することになったのだ。

多くの前任者たちと同じように、ヴラジーミル・プーチンも傲慢さの犠牲になった。ジョージアでの戦争後の西側の無反応、クリミア併合後の制裁の限定的な性格、ドンバスでのロシアの「ハイブリッド」な戦争に対してとるべき態度について、西側諸国が示したためらいが、彼に自信をもたせてしまったのだ。諜報機関の間に確執があることに彼が気づいていたのは確かだ。二〇二二年三月末、フランス軍情報局トップのエリック・ヴィドーの解任が思い出される。彼はアメリカとは異なり、ロシアの侵攻は「ありえない」と判断していた。クレムリンの当主は、ロシア帝国主義の称揚者たちの文章を読んで――彼が要約ではなく全文を読んだかについては議論の余地があるが――長い間準備してきた戦争を、全力を挙げて行動し、開始するときが来たと考えた。とくにイワン・イリイン(一八八三―一九五四)が亡命中だった一九五〇年代に発表した論文集『われわれの使命 Nos missions』は、プーチンにとって、反ロシアの西側諸国の原動力とみなされる民族自決の原則、したがってウクライナ民族の自決の原則――を否定している点で、まさにあつらえ向きの考えであった。ロシア大統領にとって最大の問題となったウクライナへの強迫観念は、彼が孤立するにつれて増大し、新型コロナウイルスのパンデミックによる外出禁止と、おそらくは彼の(いくつかの)病気、噂が広まっているがんのせいで、さらに悪化した。七〇歳近いプーチンは、みずからを導く摂理的な使命、つまりロシア帝国を再建するという使命を達成してからこの世を去りたいと考えているのかもしれない。

「悪い知らせをもたらす者を誰も好まない」。年を追うごとに、そして不正選挙を重ねるごとに、大統領は徐々に現実感覚を失い、友人や腹心の輪を小さくしてきた。文民情報機関においてまだ彼に影響力をあたえうる人物は、FSB長官アレクサンドル・ボルトニコフ、SVR長官セルゲイ・ナルイシキンだけだった。しかしプーチンは情報機関を軽蔑しており、そのためナルイシキンは侵攻三日前の二〇二二年二月二一日、安全保障会議の最中に公の場で侮辱された。そして現在のGRU局長である海軍大将イーゴリ・コスチュコフはあだ名をつけられたようだ。プーチンの意思決定プロセスにおいて情報機関は中心的な位置を占めているが、皮肉なことにプーチンは情報機関を高く評価していない。元KGB将校である彼は、海外任務のためにソ連を離れるまで数年待っていたが、共産主義国家である東ドイツから、ベルリンの壁崩壊後に身の危険を感じて急いで帰国しなければならなかった。そのことが外国諜報機関に対する根深い恨みを抱かせることになったのである。

こうした状況の中で、ベセダのような「第二の手先」には、支配者の幻想をより強固にするための情報を注意深く取り出す以外に何が残されていただろう。ウガダット、ウガディット、ウツェレット（推察する、満足させる、生き残る）というロシア語の表現は、大粛清時代のNKVD課報員によく知られていた。大粛清時代には多くのチェキストの命が失われ、そのなかにはひじょうに優秀だが、適切なときに変節することができなかった者もいた。もしベセダがプーチンに真実を話していたら、彼はどうなっていただろうか。ソ連とナチスドイツが同盟関係にあった一九四一年の初めに、ドイツが攻撃準備をしているとスターリンに警告しようとした諜報員たちの運命を思い起こさなければならない。その中で最も良く知られているのは、東京を拠点とするスパイ、リヒャルト・ゾルゲであり、的確な警告を何度もくりかえしていたが、反応が得られなかった。一九四一年五月、スターリンは不安をあおるゾルゲの電報について、「ゾルゲは日本で工場や売春宿を建てたろくでなしだ」と述べている。われわれは六月二二日朝に何が起こったかを知っている。粛清によってすでに弱体化していた赤軍は、一一月まで敗走させられることになった。冷戦中、指導者たちは情報機関に対し、彼らのパラノイアに従うよう何度も強制した。一九八〇年代初頭には、KGB長官からソ連指導者となったユーリ・アンドロポフが、アメリカ駐在の工作員に核攻撃の証拠を収集するよう命じた――この作戦は「核ミサイル攻撃」の頭文字をとってライアンと呼ばれた――。そしてこの作戦の正当性を疑う者たちは信用を失い、モスクワに呼び戻された。

フルシチョフ政権下で、ゾルゲは死後の名誉回復を受ける権利をえた。一方ベセダは、ソ連諜報機関の伝説的存在であるレオーノフ将軍の葬儀に参列するため、二〇二二年四月末に独房から出ることを許された。その後はルビャンカで職務に復帰したとみられる。彼を復権させようとするなんらかの意思の痕跡や、大統領がみずからの判断の誤りを遅まきながら認識したしるしがそこにあったとみるべきでもなく、むしろ状況が悪化するリスクを限定的なものにしたいという意思のあらわれとみるべきである。一九三七年から一九三八年にかけておこなわれた赤軍の粛清の前例を思い起こそう。この粛清で約四五〇〇人の上級将校が処刑され、そのなかには三人の元帥、一三人の陸軍大将、八人の海軍大将がふくまれていた。最もよく知られた生存者のひとりであるボリス・シャポシニコフ元帥は、スターリンを説得して多くの将校たちをグラーグから釈放させ、赤軍の完全な崩壊を阻止した。一九三九年五月に一五年間の強制収容所の刑を宣告されたミハイル・ブクシュティノヴィッチ司令官は、一九四二年末に釈放され、ヨーロッパでの攻撃とベルリン攻略にくわわった。コンスタンチン・ロコソフスキー将軍は、一九三七年に逮捕され、一九四〇年に釈放されたあと、ドイツ軍と対峙するソ連軍の主要な指揮官のひとりとして最終的には元帥となり、一九四五年六月二四日の赤の広場での戦勝パレードを指揮した。

実際、ベセダの逮捕は諜報機関、とくにFSBに対する警告と解釈されるべきだが、彼の釈放は内部分裂や指導層と「下部組織」との間のあつれきにかんするうわさを断ち切るための「戦術的撤退」に相当する。それは、体制の安定と意思決定プロセスの適切な管理を多くの点で左右する、「第二の手先」を確保するということである。この陰の世界は、執行部からの圧力にさらされ、海外でのロシア諜報ネットワークを破壊する西側諸国の制裁にもさらされている。二〇二二年二月から四月にかけて、四五〇人以上のロシア「外交官」が二七か国および国際機関から追放された。これはスクリパリ毒殺事件後の三倍である。プーチンは、「特別軍事作戦」の目的の下方修正――もはやウクライナの制圧ではなく、ドンバス地方の占領と併合――に反対するシロヴィキの分派である「戦争の党」の存在に直面しているだけに、諜報幹部に配慮することに、より利点を見いだしている。こうした下部組織の幹部は、作戦をできるだけ早く終結させるために、プーチンが総動員を発表して、大量破壊兵器を使用することを望んでいるかもしれない。これに関して、七月にゼレンスキーが、ウクライナの防諜機関であるウクライナ保安庁（ＳＢＵ）のイワン・バカノフ長官を躊躇することなく解任したことは注目に値する。ゼレンスキーは、幼なじみであるバカノフをみずからこの重要なポストに任命したが、モスクワの諜報員が潜入している腐敗した組織を管理するには経験があさすぎて、侵攻当初のロシアによるヘルソンの迅速な奪取を許してしまったのである。

プーチンは、ベセダを釈放し、シロヴィキの小粛清の影響を抑えるようつとめることで、現地の軍事情勢が不確かなものになり、「勝利」という考え自体が遠のくにつれて、クレムリンとエリート層との間で必然的に広がっていく溝を埋めようとしたのかもしれない。彼は側近によって失脚させられるのを恐れているのだろうか。ロシアには軍事クーデターの文化がないため、リスクは限定的である。実際、ナポレオンに対する遠征に参加し、帝政からの解放をもたらすために一八二五年一二月に蜂起した将校たち、デカブリストへの激しい弾圧は、記憶に強く刻まれた先例である。そして二〇一六年のGRU局長イーゴリ・セルグンと、二〇一八年のイーゴリ・コロボフの不可解な失踪は、反乱志願者への警報となっている――うわさでは、コロボフはノビチョク中毒の可能性を指摘されている。文民情報機関に関しては、歴史的先例では陰謀の可能性を信じさせるものはそれほど多くはない。一九五三年三月にスターリンが死去したとき、のちのKGBであるNKVD（内務人民委員部）の絶大な権力をもつ指導者ラヴレンチー・ベリヤは、「集団指導部」の有力者のように思われていたが、六月に逮捕され、一二月に処刑された。KGB長官ヴラジーミル・セミチャストヌイについても同様であり、彼は一九六四年一〇月のニキータ・フルシチョフ政権打倒にくわわったが、その三年後、スターリンの娘スヴェトラーナ・アリルーイェヴァが西側に亡命したあと、その職を失った。じつのところ、プーチンは陰謀というよりも、大粛清が軍の規律の弱体化とソ連諜報活動の不活化をもたらしたのと同様に、諜報幹部が士気喪失して消極的になるのではないかと恐れているのだ。おそらくロシア大統領は、最もよく知られた諜報機関であるFSBとGRUを警戒し続けていて、現在はとくに、彼と側近たちの安全保障を担当する別の諜報機関、FSO（ロシア連邦警護庁）の幹部の力に頼る傾向にある。

ベセダの釈放は、プーチンがみずからのあやまちから学ぼうとしていることを示しているように思われる。たしかに、二〇二二年五月から六月にかけて、ドンバスの前線は安定したが、とくにハルキウ地域でのウクライナの電撃攻撃のあと、人々の心に、迅速な結末、「ドニエプル川の奇跡」にかんする疑念が生じた。この認識の効果は長続きするのだろうか。パラノイア的な世界観と歴史観、反欧米的価値観の政権、「非ナチ化した」ウクライナへの強迫観念をもつプーチンが指揮を執るかぎり、そしてロシア情報機関の主要なモデルがアンドロポフのKGB、スターリンのNKVDであるかぎり、それはありそうもない。プーチンはますます複雑化する軍事情勢と、みずからの失敗の大きさがロシア国民に明らかになる現実的なリスクに直面して、二〇二二年夏の終わりに前へ突き進むことを選択した。ドンバスでの軍隊支援を担当するFSB工作員の数を大幅にふやしたが、とりわけ「内部の裏切者」をさらに精力的に追跡し、多くの「殉死者」の力を借りてロシア人を動員する作戦を組織する責任を彼らに負わせている。ネオファシストのイデオローグ、アレクサンドル・ドゥーギンの娘で、八月末に自動車爆弾テロの犠牲者となったドゥーギナの名を冠し、FSBの影響を色濃く受けている「ダリア・ドゥーギナ作戦」は、不吉な攻勢の始まりにすぎない。

第14章　プーチンの外交政策の柱――買収、脅迫、恐喝

フランソワーズ・トム

プーチンは天然ガスの総主教だ。彼の意志によってロシアの偉大なガス文明が創造された。大西洋から太平洋までパイプを伸ばしたのだ。彼が片方の眉をひそめるだけで、天然ガスの価格が高騰し、ヨーロッパの工場はストップする。もう一方の眉をひそめれば、価格は下がり、ヨーロッパはロシアの総主教の慈悲に感謝する。[1]

アレクサンドル・プロハーノフ

プーチン政権は、ソ連崩壊後も生き残った組織的勢力、つまり特殊機関と泥棒集団[2]との相互浸透によって生まれたものだ。彼の外交政策は、このふたつの影響によって形成されている。古典的な外交はもういらない。優秀なＫＧＢ将校だったプーチンは大統領に就任した当初から、西側エリートを採

用し、外国をおどし、場合によっては恐喝できる立場にロシアを置こうとした。最初は、ロシアをエネルギー大国に変えることにすべての希望を託した。

エネルギー主義のプロジェクト

プーチン政権ロシアの石油政策、そして天然ガス政策を理解するには、ソ連時代にさかのぼる必要がある。一九一四年以前の帝政ロシアが世界有数の石油産出国であったことも忘れてはならない。レーニンやスターリンの時代から、ソ連の指導者たちは、ソ連諸共和国の中央権力に対する依存関係にもとづいた統一経済を構築しようとしてきた。「同志スターリンが、石油をもつ者が権力をもつと言ったのはきわめて正当だ」。一九二五年一二月の第一四回共産党大会で、党中央委員のセルゲイ・キーロフはこのように発言した。[3] こうした観点からソ連は、ロシア共和国を中心とする、ガスパイプラインと石油パイプラインの統合ネットワークを発展させた。アゼルバイジャン、トルクメニスタン、カザフスタンの鉱床からパイプラインで運ばれた天然ガスや石油はロシアに集められ、そこからソ連のおもなエネルギー輸出市場であるヨーロッパに再分配され、販売された。その見返りとして、ソ連の諸共和国は助成金つきの天然ガスを受け取った。一九八〇年代末、ソ連(ソユーズガスエクスポルト)と西ヨーロッパ(おもにルールガスとガス・ド・フランス)は、西シベリアの巨大ガス田、ウレンゴイからの四五〇〇キロメートルのガスパイプラインという新たな大規模ガスプロジェクトに合意した。この合意により、ドイツのロシア産ガスへの依存度が一五から三〇パーセント増加することになるため、ドイツの閣僚は安全保障への影響を検討したが、ソ連が潜在的な支配力を乱用する危険性はないと結論づけた。彼らの推論は、「長期的な混乱はソ連の利益に反するだろう」という単純なものだった。一九八〇年三月五日のアメリカ大統領ジミー・カーターとの電話会談で、ドイツのシュミット首相はこのようにパイプラインへの支持を正当化した。「たがいに取引する者は撃ちあうことはない[4]」。ゼレンスキー大統領の顧問をつとめ、父親がKGB将校だったオレクセイ・アレストヴィッチは、次のように回想している。「一九七八年、子どもだったころ、ウレンゴイ・ポマリー・ウジホロド・パイプラインについて、テーブルディスカッションがあったことを覚えている。（この契約は）最初から汚職のためのものであり、ソ連への外貨の流れを確保するだけでなく、西側のエリート層を買収することを目的としていた[5]」。

ガスプロムのガスパイプライン網は、ソヴィエト国家の「くさび石」として、正教会と同じ次元に置かれていた。ソ連崩壊後、モスクワはこの「くさび石」を維持するためにあらゆる手をつくした。ボリス・エリツィンの改革者たちの初期の失敗のひとつは、ガスプロムの民営化と解体の試みだった。ロシアは、外交政策の目標を達成するために、とくに近接地域においても遠方地域においても、エネルギー市場での支配的地位を乱用するという意図を隠したことはけっしてなかった。一九九〇年にリトアニア共和国議会が独立を宣言した際、ゴルバチョフ時代のソ連はリトアニアにエネルギー禁輸措置を課している。

権力の座につくと、ヴラジーミル・プーチンはこのロシア中心のネットワークをヨーロッパ全体に拡大する粘り強い政策を展開した。二〇〇〇年にはヨーロッパ、とくにドイツに対して、お互いに有益な「エネルギー・パートナーシップ」を正式に提案した。この「パートナーシップ」の実現に必要不可欠な条件として、バルト海の海底を経由してドイツとロシアを結ぶガスパイプラインの構想を提示した。ヨーロッパの人々はエネルギー依存のせいで帝国の再建を受け入れざるを得なくなるだろう、という見解がただちに表明された。二〇〇四年に、ロシアのニェザヴィーシマヤ・ガゼータ紙は次のように書いていた。「モスクワへのエネルギー依存がますばかりの西側諸国は、ロシアによる旧ソ連領土に対する軍事的、経済的影響力の強化を受け入れざるをえなくなるだろう」[6]。二〇〇五年八月、プーチンは新たな友であるイタリア首相シルヴィオ・ベルルスコーニを招いた。ベルルスコーニは、ロシアの政策を支持することとひきかえに、ガスプロムが割引価格でエニ（イタリアのエネルギー供給会社）の供給元となることに同意した。一か月後、プーチンは新たに大きな成功をおさめた。ガスプロムとドイツの会社BASFおよびエーオンとの間で、ウクライナ、バルト三国、ポーランドを迂回し、バルト海を経由して西ヨーロッパに供給するガスパイプライン、「ノルド・ストリーム1」を建設するための契約が結ばれたのである。モスクワでは、「ノルド・ストリーム」はドイツの政界や実業界での人材確保の道具であり、ウクライナの地政学的な降格と破滅の手段、そして長期的にはヨーロッパをクレムリンの意思に従わせるための保険と考えられていた。アンゲラ・メルケルが主張したように、「ノルド・ストリーム」はたんなる経済プロジェクトではなく、ロシアに深く根ざした地政学的概念を反映するものであった。ロシアの公認シンクタンクRUSSTRAT（国際政治経済戦略研究所）は次のような見解を示している。「弱いドイツは、アメリカによる欧州連合の支配のあらわれである。しかしロシアにとって、強いドイツに関連して起こりうる諸問題よりも大きな悪である。

現在のアメリカを中心とする形でのEUの崩壊は、アメリカではなく、ドイツの影響力の強化につながるので、ロシアにとっては有益である。(中略)だからこそロシアは、ドイツがヨーロッパのリーダーになることを支援しているのである」。モスクワはもはや歴史的ライバルを恐れることはないだろう。ベルリンがヨーロッパで優位に立つことができたのは、ロシアのガスのおかげだからだ。こうしてドイツとロシアは、「ヨーロッパにおいて別の権力中枢の出現を阻止するというそれぞれの利点から、勢力圏の共有に関する広範な合意」[7]に達することができたという。アメリカ、欧州連合、NATOはロシアの計画に反対したが、工事は二〇〇五年末に開始され、二〇一一年に完了し、二〇一二年に稼働した。天然ガスの輸送容量を二倍にするため、「ノルド・ストリーム1」と同じルートでの「ノルド・ストリーム2」パイプラインの建設工事が、ポーランドをはじめとする中・東欧諸国からの強い反対にもかかわらず、二〇一八年四月に開始された。その後、アメリカの制裁によって、工事は二〇一九年一二月に中断された。

二〇〇五年から、ロシアはみずからをエネルギー超大国であると考え、エネルギー資源とそれが生み出す資金の流れを支配する者が権力を支配すると確信していた。ロシアで成功したモデルが必然的に、ヨーロッパをはじめとするあらゆる場所で通用すると考えたのだ。実際、クレムリンはベルルスコーニと結んだ協定をヨーロッパのあらゆる国で再現できると考えていた。そこでは強力な親ロシア政党が設立され、クレムリンがあたえた有利な契約によって強化され、意思決定者に近い側近たちに浸透していた。二〇〇七年七月、フランスの新大統領ニコラ・サルコジはそれまでロシアを批判していたにもかかわらず、モスクワはフランスの石油・ガス会社トタルに、シュトックマン・ガス田開発の権益をあたえた。

二〇〇五年以降、自分が優位な立場にあると感じたロシアは、エネルギー兵器を公然と振りかざしはじめ、反抗的な国に対してガス栓を閉め、他の国々がガス料金の割引とひきかえに主権の主要部分を引きわたすようにしむけた。なぜならガスプロムは顧客より上の立場で価格を定めたからだ。たとえば、二〇〇四年のオレンジ革命のあと、ユシチェンコ大統領率いるウクライナは、ガス一〇〇〇立方メートル当たり二二〇から二三〇ドル——それまでは五〇ドルだった——請求されたのに対し、ベラルーシは、すくなくともルカシェンコ大統領が再選されるまでは、四六・七〇ドルの優遇価格を維持した。実際には、二〇〇四年二月にロシアはベラルーシへのガス供給を中断しており、三月にはベラルーシ国営パイプライン運営会社ベルトランスガスのネットワークをガスプロムに開放することを余儀なくされた。二〇〇六年四月、ルカシェンコは、ガスプロムにベルトランスガスの完全な支配権をあたえるか、ベラルーシが市場価格でガスを購入することになるかの決断をせまられた。二〇一一年にベルトランスガスはガスプロムの一〇〇パーセント子会社となり、ガスプロム・トランスガス・ベラルーシに社名変更した。そのとき西側諸国は、ロシアがガスという兵器を恐喝目的で使用するつもりであることに気づきはじめた。二〇〇六年五月四日にリトアニアの首都ヴィリニュスで開催された民主主義に関する国際会議で、アメリカ副大統領ディック・チェイニーは、ロシアが、「他国との関係に影響をおよぼしかねない反対効果を生じる行動」をとっている、とくに「石油や天然ガスが威嚇や恐喝の手段となっている」ことに遺憾の意を示した。

二〇〇六〜二〇〇七年頃から、ロシアの外交政策においては、外国のエネルギーインフラを手に入れ、ヨーロッパのエネルギー供給を完全に掌握することが固定観念となった。だがそれは、天然ガスの生産と輸送の完全な分離を求める欧州連合のエネルギー政策の原則に反していた。プーチンは交渉相手にロシアの鉱床開発への参入権をちらつかせたが、流通網はロシアにゆだねることが条件とされた。西側は目を覚ましつつあったが、ロシアは自分の優位を感じとると、最も従順な相手でさえもその立場を利用して屈服させた。そして二〇〇六年、アルメニアがアルメニアとイランを結ぶガスパイプラインをロシアに売りわたすという誤りを犯すと、ロシアはガス販売価格をつり上げ、アルメニア経済を永続的な危機状態におちいらせた。

ある専門家は、一九九一年から二〇〇四年までの間に、ロシアが政治的な動機にもとづくエネルギー供給停止を約四〇回おこなったとしている。二〇〇八年末にロシアとウクライナの間で天然ガス価格をめぐる紛争が生じたとき、ガスプロムは数日間トランジットを停止したため、欧州連合諸国が困難な状況に陥った。二〇一四年から二〇一五年にかけて、ロシアは契約にもとづくロシア産ガスが逆流してウクライナに転売されるのを防ぐため、スロヴァキア、ハンガリー、ポーランドへの供給を一時停止しようとした[8]。以後はロシアとの貿易にかかわりのある大手のガス会社や石油会社を通じてヨーロッパに影響力をおよぼすことになり、ロシアが有害とみなすあらゆる措置を封じるのに十分な力をもつことになるとクレムリンでは考えられていた。この思惑は、二〇一四年のクリミア併合とドンバスへの介入のあと、確実なものとなったようだ。ヨーロッパのガス依存はすでに、ロシアのエネルギー部門を対象とした厳しい制裁の導入を妨げるのに十分だった。

二〇二一年七月二一日、ドイツ首相アンゲラ・メルケルは、「ノルド・ストリーム2」にかんしてアメリカ大統領ジョー・バイデンとの妥協に達した。アメリカはガスパイプラインの建設と稼働に反対しないが、もしロシアがエネルギーを武器として使用したり、ウクライナやその他の国に対して攻撃的な策略をとろうとした場合は、将来的に制裁を課す権利を保留することになる。ドイツとしては、国家レベルおよび欧州レベルで、モスクワの撹乱政策に反対すると宣言した。しかしドイツは、クレムリンが反抗的な近隣諸国に対して攻撃的な措置をとった場合に、ガスの流れを遮断することを可能にする、「キル・スウィッチ」と呼ばれる修正条項をもりこむというアメリカの提案を拒否した。言いかえれば、ドイツはガスパイプラインの運営とウクライナの安全保障との関係を確立できる唯一の措置を協定から抹消したということだ[9]!

二〇〇〇年から粘り強く実行に移してきたプーチンの壮大な計画は、実現したかに思われた。ロシアはドイツを天然ガスと石油で押さえつけている。ドイツはロシアの代理としてヨーロッパを押さえつけ、ドイツを旧大陸での主要な対話相手とみているアメリカをふくめた「フィンランド化（中立化）」にも寄与することになるかもしれない。プーチンは西側エリート層のかなりの部分を自分が支配していると思っていた。ロシアはアメリカやヨーロッパの誰でも買収できるということを、彼はヨーロッパの外務大臣たちに自慢していなかっただろうか[10]? 年譜が示すように、彼はすでに勝利を予期していた。すでに魚はかかったと考え、ロシア大統領は二〇二一年七月一二日、有名な論文「ロシア人とウクライナ人の歴史的一体性について」を発表した。これは西側諸国にとって、「ロシアの地政学的勢力圏を認めるのか、それとも結末が予測できない、おそらくは否定的な性質のきわめて危険なゲームに乗り出すのか[11]」という最後通牒だった。そして七月三一日から、ガスプロムはヨーロッパの地下貯蔵施設からの天然ガス排出を縮小した。[12] 秋には、ヨーロッパの顧客たちへの供給のほとんどを「ノルド・ストリーム1」と「ノルド・ストリーム2」経由でおこない、旧トランジットルートでの供給を最小限に抑えることを突然通告してきた。こうすることでロシアは、エネルギー分野におけるヨーロッパの連帯と安全保障を確保するための法律を放棄させようとしていたのである。

二〇二一年秋、ガスプロムは、ドイツへの圧力を強めて「ノルド・ストリーム2」の迅速な認可を得るため、ドイツ当局がうかつにも管理権を譲渡していたふたつのガス貯蔵施設をからにすることまでした。エネルギー危機によってヨーロッパで経済的混乱が生じるという見通しは、モスクワを不快にさせるものではなかった。ロシアは同時にヨーロッパへの石炭の販売も拒否し、一方で中国への電力供給を大幅に増やしていた。権威を失墜したヨーロッパは、旧ソ連地域の国々にとって魅力ある中心地ではなくなるだろう。クレムリンの指導層の頭のなかには、ロシアのガスを獲得するための万人対万人の戦争――ロシアのメディアでも物欲しげに言及されていた――になれば、ユーラシア大陸でのロシアの覇権確立が加速するかもしれない。仮面を投げ捨てたロシアは、技術的、商業的議論の裏にあるみずからの決意をもはや隠そうともしなかった。エキスパートのミハイル・クルティキンは、率直に次のように語ったガスプロム顧問の言葉を伝えた。「われわれはイタリア流ストライキをおこなうことを選択した。つまり、ずっと前に結んだ長期契約の範囲内で用意されたガスだけをヨーロッパに供給し、冬季に向けてヨーロッパを助けるような量のガスは供給しないということであり、われわれはそれを意図的におこなっている」。[13] ロシアのメディアはもっと明確である。二〇二一年七月二八日、ロシアの国有通信社RIAノーヴォスチは、「ウクライナはロシアのガスを手に入れるために（われわれに）こびへつらう用意があるにちがいない」と露骨な見出しをつけていた。ヨーロッパの人々は「ノルド・ストリーム2」がウクライナへの脅しの手段として使われることをほとんど気にかけていなかったが、ウクライナと同じ困難に直面していることに驚き不快になった。

メルケル首相やヨーロッパのエネルギー・パートナーシップ支持者は、ロシアもまた主要な顧客であるヨーロッパに依存しているので危険はないと主張した。ヨーロッパの人々の多くは、モスクワにとって、地政学的な野望の前では経済的な考慮など取るに足らないものだということをまだ理解していなかった。実際クレムリンは、世界的大国という野望をかなえることができるなら、ロシアの地方に蔓延している貧困などどうでもいいと思っている。ＲＩＡノーヴォスチはそれを次のように明確に述べていた。「ロシアの国庫を満たすことは、ガスプロムにあたえられた任務のひとつにすぎない。同じく重要な第二の任務は、西側のパートナー諸国に、彼らのエネルギー安全保障はロシアとの緊密なパートナーシップにかかっているという明白な事実を教え込むことである」[14]。二〇二一年末、ロシア当局の心境がロシアの新聞の見出しに反映されていた。「ヨーロッパは凍える覚悟を決めている。来年の冬は、欧州連合のロシア嫌いたちに懇願者としてモスクワに来ることを余儀なくさせるだろう」[15]。「二〇二三年、凍えたヨーロッパはその蔵書を暖炉で燃やすことになるだろう」[16]と、オンラインメディアSvpressa（スヴォボードナヤ・プレッサ）は歓喜していた。「ヨーロッパの人々よ、手を上げて降伏しなさい！　あなたたちはガスパイプラインに包囲されている！　抵抗してもむだだ——あなたたちには資源がない！　ロシアの捕虜になれば、暖かいアパート、安い電気、手頃な価格でおいしい食事がある。セルビアのように、ひとりずつ欧州連合から出てきなさい！　この残虐非道な者たちが地球全体を略奪してから五〇〇年がたち、彼らに勘定書を示すときが来たのだ」[17]と、ロシアのあるインターネットユーザーは、ヨーロッパでのエネルギー不足の脅威について書かれた記事のあとでコメントしていた。おそらくクレムリンのインターネット・トロール（荒らし）だろう。

ロシアはヨーロッパ諸国をエネルギーで脅迫する手段を確立したが、野心はそこにとどまらず、世界の主要なエネルギー資源やその他の資源（天然ガス、石油、ウラニウム、小麦）についての支配あるいは影響力を、アフリカ、ラテンアメリカ、中東で、組織的に拡大しようとした。二〇一四年に制裁により輸入を禁止されたあと、農業大国となったロシアは、影響力の拡大にアフリカや中東への穀物輸出を利用した。二〇二二年には、アフリカ諸国を西側諸国やウクライナと敵対させるために、飢餓の脅威をちらつかせ、第三世界と連帯するという扇動策を全力で展開した。しかしこのような影響力の媒体は、西側諸国の制裁によって危険にさらされる恐れがある。というのも、ロシアの種子の生産量は、輸入種子の生産量より二〇から三〇パーセント低いからだ。たとえば一九九〇年にロシアは五〇〇〇万トン、二〇二一年には七六〇〇万トンの小麦を収穫したが、国産品種を使うことを余儀なくされれば、食料品の輸出国ではなくなるだろう。そしてウクライナから不当に入手した小麦で五〇〇〇万トンにするだろう。[18]しかしロシアにも希望は残っている。二〇二二年、ロシアは、ボリビアが世界最大の埋蔵量をもつリチウム鉱床――このアルカリ金属は電子工学、金属工学、医学、原子力エネルギーなど多くの分野で使われている――の開発のために開始した入札を勝ちとろうとしている。ロシアがボリビアのリチウム開発権を獲得すれば、西側諸国も「モスクワに対するもうひとつの依存関係[19]」を見いだすことになるだろう。

終末兵器と海外へのテロルの投射

二〇二一年末、欧州連合が天然ガスによる脅迫政策に抵抗し、ロシアが求めた妥協条件を受け入れるようウクライナに圧力をかけなかったのは、ヴラジーミル・プーチンにとって大きな驚きだった。NATOを一九九七年時点の配置にもどすよう求めた二〇二一年一二月一七日のロシアの最後通牒を、アメリカを中心に団結して拒否したのである。この予期せぬ抵抗を前にして、ロシア大統領はチェキストの武器庫から取り出した外交政策の第三の武器、つまり威嚇とテロルに目を向けた。

ロシアが必死に再軍備に取り組みはじめたのは、ジョージアとの戦争後の二〇〇八年九月以降である。職業軍人制軍隊への移行は断念され、二〇〇九年末には国防法が改正された。それ以後、大統領は連邦院（上院）の承認なしに軍隊を投入する権利をもつことになった。大統領は「海外のロシア軍に対する攻撃」があった場合、「海外にいるロシア国民を守る」ために軍隊を介入させる特権を有していた。この最後の点はきわめて重要だった。たとえロシアの領土が脅かされていなくても、ロシアは軍事介入の用意があるということを示しているからだ。新しいドクトリンには、ロシアが通常兵器による攻撃を撃退するために核兵器を使用する権利を有し、地域的な紛争においても予防のための戦争を開始する権利と、核兵器を使用する可能性を保留することが明記されていた。

二〇一一年から二〇一二年にかけての選挙戦のさなかに、クレムリンの指導者たちが発表した選択は、彼らの優先課題が何かをはっきりと示していた。国民教育予算は半分に削減され——二〇〇九年にはGDPの一・一パーセントだったが、二〇一三年には〇・五パーセントに――、一方軍事予算は二〇一三年までに六〇パーセント増加する見込みとなっていた。ロシアは、陸上（大陸間ミサイル）、空中（爆撃機から発射されるミサイル）、海中（原子力潜水艦から発射されるミサイル）の戦略核兵器の近代化に着手した。クレムリンの主要なテレビ宣伝活動家のひとりであるドミトリー・キセレフは、二〇一四年のクリミア併合の際にすでに、「ヴェスティ・ネデリ」というテレビ番組で、ロシアは「アメリカを放射性の灰に変える」[20]ことが可能であるということを視聴者に想起させてセンセーションを巻き起こした。そして二〇一六年秋の危機は、その後に起こることの前兆となった。二〇一六年一〇月三日、クレムリンはワシントンに驚くべき最後通牒を突きつけ、アメリカとの関係再開の条件として、マグニツキー法[21]とウクライナ支援法の放棄、東ヨーロッパにおけるNATO軍の兵員とインフラの削減、制裁の放棄、そして最後に重要なこととして、制裁への対抗措置によって生じた損害についてのロシアへの補償を要求した。二〇一六年一〇月九日、ドミトリー・キセレフはこれらすべてについて、プーチンの好きなことわざを引用してコメントした。「戦いが避けられないなら、先制攻撃をしろ[22]」。一〇月一〇日には、戦争になった場合のサンクトペテルブルクでのパン配給が発表された。二〇日間にわたり一日三〇〇グラムというものだった[23]。市職員は、首都の防空壕には一二〇〇万人を収容できるとして[24]、モスクワ市民を安心させた。当時のクレムリンは魂胆を隠さず、「第三次世界大戦の脅威にさらされて疲弊した」ヨーロッパの人々が、「対決よりもロシアと協調するつもりのある[25]」指導者を選ぶことに期待していた。

二〇一八年三月一日のプーチンの選挙演説は、西側諸国に警鐘を鳴らしていたはずだ。ロシアはアメリカの防衛線をかいくぐるために考え出された六つの強力な新兵器を開発中であると発表したあと、ロシア大統領は明らかに思いつきで、ヴンダーヴァッフェン（奇跡の兵器）について四〇分間詳しく説明した。それはロシアが保有するとされる新兵器であり、それをもちいればアメリカもNATO諸国も全滅させることができるかもしれない。万雷の拍手を受けた彼は、フロリダに向かうミサイルを映したビデオを背景にしてこう締めくくった。「あなたたちがロシアの邪魔をし、妨げ、阻もうとしてきたことは成功しなかった。ロシアの防衛能力を強化するあらゆる任務が実行され、現在も進行中である。（中略）誰もわたしたちに話しかけようとしなかった。だれもわたしたちの話を聞こうとしなかった。今こそわれわれの話を聞きたまえ！」

ロシア大統領を有頂天にさせた終末兵器とは何だろう。ひとつは9M730「ブレヴェスニク」原子力巡航ミサイルで、NATOはこれをSSC—X—9「スカイフォール」と呼んでいる。それは「無敵」であり、「無限の射程、予測不可能な軌道、迎撃を回避する能力[26]」をもっているとされる。イギリス国防情報長官ジム・ホッケンハルによると、それは「何年も空中にとどまり、いつでも攻撃できる恐ろしいミサイル」であり、「背後に放射性物質を吐き出す[27]」という。

もうひとつの終末兵器である戦略的複合体「アヴァンガルド」は、大気圏内を極超音速で進む滑空巡航弾頭をそなえた大陸間弾道ミサイルであり、マッハ二〇の速度で飛行し、プーチンの言葉を借りれば、「隕石のように、火の玉のように」目標を攻撃する。この兵器はその軌道上での急な操作も可能であり、それにより「あらゆるミサイル防衛システムにもまったく屈しない」ものとなる。実際には、これは通常の意味でのロケットではなく、極超音速操縦ユニットをベースとする戦略的ミサイルシステム用装置である。「サルマト」(RS－28)と呼ばれる新しい大型大陸間弾道ミサイルも計画されている。プーチンによると、最も大型のICBMで、西側では「サタン」の名で知られるソ連製ミサイル「ヴォイヴォダ」(RS－20V)よりも多くの弾頭を搭載できるという。RS－28の設計では、最先端のミサイル防衛システムからであっても破壊を困難にする弾道が想定されている。「サルマト」は、アメリカのミサイル防衛システムを迂回して北極や南極の上空を飛行することが可能であり、前述のアヴァンガルド極超音速滑空体(Yu－71)と非核弾頭を搭載することになる。極地的な紛争や敵空母などに対して使用されるかもしれない。[28] ロシアの退役中将アイテッチ・ビジェフによれば、世界の主要国の軍隊は、アヴァンガルドから身を守るすべをもたないだろうという。アヴァンガルドはサルマト大陸間弾道ミサイルやその他のミサイルに搭載されつつあるが、今後数年以内に搭載される可能性は低い。「アヴァンガルドには基本的に新しい誘導ミサイルが搭載されており、その飛行ルートは予測できない。アヴァンガルドの驚異的な速度を考えると、現代の対ミサイル、対空、防空の防衛手段では迎撃するのは不可能だ。いかなる大国も一〇年から一五年以内に迎撃手段をもつことはないだろう[29]」。新しいミサイルの中でも、航空機から発射されるキンジャールを挙げておきたい。ロシア国営企業ロスコスモスの元CEOドミトリー・ロゴージンは、キンジャールについて「その威力は、こう言ってはなんだが、一発で(アメリカの)海岸のひとつを消し去るほどだ[30]」と豪語している。

二〇二〇年一一月、ロシアは、水上艦、潜水艦、沿岸砲台に展開された対艦巡航ミサイル「ツィルコン」(空母キラー)のテストに成功した。ロシアの専門家は、このミサイルによって「アメリカの空母艦隊保有は不合理なことになる」と断言している。ツィルコンの衝撃は駆逐艦をナッツのように打ち割る。ツィルコン数発で空母は確実に沈没する。ツィルコンはその任務を遂行するのみだ。子ガモをピストルで撃つように、動きの鈍い巨大空母を確実に射ぬく」[31]。ノルウェー情報部を統括するステンソネス中将は、CNN（ケーブル・ニュース・ネットワーク）で、ツィルコンは「反撃するのが困難な、極超音速の新技術[32]」を活用していると述べた。

この兵器一覧表を完成させるため、核を搭載した原子力無人潜水艇「ペレスヴェート」と、全長約二四メートルの大型核魚雷「ポセイドン」を挙げておく。ポセイドンは、文明を終わらせる核戦争の最終段階において、アメリカの沿岸都市や海軍基地を照射できる巨大な弾頭を搭載している。これは海岸の沖合で爆発して海底に衝突するように設計された水中核魚雷で、放射性津波を引き起こして致死性の放射線を内陸数千キロメートルにわたって拡散させ、居住不能にする[33]。こうしてロシアは、一〇〇メガトンの新たな水中核装置を備え、この兵器でアメリカを攻撃すると脅している。軍事的合理性がないため、誰もこのような兵器を製造したことがなかった。二〇一五年になって、国営テレビで初めてこの魚雷の映像が放送されたとき、人々はなぜロシアが地上のすべての生命を終わらせる可能性のある兵器を製造するのかといぶかった。あらゆる核兵器は何千人もの人々を一瞬のうちに殺し、その後何年にもわたって環境を汚染する放射能を残す可能性があるが、ポセイドンはこの影響を最大にしようとしている。ほとんどの核兵器は都市を破壊することができるが、ポセイドンは大陸ごと破壊するかもしれない[34]。

フランスの地政学研究者ジャン＝シルヴェストル・モングルニエが指摘するように、「クレムリンが自慢する〝新兵器〟は、たえず近代化される〝戦略的トライアド〟【大陸間弾道ミサイル・潜水艦発射ミサイル・戦略爆撃機（空中発射巡航ミサイル）の三本柱】、によって確保されているロシアの抑止力に付加価値をもたらすとは思えない」[35]。この一連の兵器は、ドミトリー・メドヴェージェフが二〇二二年七月に言い放ったように、無敵であることを目的としている。「世界最大の核装備を備えた国に制裁をくわえるという考えそのものがばかげている」[36]。実際には、この核装備はクレムリンにとって外交政策の代わりとなる恐喝、脅し、威圧の論理を体現している。これについては、二〇一五年六月六日、ロシアのテレビチャンネル「ドーシチ」で、ジリノフスキーによってあけすけな表現で語られているが、今にして思えば予言的だった。「ショイグ（ロシア国防大臣）は核戦力をベルリン、ブリュッセル、ロンドン、ワシントンに向けるだけでいい。それで戦争になるか？　そんなことはない。連中はこう言ってくるだろう。〝攻撃しないでください。われわれはあなたに同意します。われわれは撤退します〟。連中（西側諸国）は生き延びたいのだ。（中略）ヨーロッパの連中は贅沢に暮らし、ただ楽しんでいる。戦争なんかしたくはない。モスクワは威嚇するだけでいい。連中はNATOを解体するだろう。こう言うだけでいい。〝二四時間以内にNATOにけりをつけなければ、加盟国の首都を爆撃する〟。そうすれば連中は引き続き生きて楽しむためにそれを実行するだろう」。これは、二〇二一年一二月一七日にロシアが、アメリカとNATOに例の最後通牒を突きつけたときのクレムリンの心境を、驚くほど言い当てていた。ジリノフスキーははったりを信じ込ませようとしているように思われた。しかし西側諸国も徐々に真剣に受けとめるようになり、二〇二一年四月には、元アメリカ国防情報局（DIA）アナリストのレベッカ・コフラーは、「ロシアがアメリカやNATOとの核紛争の準備をしていることは疑いの余地がない。唯一の問題は、ロシアを思いとどまらせることができるか、それともこの戦争をすることになるかだ[37]」

当面ロシアはみずからが強い立場にあると感じ、肩をそびやかしている。二〇一八年三月の大統領演説のあと、ジリノフスキーはこう叫んだ。「地球全体がわれわれの支配下にあるんだ[38]」。そして、きわめて公式的なジャーナリストであるピョートル・アコポフは、プーチンが新たな使命としている大プロジェクトを公表した。「われわれは新兵器の開発と導入において驚異的な成功をなしとげ、軍事力の点で揺るぎないリーダーとなった。（中略）それは世界の勢力図全体の重要な転換点を示している。（中略）したがって、ロシアは今後自分たちの条件をのませることが可能だといえる。そしてわれわれはアメリカ後の新たな世界秩序への移行をなによりも望んでいるのだ[39]」

映画「博士の異常な愛情」のストレンラヴ博士としての役割に喜びを見いだしているプーチンは、核戦争を恐れておらず、戦況がエスカレートしても退くことはないとくりかえし述べている。宣伝活動家ヴラジーミル・ソロヴィエフの、ヴラジーミル・プーチンに捧げられたドキュメンタリー映画「ザ・ワールド・オーダー2018[40]」の中で、プーチンは核攻撃についてこう述べていた。「そう、それは人類にとって破滅的なものとなるだろうし、世界にとって破滅的なものとなるだろう。しかしそれでも、ロシア国民としてロシア国家元首としてわたしはこう問いかける。〝ロシアのない世界をわれわれは必要としているのか？〟[41]」。リベラル派政党の党首だったグリゴリー・ヤヴリンスキーは、二〇一八年三月の選挙直後のロシア大統領との会話を報告している。「われわれが戦争に近づいていることを理解していますか？」という彼の質問に対してプーチンはこう答えた。「ええ。でもわれわれは勝利するだろう……」[42]。二〇一八年一一月、ヴァルダイ国際討論クラブの会議で、ロシア大統領は次のように述べ、彼の思想の終末論的基盤をのぞかせた。核戦争が起こったら、「われわれは攻撃の犠牲者として、殉教者として、天国に行くだろう。そして彼ら（ロシアの敵）は、ただ死ぬだけだ。彼らには悔い改める時間さえないのだから」[43]。プーチンは、ロシアが西側に対して決定的優位にあると確信している。ロシアは武力行使に関してまったく抑制されていないからだ。したがって、彼の言うところによれば、ロシアは二〇二一年六月のクリミア沖での事件の際、イギリスの駆逐艦を撃沈することも可能だったという。「誰もわれわれに手を出せなかっただろう。なぜならわれわれの敵である彼らは、核戦争を恐れているからだ」[44]。グローバリゼーション問題研究所所長のミハイル・デリャギンは、世界的な対立が、より発展した敵対者との競争でのロシアの後進性を、優位性に変えるかもしれないとまで述べていた。「大災害が起こると、多くの場合、特定の環境条件に完全に適応している複雑で分化した組織体が死滅したり崩壊したりする。ソ連崩壊後にほとんど石器時代にもどった原始的な社会組織である今日のロシアは、世界的な大惨事を生き残る可能性がかなり高いかもしれない」[45]

二〇二一年末、プーチンは脅迫者としての手はつくしたと考えていた。ヨーロッパはロシアの天然ガスに執着していたので、ガス栓を占めると脅すだけで、ヨーロッパの指導者たちは「哀願者としてモスクワにやってくる」はずだった。長年にわたる準備を実らせ、一方ではガスの脅し、もう一方では核による絶滅の脅しをかけるときがきたのだ。二〇二一年一一月二二日、政権の理論家のひとりであるヴラジスラフ・スルコフは、ロシアの国内情勢を安定させるために「混乱を輸出」するよう勧めた。「外部の拡大によって内部の緊張を緩和させることができます」[46]。一二月一七日、ロシア外務省はアメリカ大統領とNATOに最後通牒を伝え、ロシアの「安全保障の要求」を遅滞なく満たすよう催告し、「NATOの（東への）拡大の放棄、旧ソ連諸国との軍事協力の停止、ヨーロッパからのアメリカの核兵器の撤収、一九九七年の国境へのNATO軍の撤退を法的に定める」よう要求した。「プーチンの最後通牒——もし望むならロシアは三〇分でヨーロッパ全土とアメリカの三分の二を葬り去るだろう」という雄弁なタイトルがつけられたSvpressaの記事は、次のように念を押している。「クレムリンはみずからの立場の正当性を行動によって証明すべきだろう。〝パートナー〟を交渉のテーブルに着かせることができるのは、おそらく強制によるしかないだろう。経済的にはロシア連邦は西側諸国と並ぶことはできない。残っているのは戦争だ」[47]。ロシアの軍事専門家コンスタンチン・シヴコフは、「アメリカとNATOを交渉のテーブルに着かせるには、超兵器のようなものが必要だ」と考えている。今のところロシアはその可能性を敵に示していない。しかしそれは存在する。ロシアは最大一〇〇メガトンの超強力な弾薬を使用する能力をもっている。（中略）プーチンがかつて言ったように、ロシアのない世界には興味がないことをくりかえしておく。そしてもしNATOが拡大したら攻撃する、というわれわれの決意を示しておく。そうなれば、彼ら（西側諸国）は恐れるだろうということは断言できる。それ以外に彼らを止めることはできない。（中略）外交的手段に期待するのはお人よしのすることだ。（中略）ロシアのアプローチは、過激な措置がとられることになるということを示すシグナルだ。拒否したら、残念なことになる……」[48]。一方、RIAノーヴォスチは単刀直入な言い方で次のように述べている。「これは議論を提案しているのではなく最後通牒、つまり無条件降伏の要求である。西側諸国は、勇敢に立ち向かってロシアと戦争をしないかぎり面目を失う以外に選択の余地はない――。（中略）いや、今度は西側諸国が体を張ることになる」[49]

しかし事態は予想とは異なる展開を見せた。西側諸国は一二月一七日の最後通牒を拒否した。その後、脅迫と威嚇はしだいにエスカレートし、ロシアのテレビは西側への核攻撃の話題を高揚感をもって取りあげていた。二〇二二年一月一六日のヴラジーミル・ソロヴィエフの番組で、プーチン通の「専門家」である元イスラエル情報機関長官ヤコヴ・ケドミはかん高い声でわめいた。「核戦争になれば、ロシアは損害をこうむるが、アメリカは破壊されるだろう！　この世界はもう存在しない！　ヨーロッパと同じだ。ロシアは残るだろうが、千年にわたってアメリカの領土には何も生えてこないだろう」[50]。

ジリノフスキーは次のような言葉を吐いた。「二〇二二年はヨーロッパにとって最後の平和な年だった。彼ら（ヨーロッパの人々）が祝うのはこれが最後だ…シャンパン、ウイスキー…。人類に、ヨーロッパに、大きな悲劇が待ち受けている。ヨーロッパで武力紛争が始まったあと、その（犠牲者の）数は数百万人にのぼるだろう。数える時間もないだろう。決定は力によってのみなされる…。まもなくニューヨークは存在しなくなるだろう！　ヨーロッパはもうなくなるだろう。キーウも、ワルシャワも、ロンドンもなくなるだろう」[51]。二〇二二年一月二一日、彼は自身の考えを明らかにした。「ウクライナ、モルドヴァ、ベラルーシはロシアの州になるべきだ！　核戦争だ。われわれは唯一の超大国であり続ける！　いくつかの国は破壊されるべきだ！　モスクワは全世界に命令するだろう！（中略）完全なる絶滅戦争だ！　アメリカとロンドンは破壊されるべきだ！　ラヴロフはブリンケンに最後の文書、降伏文書をわたすことになる！　戦争は一週間続くだろう！（中略）バイデンはアメリカ最後の大統領だから、保護されるべきだ。もう英語はなくなる。ロシア語だけになるのだ！」[52]

二〇二二年二月二四日、ヴラジーミル・プーチンは、西側諸国の拒否に復讐し、ウクライナに対する病的な憎悪をいやすために「特別軍事作戦」を開始した。パラノイア的傾向と武道の実践の影響を受けた彼の論法は次のようなものだった。西側諸国はウクライナを「反ロシア」にしている。ウクライナの指導者たちは西側のあやつり人形だ。そうだ、このウクライナのレバーをNATOに向けよう。ガス不足の脅しをかけながら、ウクライナを押さえつけることで西側の同盟を分裂させよう。

彼は西側諸国に、キーウにいる彼らの「あやつり人形たち」の失脚に立ち会わせて屈辱をあたえる瞬間をすでに楽しんでいた。彼の心の中では、ウクライナ国家の消滅は、ヨーロッパがロシアに服従するための教訓となるだろう。クレムリンが望む新しい国際秩序は、一九四五年以降の秩序のような自由国家の協力にもとづくものではなく、その国境の内外でエネルギー関連の脅迫やテロルという武器を平気でもちいる唯一の大国ロシアの主導権にもとづくものとして、出現するかもしれない。リベラルな秩序のあとを継ぐのは、世界の多くの国で権力を握る首領たちを集めた神聖同盟を基盤とする、クレムリンによる暴力の支配かもしれない。今のところ、このプーチンの夢は、自国を守る決意をしたウクライナ国民と、みずからの価値観を主張する決意をした民主主義国家を前にして、完全に失敗している。

第15章　西側諸国でのヴラジーミル・プーチンのネットワークとその手段

セシル・ヴェシエ

ほとんどの国は、自国のポジティブなイメージを外国に投影したいと考えている。なぜならそれが、ときには何世代にもわたって、商業的な利益をもたらしてくれるからだ。たとえば、ヨーロッパの若者たちがジーンズを買いたい、ニューヨークに行きたい、ハンバーガーを食べたいと思ったのは、アメリカが戦後のヨーロッパに無償で映画を送ったからでもある。それはまた、そうした国々での政治的利益、とくに世論からの支持をもたらす可能性がある。この最後の点は、実際のところ制裁前でさえも消費財として販売できるものがこれといってなかった現在のロシアにとって、より重要であったように思われる。その一方で、ロシアはヨーロッパやその他の地域に、あてにできる人々がいることを知っている。彼らはさまざまな理由で、クレムリンによるウクライナへの軍事攻撃を正当化したり、キーウへの武器供与に反対したり、代議制決定機関で無意味な投票をおこなわせたりするのである。

たとえばフランス上院では、二〇一六年二月一一日にロシアに対する制裁の緩和を要求する採決、二〇二二年二月一一日にはウクライナの「ロシア政党」代表との会談を要求する採決がおこなわれている。しかし、そうした行動は、クレムリンやその代理人がおこなった別の行動の結果であることが多い。ソフトパワーについてもっと語られるべきではないか。もちろんそうだが、そうしないのは礼儀上、ロシアの特殊性について正面からとりあげるのを避けるためだ。というのも、すべての国が同じ目的、同じ方法をもっているわけではないからだ。プーチン政権のロシアの場合は、「影響力作戦」——ソ連時代KGBについて言われていた「積極的措置」——について語るほうがよく、そのプロセスの一部は合法的である。

ロシアのこうした活動は今日、ソ連が採用した手段、ときにはロシア帝国が採用した手段を繰り返している。そして数十年前から、たとえば共産主義者の集まりなどで影響力をおよぼす活動の一部を展開すると同時に、別の標的、とくにヨーロッパの極右をねらっている可能性がある。こうした手法はとても似通っているが、各国の状況に応じて異なってもいる。ロシア語を話すディアスポラは、フランスでもドイツでも道具化する試みの対象となっているが、彼らはまったく同じというわけではないので、動員するための方法や言説も同じではない。つまりクレムリンによるあらゆる影響力の手段は、それぞれの国に適応させたものになっているのである。

近年の研究のおかげで、[1]今ではこうした手法がおおまかには知られているが、まだはっきりしていない一部の点は、秘密のままになるよう考えられている。二〇二二年二月二四日の侵攻前、クレムリンはヨーロッパ全土、アメリカ、さらにはアフリカ、南アメリカで活動していた。多方面にわたり国境を越えたその活動は、テレビチャンネルRT（ロシア・トゥデイ）やスプートニクのよく目につく活動だけではなかったので、多額の資金を必要としていた。イギリス人ジャーナリスト、キャサリン・ベルトンによれば、KGBがロシアで権力を取りもどして、ある政権を出現させた。「プーチンの仲間たちが数十億ドルを手にして、西側諸国の制度と民主主義を崩壊させ腐敗させるためにそれを積極的に使うことになる」[2]政権である。彼らはその任務を遂行した。

想像の世界を展開するための「特別軍事作戦」

今や周知のことであるが、西側諸国に対してしかけているハイブリッド戦争の一環として、クレムリンはソ連時代の手法にならい、さまざまな言語での自国メディア（RT、スプートニクなど）を創設した。また、国際的なソーシャルネットワークを利用して情報操作をおこない、ロシアとウクライナの関係、二〇世紀の歴史などに関して、みずからの立場を宣伝し、たとえば移民などへの恐怖心を抱かせ、民主主義制度に対する不信感をあおっている。そこでは「カスケード理論」が活用される。ロシアのものとして識別されないサイト、フェイスブック、ブロガー、ただのインターネットユーザーたちが、RTやスプートニクの情報をとりあげて、それを拡散するが、情報元がロシアであることはわからなくなっている。こうしたキャンペーンは、「トロール・ファーム」――ソーシャルネットワーク上で偏った情報や嘘を拡散するために報酬を支払われているインターネット荒し、ハッカーの組織的集団――の開設によって促進された。その最初の組織である「インターネット・リサーチ・エージェンシー」は、プーチンに近いオリガルヒが出資していた。彼は民間軍事会社「ワグネル」のグループも組織してアフリカに投資している。RTやスプートニクは欧州連合では禁止されているが、影響力をおよぼす手段はメディアに限定されているわけではなく、ヨーロッパの人々はクレムリンの立場を伝え続けている。

二〇二二年六月、あるロシア人が、ロシアの「影響力作戦」がどのようなものであるかを強情な西側諸国に理解させることになった。サンクトペテルブルクのエルミタージュ美術館館長ミハイル・ピオトロフスキーは、政府系日刊紙ロシースカヤ・ガゼータのインタビューに応じたが、その中で記者と彼は、ロシアと世界各国との文化交流について語るのに軍事用語をもちいていた。記者は「文化的前線での（中略）戦闘行為」と言い、一方ピオトロフスキーは「文化方面での強力な攻撃」について語り、こう宣言していた。「我々は勝利をかちとるだろう」。彼が全面的に支持する「ウクライナでの特別軍事作戦」に言及し、その当初はヨーロッパの「いたるところでロシア美術館の展示会」がおこなわれていたと強調し、さらにこうつけくわえた。「海外でのわれわれの最近の展示会は、強力な文化的攻撃にすぎない。あるいは〝特別軍事作戦〟の一形態であると言ってもいいかもしれない。それは誰にとっても好ましいものではない。だがわれわれは攻撃する。そして誰にもわれわれの攻撃を邪魔させはしない」。パリのフォンダシオン・ルイ・ヴィトン美術館でのモロゾフ・コレクションの展示は、「ブーローニュの森に掲げられたロシア国旗である」と言う。笑いながら彼はこうも言ってのけた。「われわれはみな軍国主義者であり、帝国の支持者だ[3]」。したがって文化交流は政治的対立と無縁なものではなく、戦争、優位性、支配、勝利にかかわる問題なのである。

ロシアは世界にその影響力を拡大するための手段として、それ以前のソ連と同様に、言説やイメージをつくり出すだけでなく、それを中心とするネットワークを構築し維持する活動もおこなっている。たとえば、フォンダシオン・ルイ・ヴィトン美術館でおこなったような展示会は、「偉大なロシア文化」というプロパガンダのストーリーを強化する一手段である。それは現実にもとづいてはいるが、クレムリンの利益のために歪曲され、道具化されたものであり、多くのウクライナ人にとっては耐えがたいものになっている。「偉大なロシア文化」によってブチャやマリウポリでの虐殺が引き起こされたのであり、その妨げにもならなかったからだ。実のところこの文化は、パリで開催された画家イリヤ・レーピンの展覧会における「ロシアの魂」[4]のように、ロシアについてのステレオタイプを西側諸国で生みだし、維持している。また、多くのウクライナ人にとってこの文化は、ロシアの優位性を主張するものであり、またロシア人ではない人々に対して、さらにはロシア人自身に対して犯してきた暴力を覆い隠すものである。

二〇一六年五月五日、廃墟と化していたシリアのパルミラが死闘のすえに民間軍事会社ワグネルによって奪還されたあと、ヴラジーミル・プーチンの常に変わらぬ支持者のひとりであるロシアの指揮者ヴァレリー・ゲルギエフがこの地の古代円形劇場でマリインスキー劇場管弦楽団を指揮したとき、ロシア文化が国家の道具とされていることに驚かされた。そのメッセージは明白だった。つまり、ロシアがいわゆる文明と文化をもたらし、イスラーム過激主義者を追い出したということだ。しかし現実ははるかに複雑だった。劇場の公演ツアー、映画祭、ブックフェアについて見ても、文化的イベントを、「攻撃的」とみなされるものと区別するのがかならずしも容易ではないだけに、こうした「偉大なロシア文化」の道具化は、なおさら有効に機能する。しかも、政権の犯罪や正当化に関与していないロシアの芸術家も当然存在する。

その他のプロパガンダのストーリーも興味をそそるものだ。「ナチとの戦争に勝利したロシア」というストーリーもまた、赤軍合唱団（一九四六年以降「赤」軍はもう存在しないので宣伝的呼称である）や、「大祖国戦争」に関する展示会によっても道具化され、維持されている。「大祖国戦争」に関する展示は、ロシア大使館の管轄下にあるパリのロシア科学文化院で定期的に開催されている。その他にも、現実からかけ離れていて、極右にとってはきわめて効果的な言説があるが、それはキリスト教と家族の価値観を擁護する「神聖なロシア」というものである。パリのまさに中心部に、奇妙なロシア正教の精神文化センターが建設されたことで、それが強化された。ヨーロッパやアフリカで、極左や極右と協力して機能しているのは、アメリカ、NATO、欧州連合と対立しているロシアが、あまり明確には定義されていない「世界の新秩序」のために戦っているというストーリーである。ロシアは素晴らしい可能性をもった市場、不当に追い出された祖先たちの土地、ガガーリンの国、富と喜びの源ともみなされていた。なかでも芸術は、きわめて単純化されたこれらのイメージを発展させ、定着させ、その周囲にネットワークを集結させる手段なのである。

芸術――影響力、浸透、うわさをロンダリングする手段

したがって、ピオトロフスキーのインタビューから、芸術的イベントだけでなく、オリガルヒの芸

術庇護への介入も、クレムリンへの忠誠を証明し、海外でのロシアのイメージを自分たちがイメージするように改善する好機ととらえられていると考えるべきである。こうしたオリガルヒは、絵画や金銭の寄付のおかげで、西側諸国で権威ある文化施設の理事会の席を獲得している。たとえばピョートル・アーヴェンは、ロンドンのロイヤル・アカデミーで開催されたフランシス・ベーコン展に寄付をして、ヴィクトル・ヴェクセリベルクと同様に、テート美術館の後援者のひとりとなった。その後アーヴェンはテート美術館の国際評議会員となり、ヴェクセリベルクはテート財団の名誉会員となった。しかし制裁以降、テート美術館は「ロシア政府とかかわりのある元後援者との歴史的関係はすべて終了した」と断言している。[5]アメリカでは、ヴラジーミル・ポターニン――「株式担保融資」を考案した（第一九章を参照）――が自分の財団を通じて、八〇〇年にわたるロシア芸術に光を当てた展覧会や、カンディンスキーの展覧会など、ニューヨークのグッゲンハイム美術館のさまざまな取り組みを財政的に支援したが、彼もまた二〇二二年に後援者の座をおりた。

ポターニンはパリのポンピドゥー・センターにも一四〇万ドルを寄付したが、これは一九五〇年代末以降のソ連における非公式芸術の変遷を反映したコレクションの収集を支援するためといわれている。二〇一六年――クリミア併合以降である！――から二〇二一年までに、彼の財団によって二度の寄付がおこなわれていた。最初の約六三万八〇〇〇ドルは二五〇点以上のロシアとソ連の作品の購入資金となり、二〇一六年から二〇一七年にかけて展示された。さらに三〇〇点の作品が「他のコレクター、芸術家、芸術家の家族」から提供されたとみられる。二度目の寄付は、会議、出版、若い研究者たちへの奨学金をふくむ、コレクションに関連した研究プログラムのためにもちいられた。ポターニン財団はいったい何を買っていたのか。メセナの気前の良さ、ポジティブなイメージを作りたいという欲求、依存関係を築いてロシア国家の新たなプロモーターを輩出しようとする試みの間の境界線はあいまいである。このあいまいさは影響力の特性によるものであり、二〇二二年以前にささやかされていた問題は、ウクライナへの軍事侵攻以後、重大なものとなっている。ポンピドゥー・センターが、それ以後ポターニン財団からの三度目の支払い（六二万九〇〇〇ドル）を一時停止したという事実がそれを示している。しかし二〇二二年二月以前のロシアとの関係に問題はなかったのだろうか。

最近のエピソードが示しているのは、オリガルヒのメセナをあらゆる政治的影響と切り離して考えるのはほとんど不可能だということだ。二〇二二年カンヌ国際映画祭の主催者がウクライナへの明確な支持を表明し、「ロシアからの公式代表団を迎えいれることはなく、ロシア政府と関係のあるいかなる機関の存在も受け入れない」ことを決定したが、ロシア国内にも、「容認しがたい行為にかかわることはできない[6]」とする映画関係者をふくめ、「ウクライナへの攻撃と侵攻に対して」抗議している人々がいることも、当然のことながら念頭にあった。ロマン・アブラモヴィッチのキノプライム財団から一部資金援助を受けたキリル・セレブレンニコフ監督の映画「チャイコフスキーの妻」がコンペティション部門にノミネートされ、同監督が映画祭に招待されたのは、そのためだろう。アブラモヴィッチは、二〇一七年にセレブレンニコフとその協力者たちが横領容疑で裁判にかけられ、「反体制派」というかなり不当な立場に立たされたあとに科された巨額の罰金も支払っていた。カンヌでの記者会見でセレブレンニコフは、アブラモヴィッチに対する制裁の解除を呼びかけた。何がそうさせたのか。友情か、ソフトパワーか、影響力か、価値観のまったくの混同か。いずれにせよ、ロシア現政権とのつながりが明白であるロマン・アブラモヴィッチが、世界中から集まったジャーナリストの前で公然と擁護されたのである。

ロシア政権に近い組織によって、ロシア映画の輸出に資金援助がおこなわれたという例は他にもある。二〇一五年には、ロシア人についてもっと知ってもらうためとして、パリで毎年恒例となる映画祭が創設された。初回は「ロシア人が笑うとき」と題され、それ以降、毎回「ロシア人が～するとき」と題されている。この映画祭はさまざまなパートナーの中でもとくに、フランス在住ロシア人の公式的代表者（ロシア大使館、ロシア正教精神文化センター）や、ロシアの大企業（ロシア鉄道、ガスプロム、ロスアトムなど）からの支援を受けている。[7] こうした支援の存在が、二〇二二年にウクライナ人があらゆるロシア映画祭を中止するよう求めるよう呼びかけた一因にもなっている。

レン・ブラヴァトニクとその他の西側大学のメセナ

それでは、レン・ブラヴァトニクの行動はどう考えられるだろう。ソ連に生まれ、イギリスとアメリカの市民権をもつがロシア市民権はもたない彼は、ロシアの炭化水素を売って何十億も稼ぎながら、「オリガルヒ」と呼ばれることは望まない。プーチンとの接触はないとされ、せいぜいヴェクセリベルク、フリードマン、デリパスカのようなオリガルヒとのビジネス関係がある程度だ。三五七億ドルの「財産がある」とされ、世界長者番付で五九位にランキングされているが、「ザ・ハリウッド・リポーター」誌は、彼の財産の源泉は「完全には明らかにはなっていない[8]」としている。オデッサのイサーク・バーベリ記念碑、ロシア科学文化院での「第二次世界大戦中のソ連のユダヤ人」展のポスター、そして彼がすくなくとも五〇〇〇万ドルを提供したロンドンのテート美術館など、あらゆるところに彼の名前が見られる。テート・モダンは新しい建物のひとつにブラヴァトニクの名を冠したほどだ。また、クレムリンと一部の側近が第二次世界大戦のプロパガンダ言説に新たな意義を見いだしていたときに、彼は「T-34」という問題のある戦争映画を制作した。ワーナーミュージック・グループやDAZN（ダゾーン、「Netflix（ネットフリックス）のスポーツ版」）も買収している。

ブラヴァトニクは有名なアングロサクソンの大学に資金提供もしている。オックスフォード大学には七五〇〇万ポンドの寄付をして、「ブラヴァトニク公共政策大学院」の設立を支援したが、これについては二〇一五年にすでに懸念を抱いた人たちがいた。[9] 彼はハーヴァード大学医学大学院にも二億ドル寄付したが、これは同大学史上最大の寄付額であった。しかしクレムリンとその汚職に関する専門家は二〇一九年に、ブラヴァトニクの資金は「クレムリンの同意を得て、国家予算とロシア国民の損害とひきかえに得られた」ものであり、彼は「政界に入り込む」ために巨額の資金を提供していたのだと述べていた。「このような〝慈善〟資本は、アメリカやイギリスの最高レベルの経済・政治エリート層への浸透を可能にする。それはブラヴァトニクがロシアのクレプトクラシー（泥棒政治）の慣行を西側諸国に輸出する手段でもある」。[10] 過去一〇年間で、彼は総額七億ドルを二五〇以上の非営利団体に提供したとされる。それは気前の良さなのか。浸透するためなのか。それとも資金とうわさをロンダリングするためなのだろうか。

この種の贈り物をしているのは彼だけではない。過去五年間で、すくなくとも一四のイギリスの大学が、ブラヴァトニク以外のロシア人寄付者から七〇〇万ポンド以上を受け取っていた。そのなかにはクレムリンと密接な関係をもつ人物からの寄付がすくなくとも三四〇万ポンドふくまれている。オックスフォード大学は、制裁下にオリガルヒの息子から二六〇万ポンド、ヴラジーミル・ポターニンから三〇〇万ポンド受け取っていた。状況はアメリカでも同様であり、二〇二〇年の報告書によると、ロシアによる二〇一六年のアメリカ大統領選挙への干渉にかかわった七人のオリガルヒが、過去二〇年間で、ハーヴァード大学やニューヨーク近代美術館など、アメリカの非営利団体に三億七二〇〇万ドルから四億三五〇〇万ドル寄付していた。こうした寄付の一部はおそらく、オリガルヒたちの個人的イメージや、海外でのロシアのイメージを「やわらげて洗浄する」ことを目的としていたのだろう。[11] オブザーバーたちは、イェール大学へのオリガルヒの関与を懸念しているが、ウクライナへの攻撃以降は、イェール大学のさまざまな評議会から姿を消した。プーチンに従属している大富豪が西側の大学で影響力を行使することをだれが望むだろう。

浸透し、買収する

さらに、オリガルヒであるかどうか、政権に近いかどうかにかかわらず、ロシア人はヨーロッパ、とくに中央ヨーロッパで企業を買収したり、設立したりしている。欧州連合とＮＡＴＯの加盟国であるチェコ共和国には、ロシア人が所有する企業が九五八二社ある。こうした企業主の大半はおそらく誠実な人物だが、不安をかきたてる要素がすくなくとも三つある。第一に、恐れられているロシア連邦捜査委員会の委員長であるアレクサンドル・バストリキンは、妻とともにチェコ共和国で会社を設立し、会社がバストリキンの最初の妻に引き継がれる二〇〇九年まで、この国での長期滞在許可をあたえられていた。この国で何をしていたのか。第二に、ボヘミア地方の魅力的な保養地カルロヴィ・ヴァリは、昔からロシアの飛び地同然になっており、ロシア人たちはこの地に多額の投資をし、ホテルの大部分を買収し、町にマフィア企業のうわさを広めた。最後に、マリーヌ・ル・ペンへの「ロシア融資」は、欧州連合内にありながら、幹部のなかに多くの「元」KGBがいるロシア・チェコ系銀行が、すくなくとも一行は存在することを示した。チェコ人も二〇二二年よりかなり前からこの問題を認識しており、ビジネス界への浸透が資金移動やサービスの融資を容易にした可能性がある。

西側諸国でロシア人が投資している企業のなかにはメディアもある。イギリスでは、インディペンデント紙とイヴニング・スタンダード紙が、元KGB将校の息子であるエフゲニー・レベデフに買収された。彼はボリス・ジョンソンの友人になり、彼から男爵の称号と貴族院の議席をあたえられた。この任命は諜報機関の助言に反しておこなわれたとされる。こうした企業がスポーツクラブであるケースもあり、イメージが問われることにもなる。ロマン・アブラモヴィッチはチェルシー・フットボールクラブを二億四〇〇〇万ドルで買収したが、彼はキャサリン・ベルトンと彼女の本を告訴した。それは彼がプーチンの要請でこのクラブを買収したとベルトンが書いているからだ。いずれにせよ、この買収はロシアのイメージには大きな宣伝効果があった。もちろん問題は、ロシアが西側諸国で企業を設立したり買収したりしていることではなく――その国の経済をむしろ発展させているにしても――、大富豪の資金が犯罪的権力や犯罪界そのものとかかわっていることがあまりにも多いということだ。

こうした経済活動にかかわっているかどうかに関係なく、政権に近いロシア人は西側諸国で住宅の所有者になり、滞在許可、さらには国籍も取得している。二〇〇八年にはすでに、トニー・ブレアが「ゴールデン・ビザ」を創設していた。つまりイギリスにすくなくとも二一〇万ユーロ投資した人は、居住許可と五年後に市民権を取得する手段が得られるというものだ。七〇〇人以上のロシアの大富豪がこれを利用した。こうしてロンドンは「ロンドングラード」となった。この呼称は、二〇一五年にロシアのテレビ番組のタイトルになるほど広まっていた。イーゴリ・セーチンの元妻、イーゴリ・シュヴァロフ、アルカディ・ローテンベルクの息子たちをはじめとする人々がここで不動産を購入した。オリガルヒのセルゲイ・プガチェフはこう断言した。「プーチンはイギリスのエリートを腐敗させるために工作員を派遣したのだ[12]」。キャサリン・ベルトンにとって、ロシアのオリガルヒによる「イギリスへの浸透」は「成功[13]」だった。

ここでも他の場合と同様に「貴族や元政治家はロシア企業の顧問として多額の給与を受け取り[14]」、実権のないこうした職務に年間五〇万ポンドが支払われることもあった[15]」。そのためなんらかの批判をしようという気にはならず、また「ロシア」に有利な行動や議論を生じさせることにもつながった。二〇一四年、貴族になった労働党の政治家、イギリスの元大臣で、二〇〇四年から二〇〇八年まで貿易担当欧州委員をつとめたピーター・マンデルソンは、オリガルヒのヴラジーミル・イェフトゥシェンコフの巨大なシステマ・グループ内ではっきりしない任務をにない、ロシアのメディアでプーチンを賞賛した。それは、とくにこの政治屋の謎のコンサルティング会社であるグローバル・カウンセルをふくむ、「きわめて大きく、かぎりない闇に包まれたロシアの氷山の一角」でしかなかったとみられる。マンデルソンは、元ドイツ首相ゲアハルト・シュレーダーが示した道をたどっていた。シュレーダーは首相を退任するとすぐにガスプロムに雇用され、みずからが首相として建設を承認したノルド・ストリームガスパイプラインの建設と運営をおこなう、ドイツとロシアのコンソーシアムの監査役会長になった。二〇一七年にはロスネフチの取締役会会長に選出され、二〇二二年には退職金にくわえてロスネフチとノルド・ストリームから年間八五万から一〇〇万ユーロを受け取った。

多額の「役員報酬」とひきかえにロシアの役員をつとめた西欧人は、ピーター・マンデルソンとゲアハルト・シュレーダーだけではない。二〇一九年には、フランスの実業家ジャン゠ピエール・トマ——「オプス」誌の調査のタイトルを借りれば、「サルコジの奇妙なミスター・ロシア」——が、オリガルヒであるオレグ・デリパスカの巨大グループ、ルサールの取締役会会長になっていることが明らかになった。トマは、元シュタージ（東ドイツ国家保安省）将校でドレスデン時代からのプーチンの盟友であるマティアス・ワーニングの後任となった。アメリカ当局はトマの役職をたんなるかざりとはみなしておらず、取締役をおりるよう求め、トマは辞任した。二〇一九年にも、元オーストリア首相クリスティアン・ケルンが、最近までオリガルヒのヴラジーミル・ヤクーニンが経営していたロシア鉄道の監査役になることが発表された。もうひとりの元オーストリア首相ヴォルフガング・シュッセルは、ルクオイルの取締役に加わることになっており、元オーストリア財務大臣ハンス・ヨルグ・シェリングはすでに「ノルド・ストリーム２」プロジェクトでガスプロムに「助言」をあたえていた。ケルンとシュッセルは、二〇二二年二月二四日以降この役職をしりぞき、元フランス首相フランソワ・フィヨンもまた、シブール（石油化学）とザルベジネフチ（炭化水素）の取締役就任を断念した。シュレーダーは、圧力を受けて二〇二二年五月二〇日にようやくロスネフチ取締役会とガスプロム監査役からの辞任を発表した。

西側「エリート」にねらいをつける

ヴラジーミル・ヤクーニンは、こうしたエリートとの接触で最も重要な役割を果たした。とくに彼は、フランス右派政党である国民連合（RN）メンバーのティエリ・マリアーニとともに、パリでフランスとロシアの企業間の関係を管理、奨励、監督していた「仏露対話協会」の共同会長をつとめた。それ以後はベルリンに退去して同様の活動を続け、二〇一六年以降は、政治家や専門家が主要な国際問題を討議する、ロードス・フォーラムを主催している文明対話研究所の理事長をつとめている。実のところこれは「ヨーロッパの意思決定者にクレムリンが影響力をおよぼすための主要な手段のひとつ」[16]である。フランスからは、二〇一六年にドミニク・ストロス＝カーン（略称DSK）、二〇一七年と二〇一八年にはドミニク・ド・ヴィルパンが参加した。その三年前、ストロス＝カーンはロスネフチが管理するロシア地域開発銀行（BRDR）の運営機関と、ロシア直接投資基金（RDIF）の監査委員会にくわわっていた。フィガロ紙によると、彼は「ロシア国家の金融の戦力」であるVEB銀行によってRDIF監査委員の候補に推薦されていたという。「元大統領候補」であれば、「国際金融の世界での彼のコネから（RDIFに）利益をもたらす」[17]ことができるからだろうとフィガロ紙はみている。ロスネフチは二〇一六年から二〇一七年にかけて、ストロス＝カーンに一七五万ユーロを支払ったことが明らかになったが、銀行との直接的関係はなかった。ストロス＝カーンロスネフチは、ストロス＝カーンがモロッコに設立した会社パルナス・インターナショナルの顧客とされる。彼がこの会社の唯一の株主であり従業員はいないが、数百万ドルが生み出されている[18]。

こうしたフランスとロシアの関係においては、政党への資金提供である場合もふくめ、報酬を受け取る資格がつねに明確にされずに、数百万ドルが流れていた。フランスの政党「国民戦線」【二〇一八年に「国民連合」に改名】は二〇一四年に、ロシア・チェコ系銀行から九〇〇万ユーロを「借り入れ」したが、その銀行はその後消滅しており、二〇二〇年に返済期限が二〇二八年まで延長された。クレムリンは、イタリアの政党「同盟」の欧州議会選挙のために資金援助をする用意があったとされ、イタリアの一部の政党や、シルヴィオ・ベルルスコーニをはじめとする政治家たちとも特権的な関係を築いていたと思われる。二〇一八年にはギリシア政府が、ロシアはギリシア当局者を買収して内政に干渉しようとしていると非難した。二〇一九年春、オーストリアの極右政党であるオーストリア自由党（FPÖ）と、その党首ハインツ＝クリスティアン・シュトラッヘとのスキャンダルは、ヨーロッパの政治家たちがロシアの資金提供を受けることに意欲的であることを明らかにした。

イギリスでは、保守党が多くの資金提供を受けていた。たしかに外国人は政党に寄付することはできないが、二重国籍者は寄付できるのである。そのため二〇一九年以降、ロシアとイギリスの国籍をもつ人たちが、保守党に数百万ユーロを寄付してきた。ヴラジーミル・プーチンの元財務副大臣の妻であるリュボフ・チェルヌーキンは、二〇一二年から二〇二二年までの間にイギリス保守党に二二〇万ポンドを提供している。知られているだけでもこれだけあるのだ。知られていないものはどれだけあるだろう。

海外でのロシアのオリガルヒが、もっと明白な地政学的活動をおこなっていることもある。たとえばオレグ・デリパスカは二〇〇五年、モンテネグロでGDPの四〇パーセントを占めていたアルミニウム工場KAPを買収し、事実上この国の経済を支配した。アメリカの週刊紙ザ・ネイションによると、デリパスカは近親者のひとりに、「プーチンに勧められたから」工場を買収したと語ったとされる。「クレムリンは地中海における勢力圏を望んでいた」[19]。それは、公然たる親ロシア派政党の指導者ふたりによると思われるクーデター未遂事件がこの国で起こる一一年前であり、モンテネグロがNATOに加盟する一二年前のことだった。同様に、デリパスカはタジキスタンのアルミニウム工場を買収し、プーチンがこの旧ソヴィエト共和国にふたたびロシアの影響力をおよぼすのを助けたとされるが、すくなくとも当初はクレムリンが直接表に出ることはなかった。

ディアスポラに対して働きかける

クレムリンは、西側諸国の世論や政治的・経済的意思決定者以上に、クレムリンにとって影響力をおよぼす手段となりうるロシア語話者のディアスポラたちを注意深く監視している。当時下院でディアスポラの動きをたどる委員会の委員長だったレオニード・スルツキーは、二〇一四年一二月二五日付けのコムソモリスカヤ・プラウダ紙で次のように述べた。「ロシア世界、つまりわたしは世界中のロシア語を話す人々という意味で言っているのだが、そうした人々はこの二〇年で三億五〇〇〇万人から二億七〇〇〇万人に減っているとはいえ、大きな勢力であることに変わりはない。西側諸国の指導者もそのことを考慮しないわけにはいかないし、これからも語られるだろう[20]」

この「ロシア世界」には、一九九九年のロシアの法律にすでに記載され、二〇一〇年の別の法律で明確になった「同胞」（サアテチェストヴェンニキ sootetchestvenniki）がふくまれている。「同胞」とは、かつてロシアかソ連のパスポートを所持していた人々だけでなく、「ロシア連邦との精神的、文化的、法的つながりをもつ」ことを選択したその子孫たちである[21]」。したがって、そのなかには、ロシア人としての起源が一九二〇年の曾祖父母にまでさかのぼるフランス人や、ロシア正教会に通う、つまり「つながり」をもっているフランス人がいる可能性がある。二〇〇〇年以降、クレムリンは大使館を通じてこうした「同胞」を集めて組織する任務をになう組織を設置した。二〇〇八年にはロッソトルドニチェストヴォ（ロシアの協力）という機関も設置しているが、その文書センターは、クレムリンに関係があり、ミハイル・ホドルコフスキーから資金提供を受けた人々の犯罪行為を調査している。二〇二一年にクレムリンはこの期間が「クレムリンのソフトパワーを推進する主要な推進力」であると宣言し、その「隠れみの」の下で、ロシアのふたつの情報機関であるFSBとSVRの幹部たちが働いていた[22]。

ロシア語話者のディアスポラのなかにはロシア大使館が管理する団体に加わることを望まない人もいるが、協力的でクリミア併合の際には公然とプーチンを支持した人たちもいる。しかし、現在エフゲニー・プリマコフ——同名の元SVR長官の孫——が率いるロッソトルドニチェストヴォは、二〇二一年一月から海外のNGOに基盤をおくことを決定した。そのなかにはおそらくロシア語を教育する団体もふくまれているが、これについては後述する。また、映画祭を主催する団体もふくまれている。現在ロシア国外での生活を余儀なくされているジャーナリストのアンドレイ・ソルダトフとイリーナ・ボロガンは、クレムリンがどのようにして最富裕層をふくめた「同胞」を動員し、ときには誘惑し、そしてふたたび恐怖に陥れているのかを最近発表している。[23] ソ連時代以来、クレムリンは工作員や協力者を募るためにディアスポラを利用してきたと彼らは指摘する。しかし二〇二二年二月二四日以降、ロシアからの移出民が急増しているため、この種の操作はなおさら注意を引くものとなっている。したがって、ロシアの大使館員が追放されたとしても、こうした操作の試みを見すごしてはならない。

クレムリンが西側諸国で教会を建設させるだけでなく、一九二〇年代からロシア移民の子孫たちによって管理されてきた正教会を接収しようとしているのも、こうした政策の一環である。ロシア国家にとって、それはロシア国家がロシア帝国の継承者であり、ロシアはさまざまな政権下でも同じであり続けていると主張することになる。それは誤りであるだけでなく、ディアスポラの中でこうした礼拝と交流の場を訪れる人々を支配するということでもある。

アイデンティティや歴史に関する対立にくわえて、教会の影響力をめぐる闘いもある。フランスにあるロシア大使館は、裁判の結果、ニースにあるふたつのロシア正教会のうちのひとつである大聖堂の所有権を取得した。それまではコンスタンティノープル総主教庁に属していたが、ただちにモスクワ総主教庁の管理下に移されたのである。二〇一八年に、それまでコンスタンティノープル総主教庁の管轄下にあってディアスポラの諸教区をまとめていた西ヨーロッパのロシア正教大司教区の廃止を、コンスタンティノープル総主教庁が突然決定したとき、各教区はモスクワに属するか、それとも別の管轄を見つけるかという選択をしなければならなかった。モスクワを選択した教区もあったが、モスクワ総主教がウクライナでの「特別軍事作戦」を支持していることから、すでにその選択を後悔している教区もある。ヨーロッパのロシア大使館が、教会、礼拝堂、墓地、さらには隣接する土地を収用することを任務としていることもあり、再編はまだ完了していない。その乱暴なプロセスによって、ロシア大使館はこうしたディアスポラのあらがいがたい敵ともなっている。その影響はきびしいものになるかもしれない。

二〇二二年二月二四日以前から、情報戦、プロパガンダ的言説や想像的言説の創造と維持、浸透、汚職、社会のさまざまな部分に影響力をおよぼす能力の開発などが入り交じった、ハイブリッド戦争が進行していたのである。軍事侵攻後の制裁によって、こうした活動の一部が阻止され、その規模を見積もることが可能になった。今のところ、そしておそらく次の誘惑まで、ロンドングラードは存在しないだろう。コート・ダジュール、クールシュヴェル、サルデーニャやその他のリゾート地の商店、不動産業者、ホテル経営者にとっては気の毒なことだ。彼らは気前よく支払いをしてくれた優良な顧客が去って行ったのを残念がっている。クレムリンの密使や代表のなかには、システム全体を腐敗させ崩壊させようとしたにもかかわらず、地域経済にはプラスの影響をもたらした者もいたからだ。

◆編者略歴◆

ガリア・アッケルマン（Galia Ackerman）

1948年生まれ。パリ第一パンテオン・ソルボンヌ大学で歴史学の博士号を取得、カーン大学の客員研究員。専門はソ連、ソヴィエト後のロシア、ウクライナの歴史。プーチンのロシアのイデオロギーを研究する先駆的な著作である『不滅の連隊――プーチンの聖なる戦争 Le Régiment immortel. La guerre sacrée de Poutine』（パリ、プルミエ・パラレル社、2019年、再版2022年）など10冊ほどの著書がある。情報操作と闘い、フランスおよび世界の人々にプーチンのロシアを理解するための鍵を提供することを目的とする二か国語（英仏）の電子メディア「デスク・ロシア」の編集長である。ステファヌ・クルトワとの共著に『ロシアの政治的言説の中の第二次世界大戦――ロシアとウクライナの紛争に照らして La Seconde Guerre mondiale dans le discours politique russe. À la lumière du conflit russo-ukrainien』（パリ、ラルマッタン社、2016年）がある。

ステファヌ・クルトワ（Stéphane Courtois）

1947年生まれ。フランスと世界の共産主義を専門とする歴史学者。大学機関誌「コミュニスム」の創設者で編集長もつとめた（1982-2017）。数多くの著者があり、スイユ社、ロシェ社、セール社の双書の監修者でもある。『共産党黒書』（パリ、ロベール・ラフォン社、1997年、26か国語に翻訳）の著者。アンスティテュ・カトリック・デテュード・シュペリウール（ラ・ロッシュ＝シュル＝ヨン）で20年前から共産主義について講義をしている。2017年に『レーニン、全体主義の創設者 Lénine, l'inventeur du totalitarisme』（パリ、ペラン社、2017年）を出版、歴史書グランプリ（「ル・フィガロ」紙、歴史チャンネル）およびトゥケ＝パリ・プラージュの政治伝記グランプリを受賞した。

◆訳者略歴◆

太田佐絵子（おおた・さえこ）

早稲田大学第一文学部フランス文学科卒。おもな訳書に、『地図とデータで見る農業の世界ハンドブック』、『地図とデータで見る健康の世界ハンドブック』、『新版地図で見る中国ハンドブック』、『新版地図で見るロシアハンドブック』、『新版地図とデータで見る移民の世界ハンドブック』（いずれも原書房）などがある。

ヴラジーミル・プーチン
KGBが生《う》んだ怪物《かいぶつ》の黒《くろ》い履歴書《りれきしょ》
上

●

2023年12月1日　第1刷

編者………ガリア・アッケルマン／
ステファヌ・クルトワ
訳者………太田佐絵子《おおたさえこ》
装幀………川島進デザイン室
本文・カバー印刷………株式会社ディグ
製本………東京美術紙工協業組合
発行者………成瀬雅人

発行所………株式会社原書房
〒160-0022　東京都新宿区新宿1-25-13
電話・代表 03(3354)0685
http://www.harashobo.co.jp
振替・00150-6-151594
ISBN978-4-562-07371-9